Chapitres intitulés

MÉLANGE
DE DIVERSES
MÉDAILLES,

POUR SERVIR DE SUPPLÉMENT

AUX RECUEILS DES MÉDAILLES

DE ROIS ET DE VILLES

Qui ont été imprimés en M.DCC.LXII. & M.DCC.LXIII.

avec des Observations et des corrections

TOME SECOND.

MÉDAILLES IMPÉRIALES GRECQUES, qui manquent dans VAILLANT, avec des Observations sur celles qu'il a publiées.

A PARIS,

Chez H. L. GUERIN & L. F. DELATOUR,
rue S. Jacques, à S. Thomas d'Aquin.

M. DCC. LXV.

Avec Approbation & Privilege du Roi.

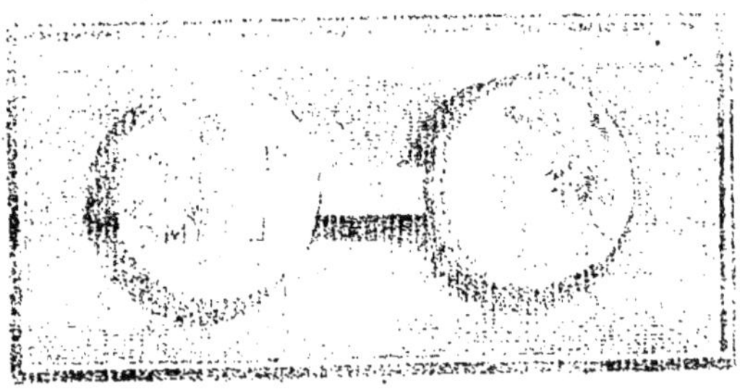

EXPLICATION

Du Fleuron du Titre du Tome Second.

La Médaille d'Auguſte que contient ce Fleuron, n'eſt rapportée qu'à cauſe de la difficulté que paroît préſenter la date de l'année MϚ. 46, qui y eſt marquée. Il en a été publié de ſemblables avec la date MA. 41, & l'on en a d'autres d'Auguſte & de Livie qui ſont de même fabrique, & qui avec les dates ΛΘ. 39, M. 40, & MB. 42, ont des revers pareils, & d'autres différents. Les uns ont mis ces Médailles au nombre de celles qui ont été frappées en Egypte; les autres ont laiſſé indécis le lieu de leur fabrication. Il paroît par leur fabrique qu'elles ſont plutôt de Syrie que d'Egypte. Ils ont jugé que les dates de celles de ces Médailles qu'ils connoiſſoient, ont pour origine l'ere de la victoire qu'Auguſte avoit remportée à *Actium* le 2 Septembre de l'an 723 de Rome; & qu'elles marquent par conſéquent les années de ſon regne dans leſquelles elles ont été frappées. Suivant la maniere dont on a dit ci-devant que les Syriens comptoient les années de regne des Empereurs, en quelque mois qu'il eût commencé, ils en comptoient enſuite la ſeconde année au mois d'Octobre où commençoit leur année civile. Ils célébroient alors des fêtes en leur honneur, qu'ils renouvelloient tous les ans au même mois, & faiſoient ordinairement frapper en ces occaſions des Médailles, où les années de regne des Empereurs étoient marquées ſuivant leur maniere de les compter. Il s'enſuit de ce qu'ils pratiquoient à cet égard, qu'ayant compté la ſeconde année du regne d'Auguſte du mois d'Octobre 723, l'année Mς. 46. marquée ſur la Médaille en queſtion a dû commencer au mois d'Octobre 766. Auguſte mourut le 19 du mois d'Août 767. Mais quand même on ne feroit commencer l'année 46, marquée ſur la médaille, qu'au mois d'Octobre 767, cette date pourroit encore ſe ſoutenir, en ſuppoſant que la ville qui l'a fait frapper n'étoit pas informée au mois d'Octobre de la mort de cet Empereur arrivée le 19 du mois d'Août précédent. A préſent que les bâtiments de mer ſont meilleurs voiliers, & les Marins plus experts qu'ils ne l'étoient en ce temps-là, il arrive qu'en partant des côtes d'Italie & de Provence, quand leur navigation eſt contrariée par des vents d'Eſt, & par les mauvais temps qui regnent ordinairement aux équinoxes, ils ſont quelquefois ſix ſemaines ou deux mois avant que d'arriver en Egypte & en Syrie. Ainſi il eſt aiſé de concevoir qu'on peut avoir été un pareil temps à y porter la nouvelle de la mort d'Auguſte. Il faut d'ailleurs obſerver que les Médailles qui étoient frappées pour des fêtes, devoient être fabriquées quelques jours auparavant.

MÉLANGE

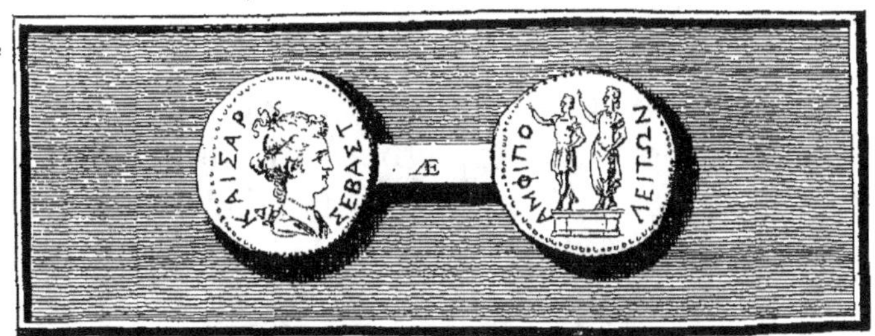

MÉLANGE
DE DIVERSES
MÉDAILLES.

QUATRIEME PARTIE.

Contenant des MÉDAILLES GRECQUES IMPÉRIALES *qui manquent dans* VAILLANT; *avec des Obſervations ſur quelques-unes de celles qu'il a publiées dans le Chapitre intitulé :* NVMMI GRÆCI IMPERATORVM.

AMPHIPOLIS in Macedonia.

LA MÉDAILLE d'Auguſte que préſente la Vignette ci-deſſus, eſt regardée comme ſinguliere en ce qu'au lieu d'y être repréſenté avec ſa tête, il y eſt debout ſur une eſtrade, accompagné d'une figure qui le couronne. C'eſt la tête de Diane qui eſt de l'autre côté de la médaille. On ne trouve aucune marque ſur toutes les autres d'*Amphipolis*, qui faſſe connoître que cette ville rendoit un culte à cette Déeſſe.

M. ANTONIUS.

BALANEA in Syria.

Sans légende. Tête nue de Marc-Antoine.

℟. ΒΑΛΑΝΕΩΝ. Le même Marc-Antoine ſous la figure de Bacchus eſt repréſenté debout ſur un char tiré par quatre chevaux, tenant leurs rênes de la main droite, & un tyrſe de la main gauche. Dans le champ ſont les lettres numérales ΑϘ, qui marquent l'année 91, & les lettres ΣΥ. qui ſont les deux premieres de Συριων. M. l'Abbé Belley a rapporté cette médaille dans une de ſes Diſſertations ſur l'ere de la ville de *Balanée*, tom. XXX des Mémoires de l'Académie.

ARADUS insula.

médaille de Marc Antoine au revers de Cleopatre.

S. 1. p. 6.

OCTAVIA.

THESSALONICA in Macedonia.

ΘΕCCΑΛΟΝΙΚΕΩΝ. ΕΛΕΥΘΕΡΙΑC. Tête d'Octavie, femme de Marc-Antoine. 1

℞. M. ANT. AYT, Γ. KAI. AYT. Une Victoire marchant tient de la droite une couronne, & de la gauche une branche de palmier.

PELLA in Macedonia.

ΠΕΛΛΑΙΩΝ. Même tête d'Octavie, & au revers même légende & même type que ſur la précédente médaille. 1

Il a été fait mention des deux médailles précédentes, tome I, p. 186, & tome III, page xxix.

THESSALONICA in Macedonia.

ΑΓΩΝΟΘΕΣΙΑ. Même tête d'Octavie. 2

℞. ANT. KAI. au milieu d'une couronne.

Cette médaille a été rapportée Tome III, page 131.

AUGUSTUS.

AEZANIS in Phrygia.

ΣΕΒΑΣΤΟΣ. Tête nue d'Auguſte. 3

℞. ΕΠΙ. ΜΕΝΑΝΔΡΟΥ. ΑΙΖΑΝΙΤΩΝ. Jupiter debout tient de la main droite un aigle, & de la main gauche une haſte.

Idem. Sans légende. Tête d'Auguſte comme deſſus. 3

℞. ΕΖΕΑΝΙΤΩΝ. Une figure en habit court tient en marchant une Victoire de la main droite, & une haſte de la main gauche.

Cette médaille a été rapportée Tome III, page 210.

APAMEA in Phrygia.

ΣΕΒΑΣΤΟΣ. Tête d'Auguſte couronnée de laurier. 3

℞. ΑΠΟΛΛΩ.... ΜΕΛΙΤΩΝ. ΑΠΑΜΕΩΝ. Diane d'Epheſe avec ſes ſupports.

Ascalon. Voyez additions. p. 376.

ERYTHRÆ in Ionia.

ΣΕΒΑΣΤΟΣ. Tête d'Auguſte couronnée de laurier. 3

℞. ΕΡΥ. ΕΚΑΤΟΝΥΜΟΣ. ΑΙΣΚΡΙΩΝΟΣ. Au milieu de la médaille, qui eſt de la ville d'*Erythres* en Ionie.

La premiere que Vaillant a donnée de cette ville eſt ſous Trajan.

THESSALI.

ΣΕΒΑΣΤΗΩΝ. ΘΕΣΣΑΛΩΝ. Tête d'Auguſte radiée. 2

℞. ΣΤΡΑΤΗΓΟΥ. ΑΥ...ΚΟΥΡΟΥ. Apollon en habit long, debout, tient d'une main une lyre, & de l'autre un archet.

Cette médaille a été rapportée Tome III, page 200.

HIERAPOLIS in Phrygia.

ΣΕΒΑΣΤΟΣ. Tête d'Auguſte, ſans couronne. 3

℞. ΑΚΡΙΤΑΣ. ΔΙΟΤΡΕΦΟΥ. ΙΕΡΑΠΟΛΙΤΩΝ. Apollon debout comme dans la médaille précédente.

PLANCHE XXV. N°. 1.

Idem. ΣΕΒΑΣΤΟΣ. Tête d'Auguſte couronnée de laurier. 3

℞. ΜΕΝΙΣΚΟΣ. ΔΙΦΙΛΙ. Υ. Τ. Γ. ΙΕΡΑΠΟΛΙΤΩΝ. Figure nue debout, tient la main droite étendue, & porte de la main gauche une double hache.

Ces deux médailles ſe diſtinguent aiſément pour être de la ville de *Hiérapolis* de Phrygie, par les noms de Magiſtrats qu'el-

PLANCHE XXV.

les contiennent, & par leur fabrique qui eſt différente de celle des médailles de *Hiérapolis* de Syrie. La lettre Υ. eſt employée ſur une de celles-ci pour ΥΙΟΣ, qui eſt preſque toujours ſous-entendu ſur les médailles qui ont deux noms, dont le ſecond eſt au génitif.

CÆSAREA in Bithynia.

ΠΑΡΡΑΣΙΟΣ. ΜΕΝΑΝΔΡΟΥ. Tête d'Auguſte couronnée de laurier. 3

℞. ΚΑΙΣΑΡΕΩΝ. Figure nue, debout, tenant de la droite une patere, & de la gauche un caducée.

Il n'est pas sûr que cette médaille soit de la Césarée de Bithynie. peut-être est-elle de Tralles, comme il sera marqué cy après.

Vaillant ne rapporte qu'une médaille de cette ville. Elle eſt de Caracalla.

LAMPSACUS in Myſia.

ΣΕΒΑΣΤΟΣ. ΛΑΜΨΑΚΗ. Tête comme deſſus. 3

℞. ΙΕΡΑ. ΣΥΝΚΛΗΤΟΣ. Tête jeune repréſentant le génie du Sénat.

Vaillant n'a point rapporté de médailles de *Lampſaque* avant Marc-Aurele.

MYCONUS Inſula.

CЄBACTOC. Tête nue d'Auguſte. 3

℞. ΜΥΚΟΝΙΩΝ. Bacchus debout s'appuie ſur un thyrſe de la main droite, & tient un pot de la main gauche. PLANCHE XXV.

Cette médaille a été rapportée, Tome III, page 224. C'eſt la ſeule Impériale que l'on connoiſſe de cette Iſle.

NICOMEDIA in Bithynia.

ΝΙΚΟΜΗΔΕΩΝ. Tête comme deſſus. 2 N°. 2.
— ℞. ΕΠΙ. ΑΝΘΥΠΑΤΟΥ. ΘΩΡΙΟΥ. ΦΛΑΚΚΟΥ. ΕΙΡΗΝΗ. Figure de femme debout, tenant de la droite un caducée, la gauche appuyée ſur ſon côté.

La ville de *Nicomédie* a eu ordinairement des Préteurs pour Magiſtrats. Le nom de *Thorius Flaccus* Proconſul, n'a été vraiſemblablement employé ſur cette médaille que par honneur en qualité d'Eponyme.

NYSA in Caria.

ΣΕΒΑΣΤΟΣ. Tête d'Auguſte couronnée de laurier. 3 N°. 3.

℞. ΦΙΛΟΚΑΙΣΑΡ ΑΡ. ΤΟ. Β. ΝΥΣΑΕΩΝ. Au milieu d'une couronne.

On ne rapporte ici cette médaille que parce qu'elle eſt mieux conſervée que celle du P. Frœlich, qui y avoit lu ΤΙ. ΚΑΙΣΑΡ; & que celle du cabinet de M.

PLANCHE XXV.

l'Abbé de Rhotelin que M. Maffey a publiée avec la légende ΤΩΝ. ΝΥΣΑΕΩΝ, au lieu de ΤΟ. Β. ΝΥΣΑΕΩΝ. Le monogramme qu'on y voit, y a été mis pour Γραμματεὺς

PRUMNESSUS in Phrygia.

ΣΕΒΑΣΤΟΣ. Tête d'Auguſte couronnée de laurier. 3

℞. . . . . ΠΑΤΡΙΣ. ΠΡΥΜΝΗΣΕΩΝ. Une figure de femme debout, tient de la droite une balance, & de la gauche une haſte.

SIDON in Phœnicia.

Sans légende. Tête d'Auguſte couronnée de laurier. I

℞. ΣΙΔΩΝΙΩΝ. L. ΓΚΡ. Europe aſſiſe ſur un taureau.

On ne rapporte ici cette médaille que par rapport à la date qu'elle contient, & par rapport à ſon module qui approche du grand bronze.

TRALLES in Lydia.

ΚΑΙCΑΡ. CЄΒΑCΤΟC. Tête radiée d'Auguſte. 3

℞. ΤΡΑΛΛΙΑΝΩΝ. Une figure militaire portant de la main gauche un bouclier, éleve

éleve la main droite dont il tient un javelot.

Planche XXV.

Vaillant n'a point rapporté de médailles de cette ville avant Domitien.

CHALCIS in Syria.

ΧΑΛΚΙΔΕΩΝ. Tête nue d'Auguſte. 3

℞. Sans légende. Tête de femme tourelée.

XIΩN. médaille d'argent. P. III. p. 224.

La premiere médaille que Vaillant a rapportée de cette ville, eſt ſous Trajan.

Il n'a donné (*pag.* 3, *l.* 19) qu'une médaille d'Auguſte frappée à *Aſcalon* en Paleſtine avec la date ΓΡ. 103. On en a pluſieurs autres avec différentes époques dont il ſera fait mention dans la ſuite.

Celle qu'il rapporte (*Ibid. l.* 25) de la ville de *Balanée* ſous Auguſte, n'étoit apparemment pas bien conſervée. Il ſemble que c'eſt la même dont il a été ci-devant fait mention ſous Marc-Antoine, reconnoiſſable par la tête qui y eſt repréſentée.

Il décrit (*Ibid. l.* 46) une médaille d'Ephêſe, ainſi qu'il ſuit, ΑΡΧ. ΚΟΥΣΙΝΙΟΣ. Δ. ΕΦΕ. *Pontifex Cuſinius quartum Epheſiorum.* L'interprétation de cette légende a beſoin

PLANCHE XXV.

d'explication, ſans quoi l'on pourroit penſer qu'elle ſignifieroit que Cuſinius étoit Pontife pour la quatrieme fois. Le Pontificat n'étoit pas une magiſtrature, & ce n'eſt qu'en qualité de Γραμματεὺς & d'Eponyme que Cuſinius eſt nommé ſur la médaille de Vaillant, ainſi que la ſuivante du cabinet de l'Auteur le fait voir.

EPHESUS in Ionia.

Sans légende. Têtes accolées d'Auguſte & de Livie. 3

℞. ΚΟΥΣΙΝΙΟΣ. Γ. Δ. ΕΦΕ. Un cerf debout.

La lettre Γ. ſur cette médaille après le nom de *Cuſinius* ſignifie Γαρμματεὺς, & la lettre Δ. marque qu'il exerçoit cette magiſtrature pour la quatrieme fois. Une médaille de Vaillant dans la même page 3, l. 40, & deux autres de la page ſuivante, lignes 2 & 4, montrent que cette ſorte de magiſtrature étoit, du temps d'Auguſte, celle qui donnoit droit à ceux qui en étoient revêtus de faire mettre leurs noms ſur les monnoies qui étoient frappées à Ephêſe dans les années de leur exercice. On trouve ſur une médaille de Domitien,

page 23, l. 22, qu'elle y étoit exercée alors par un ſimple Prêtre appellé ΑΥΡ. ΜΟΥϹΩΝΙΟϹ, *Aurelius Muſonius*. Le Proconſul Cæſennius Pætus eſt nommé dans la même page, ligne 15, ſur une autre médaille d'Epheſe ; mais ce ne peut être qu'en la qualité d'Eponyme, qui lui avoit été donnée par le Sénat de cette ville, comme une marque particuliere de diſtinction. Il paroît que ſous Antonin, page 42, lig. 27, elle avoit encore pour Magiſtrat un Γραμματεὺς ; mais que ſous Marc-Aurele, page 51, ligne 31, c'étoit un Stratege ou Préteur. On ne voit aucun nom de Magiſtrat ſur toutes les autres médailles qu'elle a fait frapper ſous les Empereurs ſuivants. On ignore quelle étoit préciſément la forme du Gouvernement, qui étoit établi dans la plupart des villes grecques. On ſait ſeulement qu'elles en changeoient ſuivant les événements & les circonſtances, & qu'ainſi en différents temps elles étoient gouvernées par différents Magiſtrats. Il eſt à obſerver que ſur les médailles d'Epheſe dont il s'agit, les lettres ΑΡΧ. qui y ſont employées pour Ἀρχιερεὺς, Pontife, ſignifient

PLANCHE XXV.

PLANCHE XXV.

plus ordinairement Ἄρχων Archonte ; ce qu'il eſt difficile de diſtinguer, quand on manque de renſeignements ſur l'eſpece de magiſtrature qui étoit établie dans les villes, dont ſont les médailles où ces lettres ſe trouvent.

Vaillant (*pag.* 4, *l.* 13) a attribué à la ville de *Céſarée* de Paleſtine, celle qu'il a rapportée avec la légende ΠΟΛΛΙΩΝ. ΚΟΥΠΕΔΙΟΥ. ΚΑΙΣΑΡΕΩΝ, d'un côté, & ΜΕΝΑΝΔΡΟΣ. ΠΑΡΡΑΣΙΟΥ. de l'autre côté. On eſtime qu'elle eſt plutôt de la *Céſarée* de Bithynie, ainſi que la médaille ci-devant décrite, qui a pour légende ΠΑΡΡΑ-ΣΙΟΣ. ΜΕΝΑΝΔΡΟΥ, d'un côté, & ΚΑΙΣΑ-ΡΕΩΝ, de l'autre côté. Si des villes de Paleſtine ont fait mettre quelquefois les noms de leurs Magiſtrats ſur leurs monnoies, les exemples en ſont très-rares. D'ailleurs on ne penſe pas que dans le temps que la ville de *Céſarée* de Paleſtine venoit d'être bâtie par Hérode qui lui avoit donné ce nom en l'honneur d'Auguſte, il y ait fait frapper des médailles repréſentant cet Empereur avec des noms de Magiſtrats.

Reflexion faite, il est douteux que ces medailles soient de Cesarée de Bithynie. Elles sont plutôt de la ville de Tralles qui après avoir pris le titre ou surnom de Cesarée, s'étoit appellée ensuite du nom seul de Cesarée comme le fait voir une medaille de Neron, cy après rapportée. p. 32.

LAODICEA in Phrygia.

PLANCHE XXV.

Sur une autre médaille d'Auguste, Vaillant (*pag.* 4. *l.* 35) a lu ΠΟΛΕΜΩΝ. ΦΙΛΟΠΑΤΗΡ. ΛΑΟΔΙΚΕΩΝ. On en a une toute semblable sur laquelle il y a ΦΙΛΟΠΑΤΡΙΣ, non pas ΦΙΛΟΠΑΤΗΡ.

Il a lu aussi (*Ibid. l.* 39) ΖΕΥΣ. ΦΙΛΑΛΗΘΗΣ. ΛΑΟΔΙΚΕΩΝ. sur une médaille, dont la légende doit être ΞΕΥΞΙΣ. ΦΙΛΑΛΗΘΗΣ. ΛΑΟΔΙΚΕΩΝ. suivant une autre toute pareille du cabinet de l'Auteur.

PERGAMUS in Mysia.

Celle qu'il rapporte (*pag.* 5, *l.* 26) avec la légende Μ. ΦΟΥΡΙΟΣ. ΙΕΡΕΥΣ. ΚΑΙ ΑΣΙΑΡΧΗΣ. ΠΕΡΓΑΜΗΝΩΝ, paroît avoir été mal lue, n'étant gueres vraisemblable qu'un simple Prêtre ait été assez riche pour fournir aux dépenses immenses que chaque Asiarque étoit obligé de faire dans l'année qu'il étoit revêtu de cette dignité. On a une médaille semblable, laquelle a pour légende, Μ. ΦΟΥΡΙΟΣ. ΙΕΡΕΥΣ. ΚΑΙ. ΑΡΧΩΝ. ΠΕΡΓΑΜΗΝΩΝ. Un Prêtre pouvoit être Archonte ; il y en a plusieurs exemples.

PLANCHE XXV.

Vaillant (*Ibid. l.* 11) a référé à la ville d'*Orthoſiade* en Syrie la médaille d'Auguſte, qui a pour légende ΟΡΘΩΣΙΕΩΝ, & pour type le rapt de Proſerpine. Il paroît par ce type qu'elle eſt de l'*Orthoſiade* de Carie, ainſi qu'il a été déja obſervé, Tome II, p. 129.

Voici comment il a décrit (*pag.* 5, *l.* 40) une autre médaille d'Auguſte ΚΑΙΣΑΡ. ΣΕΒΑΣΤΟΣ. ΠΛΟΥΣΙΑΣ ΥΠΑΤΟΣ. *Cæſar Auguſtus Pluſiæ Conſul.* Au revers ΑΠΕΛΛΑΣ. ΦΑΝΙΟΥ. ΑΜΡ. *Apellas Phanii filius*, *forſan anno* 141. Cette médaille qu'on n'a point vue, eſt ſuſpecte par ſa légende, & encore plus par l'interprétation que cet Antiquaire en a donnée. Il l'attribue apparemment à la ville appellée *Plutia* par Cicéron. S'il n'eſt pas probable que cette ville de Sicile, dont aucun autre Auteur n'a parlé, ait nommé Auguſte pour ſon Conſul, il l'eſt encore moins que des villes de cette Iſle aient marqué des époques ſur leurs monnoies.

La médaille qu'il rapporte (*Ibid. l.* 44) avec la légende ΡΑΜΑΘΗΝΩΝ. ΒΙΡ. a été mal lue à cauſe de ſa mauvaiſe conſervation. Goltzius avoit cru voir ſur une femblable ΒΙΡΡΑΝΑΤΗΝΩΝ , & Triſtan jugeoit qu'il falloit lire ΒΙΡΘΑΜΑΤΗΝΩΝ. Morel liſoit, comme Vaillant, ΡΑΜΑΘΗΝΩΝ. ΒΙΡ. Havercamp en a auſſi parlé. Ceux-ci eſtimoient qu'il y avoit du côté de la tête, ΤΟΥ. ΘΕΙΟΥ. ΚΑΙΣΑΡΟΣ. ΣΕΒΑΣΤΟΥ ; mais au lieu de ΤΟΥ. ΘΕΙΟΥ. il y a ΚΛΑΥΔΙΟΥ. comme il paroît par une médaille bien conſervée, dont la légende du revers eſt ΚΑΝΑΤΗΝΩΝ. ΒΙΡ. M. l'Abbé Belley l'a rapportée dans une Diſſertation ſur l'ere de la ville de *Canata*, Tome XXVIII. des Mémoires de l'Académie.

Vaillant a donné (*pag.* 6, *l.* 21), une médaille de Zénodore au revers de la tête d'Auguſte, ſur laquelle il a lu ΖΗΝΟΔΩΡΟΣ. ΤΕΤΡΑΡΧΗΣ. L. ΒΠΣ. Une ſemblable du cabinet de l'Auteur a fait connoître que cette médaille & les autres publiées par différents Antiquaires, ſont défectueuſes principalement en ce qui regarde la date de l'année ΒΠΣ. 282, ce qui avoit occaſionné des conteſtations entre eux relativement à l'ere d'où cette date pouvoit provenir. Mais au lieu de ΒΠΣ. & des autres dates qu'ils croyoient y voir, il y a

PLANCHE XXV.

ſûrement, L. ZΠ. ſur la médaille de l'Auteur, dont M. l'Abbé Belley a fait uſage dans une de ſes Diſſertations. Elle a été auſſi rapportée dans le Recueil des Médailles de Rois, page 174.

LIVIA.

METHYMNA in Leſbo.

ΘΕΑ. ΛΙΒΙΑ. Tête de Livie. 3

℞. ΣΕΒΑΣΤΟΣ ΜΑΘΥ. Tête nue d'Auguſte.

Cette médaille eſt de la ville de *Methymna* dans l'Iſle de Leſbos. Vaillant en a rapporté une ſemblable qu'il a attribuée à la ville de *Magydus* en Pamphylie, y ayant lu ΜΑΓΥ, au lieu de ΜΑΘΥ.

THESSALI.

ΣΕΒΑΣΤΗΩΝ. ΘΕΣΣΑΛΩΝ. Tête de Livie voilée. 2

℞. ΣΤΡΑΤΗΓΟΥ. ΑΝΤΙΓΟΝΟΥ. Une figure de femme debout, éleve la main droite dont elle tient une pomme ou un globe; de la main gauche elle ſoutient ſa robe.

Idem.

Idem. ΣΕΒΑΣΤΗΩΝ. ΘΕΣΣΑΛΩΝ. Livie assise sous l'image d'une Divinité, s'appuie de la droite sur une haste, & tient de la main gauche une branche d'olivier. 2 PLANCHE XXV.

R/. ΣΤΡΑΤΗΓΟΥ. ΛΥΚΟΥ. ΤΟ. Β. Cérès debout tient de la droite deux épis, & de la gauche une longue torche allumée.

Les deux médailles précédentes ont été rapportées Tome III, page 200.

CLAZOMENÆ in Ionia.

ΘΕΑ. ΛΙΒΙΑ. Tête de Livie. 3

R/. ΚΛΑΖΟ. ΚΤΙΣΤΗΣ. Tête d'Auguste couronnée de laurier.

Cette médaille a été aussi rapportée, Tome III, page 232.

MAGNESIA in Lydia.

ΘЄΑΝ. CЄΒΑCΤΗΝ. Tête de Livie. 3 N°. 4.

R/. CΥΝΚΛΗΤΟΝ. ΜΑΓΝΗΤЄC. ΑΠΟ. C. Le génie du Sénat représenté par une tête jeune.

SMYRNA in Ionia.

CЄΒΑCΤΗ. CΥΝΚΛΗΤΟC. ΖΜΥΡΝΑΙΩΝ. ΙЄΡΟΝΥΜΟC. Têtes en regard de Livie & du Sénat. 2 N°. 5.

PLANCHE XXV. ℞. CЄBACTOC. TIBЄPIOC. ЄΠΙ. ΠЄΤΡΩΝΙΟΥ. Une ſtatue debout au milieu d'un Temple.

JULIA.

EDESSA in Macedonia.

Nº. 6. ΣΕΒΑΣΤΗ. ΕΔΕΣΣΑΙΩΝ. Tête de femme jeune réputée être celle de Julie. 2

℞. ΤΙ. ΚΑΙΣΑΡ. ΣΕΒΑΣΤΟΣ. Tête nue de Tibere.

Nº. 7. ΙΟΥΛΙΑ. CЄΒΑΣΤΗ. Tête de Julie. 3

℞. ΚΑΡΠΟΦΟΡΟC. L. ΛΔ. Une main tenant trois épis.

Cette médaille a été attribuée à Julie par le P. Panel. Elle a été frappée dans quelque ville de Paleſtine, autant qu'on en peut juger par ſa fabrique. La légende & le type du revers ſont des attributs de Cérès & de Proſerpine, qui étoient appellées *Carpophores* ſuivant Pauſanias.

CAIUS & LUCIUS.

ΓΑΙΟΣ. ΚΑΙΣΑΡ. Tête de Caïus. 3

℞. ΣΕΒΑΣΤΟΣ. Tête d'Auguſte nue.

THESSALONICA in Macedonia.

Nº. 8. ΓΑΙΟΣ. ΣΕΒΑΣΤΟΥ. ΥΙΟΣ. Tête de Caïus. 2

CAESAREA in Palaestina
médaille de Lucius Caesar petit fils d'Auguste
S. II. p. 46.

℟. ΘΕΣΣΑΛΟΝΙΚΕΩΝ. Tête d'Auguſte couronnée de laurier.

PLANCHE XXV.

MAGNESIA in Ionia.

ΓΑΙΟϹ. ΚΑΙϹΑΡ. Tête de Caïus. 3

℟. ЄΠΙ. ϹΙΛΟΥΑΝΟΥ. Κ. ΙΟΥϹΤΙΝΟΥ. ϹΙΦΑΝΙωΝ. Un aigle ſur un rameau.

Cette médaille qui a été rapportée (*Tome III, page* 233) contient un monogramme qui fait connoître qu'elle a été frappée à *Magnéſie* en Ionie.

ELÆA in Æolia.

ΛΟΥΚΙΟϹ. ΚΑΙϹΑΡ. Tête de Lucius. 3

℟. ΕΛΑΙΤΩΝ. Quatre épis & un pavot dans un vaſe d'oſier.

Cette médaille a été auſſi rapportée, Tome III, page 233, de même que la ſuivante.

PERGAMUS in Myſia.

ΓΑΙΟΝ. ΚΕΦΑΛΙΩΝ. Tête de Caïus. 3

℟. ΛΕΥΚΙΟΝ. Tête de Lucius.

Une médaille d'Auguſte frappée à *Pergame* avec le même nom du Magiſtrat Céphalion, fait connoître que celle-ci eſt auſſi de la même ville. P. III. p. 238.

CAESAREA in Palaestina

medaille de Lucius Cesar S. II. p. 46.

TABAE. P. III. p. 216.

PLANCHE XXV. N°. 9.

ΔΗΜΟΦΩΝ. ΚΑΙΣΑΡΑ. Tête de Caïus. 3

℟. ΠΕΡΓΑΜΗΝΟΙ. ΚΑΙΣΑΡΑ. Tête de Lucius.

TIBERIUS.

APOLLONOSHIERITÆ in Lydia.

ΤΙΒΕΡ..... Tête de Tibere couronnée de laurier. 3

℟. ΑΠΟΛΛΩΝΙΕΡΕΙΤΩΝ. Apollon en habit long debout, tient de la droite une patere, & de la gauche une lyre posée à terre.

Cette médaille a été rapportée Tome III, page 214.

ASTYPALÆA Insula.

Sans légende. Tête de Tibere comme dessus. 1

℟. ΑΣΤΥΠΑΛΑΙΕΩΝ. Une Victoire marchant, tient de la main droite une couronne, & paroît soulever sa robe de la main gauche.

Cette médaille a été aussi rapportée Tome III, page 34.

DAMASCUS in Cœlesyria

L. II. pl. II. n°. 2.

MAGNESIA in Lydia.

TIBЄPION. CЄBACTON. KTICTHN. Tête de Tibere comme deſſus. 3 — Planche XXV.

℞. ΜΑΓΝΗΤΩΝ. ΑΠΟ. ΣΙΠΥΛΟΥ. Le génie de la ville repréſenté par une femme tourelée debout, joint ſa main à celle de l'Empereur qui eſt auſſi debout en regard.

SIDE in Pamphylia.

Tête de Tibere couronnée de laurier. La légende qui étoit autour, eſt effacée. 2

℞. CIΔHTωN. Une figure en habit militaire debout, tient de la droite une Victoire, & de la gauche une haſte.

SMYRNA in Ionia.

KAICAPA. CЄBACTON. TIBЄPION. Têtes en regard d'Auguſte & de Tibere. 3

℞. ΖΜΥΡΝΑΙΩΝ. ΚΟΡΩΝΟΣ. ΛΙΒΙΑΝ. Une figure de femme voilée & tourelée debout en face, tient de la main droite une eſpece de ſceptre, & s'appuie de la gauche ſur une colonne.

ANTONIA.

THESSALONICA in Macedonia.

ΑΝΤΩΝΙΑ. ΣΕΒΑΣΤΗ. Tête d'Antonia voilée. 2 — N°. 10.

PLANCHE XXV.

℞. Γ. ΚΑΙΣΑΡ. ΣΕΒΑΣΤΟΣ. ΘΕΣΣΑΛΟΝΙΚΕΩΝ. Tête de Caligula couronnée de laurier.

Vaillant a bien rapporté une médaille d'Antonia frappée à *Theſſalonique*, mais non pas avec la tête de Caligula au revers.

GERMANICUS.

TANAGRA in Boetia.

ΓЄΡΜΑΝΙΚΟC. ΚΑΙC. Tête nue de Germanicus. 3

Autre médaille avec un autre type. T. II. pl. 11. N° 4.

℞. ΤΑΝΑ. Apollon nu debout en face, tient d'une main une branche de laurier, & de l'autre main une lyre.

Vaillant a rapporté une médaille ſemblable, mais qui ſelon les apparences n'étoit pas bien conſervée, Apollon lui ayant paru avoir ſeulement les bras étendus.

AGRIPPINA.

MYTILENE in Leſbo.

ΘЄΑΝ. ΑΙΟΛΙΝ. ΑΓΡΙΠΠΙΝΑΝ. ΜΥΤ. Tête d'Agrippine. 2

℞. ΘЄΟΝ. ΓЄΡΜΑΝ. ΜΥΤΙ. Tête nue de Germanicus.

Cette médaille a été rapportée Tome III, page 229. PLANCHE XXV.

CALIGULA.

ΓΑΙΟΣ. ΚΑΙΣΑΡ. ΓΕΡΜΑ. ΣΕΒ. Tête de Caligula couronnée de laurier. 2

℞. .... ΑΓΡΙΠ. Têtes en regard de Germanicus couronné de laurier, & d'Agrippine voilée. N°. 11.

LAODICEA in Syria.

ΓΑΙΟΥ. ΚΑΙΣΑΡΟϹ. ϹЄΒΑϹΤΟΥ. Tête de Caligula comme dessus avec une étoile au-devant. 2 N°. 12.

℞. ΛΑΟΔΙΚΕΩΝ. Tête de femme voilée & tourelée.

NEOCÆSAREA in Ponto.

ΓΑΙΟϹ. ΚΑΙϹΑΡ. ΓЄΡΜΑΝΙΚΟϹ. ΝЄΟΚΑΙϹΑΡЄΩΝ. Tête couronnée de laurier. 3

℞. ΑΓΡΙΠΠΙΝΑΝ. ΑΡΤЄΜωΝΟϹ. Agrippine sous l'image d'une Divinité est assise, & tient d'une main une haste, & de l'autre main une corne d'abondance.

Idem. Autre médaille semblable à la précédente avec un nom de Magistrat différent, savoir, ЄΡΜΟΓЄΝΟΥϹ. 3 N°. 13.

SIDON in Phœnicia.

PLANCHE XXV. N°. 14. Sans légende. Tête de Caligula couronnée de laurier. 2

R̸. ΣΙΔΩΝΟΣ. L. HMP. Europe aſſiſe ſur un taureau.

On ne trouve des époques ſur aucune des médailles grecques de Caligula qui ont été publiées. La date de l'année 148 qu'on voit ſur celle-ci, tombe préciſément en l'année de la mort de cet Empereur, arrivée en l'année 790 de Rome, l'ere de la ville de *Sidon* ayant commencé en l'année 643.

CLAUDIUS.

AMPHIPOLIS in Macedonia.

N°. 15. TI. ΚΛΑΥ. ΣΕΒΑΣ. Statue de l'Empereur ſur une eſtrade ayant la main droite élevée, & tenant de la main gauche un ſceptre ſurmonté d'un aigle. 2

R̸. ΑΜΦΙΠΟΛΙΤΩΝ. Europe aſſiſe ſur un taureau.

APAMEA in Phrygia.

...... ΝΕΡΩΝ. ΚΑΙCΑΡ. Têtes en regard de Claude & de Néron jeune. 2

R̸.

℞. ΑΠΑ. COΥ.... ΗΓΕCΙΠΠΟC. Simulacre de Junon ſurnommée *Pronuba*.

PLANCHE XXV.

CANATA in Cœleſyria.

ΤΙ. ΚΛΑΥΔ..... Tête de Claude couronnée de laurier. 3

℞. ΚΑΝΑΤΗΝΩΝ. ΒΙΡ. Tête de femme tourelée.

Cette médaille dont il a été ci-devant fait mention, a été rapportée, comme on l'a déja dit, par M. l'Abbé Belley dans une de ſes Diſſertations, Tome XXVIII des Mémoires de l'Académie.

CYPRVS insula. TI. CLAVDIVS. CAESAR. AVG. P.M. TR.P. IMP. tête de claude couronnée de laurier. ℞. ΚΟΙΝΟΝ. ΚΥΠΡΙΩΝ. dans une couronne de laurier. S. IV. p. 3.

LAODICEA in Phrygia.

ΤΙ. ΚΛΑΥΔΙΟC......... Tête nue de Claude. 3 N°. 16.

℞. ΠΟΛΕΜΩΝΟC. ΤΟΥ. ΖΗΝΩΝΟC. ΛΑΟΔΙΚΕΩΝ. Jupiter debout tient de la droite un aigle, & de la gauche une haſte.

LEVCAS in Syria S. I. p. 36.

Cette médaille ſert à faire voir, ainſi qu'il ſera marqué ci-après, qu'une ſemblable de Néron a été mal lue par Vaillant qui a cru que Zénon y étoit nommé en qualité de *Poliarque*.

PERGAMUS ~~vel ERYTHRAE~~

ΤΙ. ΚΛΑΥ..... ΚΑΙΣΑΡ. ΣΕΒΑΣΤΟΣ.

Autre médaille de Claude au revers d'Agrippine avec le monogramme de la ville de Pergame. S. IV. p. 4.

PLANCHE XXV.

ΓΕΡΜΑΝΙΚΟC. Tête de Claude couronnée de laurier. M

R/. ΕΠΙ. Γ. ΣΕΡΤΩΡΙΟΥ. ΒΡΟΚΛΟΥ. ΑΝΘΥΠΑΤΟΥ. Jupiter aſſis, s'appuie de la main droite ſur ſon ſiege, & tient de la main gauche une haſte.

C'est le monogramme de Pergame.

Ce médaillon qui, par le monogramme qu'il contient, paroît avoir été frappé à *Pergame* ~~ou à *Erythres*,~~ a été rapporté, Tome III, page 227.

NICÆA in Bithynia.

ΤΙ. ΚΛΑΥΔΙΟΣ. ΚΑΙΣΑΡ. ΣΕΒΑΣΤΟΣ. ΓΕΡΜΑΝΙΚΟΣ. Tête de Claude couronnée de laurier avec deux épis au-devant. 1

R/. Γ. ΚΑΔΙΟΣ. ΡΟΥΦΟΣ. ΑΝΘΥΠΑΤΟΣ. ΝΕΙΚΑΙΕΩΝ. Un Temple.

Cette médaille a été pareillement rapportée, Tome III, page 227.

NICOMEDIA in Bithynia.

ΤΙ. ΚΛΑΥΔΙΟΣ. ΣΕΒΑΣΤΟΣ. ΓΕΡΜΑΝΙΚΟΣ. Tête de Claude couronnée de laurier. 2

R/. Autour de la médaille ΕΠΙ. ΦΡ. ΠΑΣΙΔΙΗΝΟΥ. ΦΙΡΜΟΥ. ΑΝΘΥΠΑΤΟΥ. Au milieu Β. ΠΑΤΡΩΝΟΣ. ΤΗΣ. ΜΗΤΡΟΠΟΛΕΩΣ ΝΙΚΟ.

Il paroît que ce monogramme contient les premieres lettres de ΜΗτρόπολις ΝΙΚΟμήδεια, moyennant quoi le titre de *Métropole* eſt répété dans la légende de cette médaille.

PLANCHE XXV.

MESSALINA.

NICÆA in Bithynia.

LA médaille de Meſſaline en grand bronze qui a été rapportée, Tome III, page 227, fait connoître que la ſemblable que Vaillant a publiée, & qu'il dit être d'une rareté étonnante, n'étoit pas bien conſervée : il y a lu ΓΕΛΛΙΟΣ. ΡΟΥΦΟΣ, &c. au lieu de Γ. ΚΑΔΙΟΣ. ΡΟΥΦΟΣ qu'on lit ſur celle de l'Auteur qui eſt bien conſervée, ainſi que ſur une autre de Claude qui contient la même légende & le même type.

BRITANNICUS.

ΒΡΕΤΑΝΝΙΚΟϹ. ΘΕϹϹΑΛΟΝΙΚΕΩΝ. Tête nue de Britannicus.

℞. ΤΙ. ΚΛΑΥΔΙΟϹ. ΚΑΙϹΑΡ. ϹΕΒΑ. Tête nue de Claude.

Cette médaille eſt un peu différente de celle qui a été donnée par Vaillant.

ΒΡΙΤ. ΚΑΙ. L. ΙΑ. Palmier.

℞. ΝΕΡΩ. ΚΛΑΥ. ΚΑΙϹΑΡ. Bouclier et flèches en sautoir.

M. I. p. 96.

PLANCHE XXV.

NICOMEDIA in Bithynia.

Sur une autre à peu-près ſemblable à celle qu'il a publiée avec la légende ΕΠΙ. ΜΙΝΔΙΟΥ. ΒΑΛΒΟΥ. ΑΝΘΥ. ΝΕΙΚΟ, on lit autour de la tête de Britannicus ΤΙ. ΚΛΑΥ-ΔΙΟϹ. ΚΑΙϹΑΡ. ΒΡЄΤΑΝΝΙΚΟϹ, légende qu'on ne trouve point ſur les autres médailles connues de ce Prince.

AGRIPPINA.

ASSUS in Æolia. Mysia

Nº. 17. ΑΓΡΙΠ. ΚΛΑΥΔΙΟΣ. Têtes en regard d'Agrippine & de Claude. 3

℞. ΑΣΣΙΩΝ. Un griffon volant.

PLANCHE XXVI.

JULIA in Phrygia.

Nº. 1. ΑΓΡΙΠΠΕΙΝΑ. ΣΕΒΑΣΤΗ. Tête d'Agrippine. 3

℞. ΠΟΜΠΩΝΙΑΥΡΤΙΝ .... ΙΟΥΛΙΕΩΝ. Figure de femme aſſiſe, tenant de la main droite une patere.

COTIÆUM in Phrygia.

Vaillant (*pag.* 15, *l.* 30) a lu ſur une médaille d'Agrippine ΕΠΙ. ΙΟΥΛΙΟΥ. ΥΙΟΥ. ΚΟΤΙΑΕΩΝ, & de même ſur une autre de Claude. On a de pareilles médailles de l'un

PLANCHE XXVI.

& de l'autre qui ont pour légende ΕΠΙ. ΟΥΑΡΟΥ. ΥΙΟΥ. ΚΟΤΙΑΕΩΝ; & ΕΠΙ. ΟΥΑΡΟΥ. ΥΙΟΥ. ΠΟΛΕΩΣ. Si Julius & Varus ne ſont pas le même homme, la ville de *Cotyæum* en avoit adopté deux en même temps pour ſes fils, & fait mettre leurs noms ſur ſes monnoies en qualité d'Eponymes. Cette ville avoit des Archontes pour Magiſtrats ordinaires.

NERO.

ANTIOCHIA in Syria.

IM...... CAESAR. Tête de Néron couronnée de laurier. 3

℟. ΕΠΙ. ΚΟΥΑΔΡΑΤΟΥ. ΑΝΤΙΟΧЄΩΝ. ΔΡ. au milieu d'une couronne.

Cette médaille differe par le nom de *Quadratus*, d'une pareille médaille qui porte le nom de *Ceſtius*, & que Vaillant a rapportée avec la date ΔΙΡ.

APAMEA in Phrygia.

ΝΕΡ..... ΝΑ. Têtes en regard de Néron & d'Agrippine. 2

℟. ΑΠΑΜΕΩΝ. Junon ſurnommée *Pronuba* debout en face avec des ſupports.

PLANCHE XXVI. N°. 2.

Idem. ΝΕΡΩΝ. ΣΕΒΑΣΤΟΣ. Tête nue de Néron. 3

℟. ΕΠΙ. Μ. ΟΥΕΤΤΙΟΥ. ΝΙΓΡΟΥ. ΚΟΙΝΟΝ. ΦΡΥΓΙΑΣ. Le ſatyre Marſyas repréſenté debout jouant de la double flûte.

On a beaucoup de médailles d'Apamée qui ont la même forme & le même type que celle-ci. Elle doit par conſéquent avoir été frappée dans cette ville.

AUGUSTA in Cilicia.

ΝϵΡΩΝ ..... Tête de Néron couronnée de laurier. 2

℟. ΑΥΓΟΥCΤΑΝΩΝ. ϵΤΟΥC. ΗΜ. Buſte de Bacchus avec un thyrſe en travers, & un pot derriere.

BAGE in Lydia.

ΝΕΡΩΝ. ΚΑΙ. Tête de Néron comme deſſus. 3

℟. ΠΥΜΑ. ΑΡΧ. ΒΑΓΗΝΩΝ. Une figure nue debout tient de la main droite un rameau, ayant la main gauche abaiſſée.

Vaillant n'a rapporté qu'une ſeule médaille de la ville de *Bagé*, qui eſt de Géta. On en a donné une autre du même Géta, Tome III, page 214, en obſervant que les lettres APX. ſur ces médailles marquent un Archonte, non pas un Pontiſe.

PLANCHE XXVI.

BLAUNDUS in Phrygia.

ΝϾΡΩΝ. ΚΑΙΣΑΡ. Tête nue de Néron. 3

℞. ΚΑΛΛΙΚΡΑΤΗΣ. ΒΛΑΥΝΔΕΩΝ. Quatre épis liés enſemble.

Idem. 3

℞. ΤΗΜ...... ΚΑΛΛΙΠΗ. ΒΛΑΥΝΔΕΩΝ. Apollon en habit long, tient d'une main une lyre, & de l'autre main un archet.

La premiere médaille de cette ville que Vaillant a rapportée eſt ſous Marc-Aurele.

HIERAPOLIS in Phrygia.

Idem. 3

℞. ΣΥΙΛΛΙΟΣ. ΑΝΤΙΟΧΟΥ. ΙΕΡΑΠΟΛΙΤΩΝ. Une double hache entourée d'un ſerpent.

ICONIUM in Lycaonia.

ΝϾΡωΝ. ΚΑΙϹΑΡ. ϹϾΒΑϹΤΟϹ. Tête de Néron couronnée de laurier. 2

℞. ΚΛΑΥΔϾΙΚΟΝΙϾωΝ. ΠΟΠΠΑΙΑ. ϹϾΒΑϹΤΗ. Poppée ſous l'image d'une Divinité eſt aſſiſe, tenant de la main droite une fleur, & s'appuie de la main gauche ſur une haſte.

PLANCHE XXVI.

Cette médaille a été rapportée Tome II, page 141.

Ce peut bien être la ville de Tralles qui avoit pris le titre ou le surnom de Cesarée.

ΛΑΡΑΣΙΟΣ étoit un surnom de Jupiter. Voyez la médaille rapportée par Haym avec ΤΡΑΛΛΙΑΝΩΝ. ΖΕΥΣ. ΛΑΡΑΣΙΟΣ. Tralles et Larasius est un nom de Jupiter.

MAGNESIA in Lydia. Deux médailles de Néron. Additions Voyez T. III. p. 234.

CÆSAREA in Bithynia.

ΝΕΡωΝ. ΚΑΙΣΑΡ. Tête nue de Néron. 2

ΚΑΙΣΑΡΕΩΝ. ΛΑΡΑΣΙΟΣ. Jupiter assis tenant d'une main une Victoire, & de l'autre main une haste.

NYSA in Syria.

ΝΕΡΩ. ΚΛΑΥΔΙΟΣ. Tête de Néron couronnée de laurier. 2

℟. ΝΥΣΑ. L. Ρ. Une femme tourelée debout, tient de la droite une couronne, & de la gauche une haste.

Idem. Une autre médaille à peu-près semblable avec la date L. ΡΑ. 2

Cette Ville de *Nysa* portoit auparavant le nom de *Bethsan*, & fut appellé ensuite *Scythopolis.* M. l'Abbé Belley a fait usage de ces deux médailles dans sa Dissertation sur l'ere de cette ville, Tome XXVI des Mémoires de l'Académie.

PRYMNESSUS in Phrygia.

ΝΕΡΩΝΑ. ΚΑΙΣΑΡΑ. ΠΡΥΜ. Tête de Néron couronnée de laurier. 3

℟.

℞. ΕΠΙ. ΚΛΑΥΔΙΟΥ. ΟΡΜΑΤΟΥ. Une femme debout tient une balance.

PLANCHE XXVI.

Il n'y a aucun nom de Magiſtrat ſur les médailles que Vaillant rapporte de cette ville.

SARDES in Lydia.

ΝΕΡΩΝ. ΚΑΙΣΑΡ. Tête de Néron comme deſſus. 3

℞. ΕΠΙ. ΜΙΝΔΙΟΥ. ΑΡΧ. Α. ΤΟ. Β. ΣΑΡΔΙΑΝΩΝ. Jupiter debout, tient la main droite abaiſſée, & s'appuie de la main gauche ſur une haſte.

SYEDRA in Cilicia.

Idem. 2

℞. CYЄΔΡЄΩΝ. Cérès debout, tenant d'une main deux épis, & de l'autre main une torche allumée.

Vaillant n'a point rapporté de médailles de cette ville avant Marc-Aurele.

SYNNAS in Phrygia.

ΝΕΡΩΝ. ΚΑΙΣΑΡ. Tête nue de Néron. 3

℞. ΦΙΛΟΚ.... CYNN.... Jupiter aſſis tient de la droite une Victoire, & de la gauche une haſte.

PLANCHE XXVI.

HYPÆPA in Lydia.

Idem. 3

℞. ΥΠΑΙΠΗΝΩΝ. ΜΗΤΡΟΔΩΡΟ. Un homme nu debout, tient d'une main une double hache, l'autre main abaiſſée. Dans le champ KON.

CHALCIS in Syria.

Idem. 3

℞. ЄΠΙ. ΚΛΑΥ. ΕΥΘΥΚΑΙ. ΧΑΛ. Tête de femme tourelée.

CÆSAREA in Palæſtina.

Pluſieurs médailles rapportées par Vaillant ſous Néron, exigent des obſervations. Telle eſt celle ſur laquelle (*pag.* 17, *l.* 1) il a lu ΚΑΙΣΑΡΙΑ. Η. ΠΡΟΣ. ΣΕΒΑΣΤΩΝ. Μ. L. ΙΔ. Cette médaille & d'autres ſemblables, qui n'étoient apparemment pas mieux conſervées, ont occaſionné des débats très-vifs entre cet Antiquaire & le P. Hardouin. Dans le cabinet de l'Auteur il s'en trouve pluſieurs avec la légende en queſtion, & entre autres une bien conſervée, qui leve toutes les difficultés. Elle a pour légende ΚΑΙΣΑΡΙΑ. Η. ΠΡΟΣ. ΣΕΒΑΣΤΩ. ΛΙΜΕΝΙ. L. ΙΔ. M. l'Abbé Belley l'a rapportée dans une de ses Dissertations, Tome XXVI. des Mémoires de l'Académie.

PLANCHE XXVI.

Vaillant (*pag.* 17, *l.* 8.) a lu sur une autre médaille ET. IΓ. ΖΗΝΩΝΟΣ. ΠΟΛΙ. ΤΟ. Δ. & il a inféré de cette légende que le Magistrat qui y est nommé, étoit *Poliarque*, magistrature dont on ne trouve le nom sur aucune autre médaille. Il y a toute apparence que celle-ci n'étoit pas bien conservée, & qu'il l'a mal lue. Ce qui le fait juger, c'est celle de Claude ci-devant rapportée, qui a été frappée dans la même ville de *Laodicée* avec le même type, & la légende ΠΟΛΕΜΩΝΟΣ. ΤΟΥ. ΖΗΝΩΝΟΣ. Dans une pareille légende, en partie effacée, on peut bien avoir cru appercevoir ET. IΓ. ΖΗΝΩΝΟΣ. ΠΟΛΙ. ΤΟ. Δ.

LAODICEA in Phrygia.

Sur une médaille de *Laodicée* (*Ibid. l.* 10) il a lu ΓΑΙΟΣ. ΠΟΣΤΥΜΙΟΣ. ΛΑΟΔΙΚΕΙΑΣ. Β. On a une médaille de Néron qui a le même type, & la légende ΙΟΥΛΙΟΥ. ΠΟΣΤΑΜΟΥ. ΛΑΟΔΙΚΕΩΝ. Β.

On observe ici en général, à l'occasion

PLANCHE XXVI.

de la précédente médaille, que Vaillant a lu ΛΑΟΔΙΚΕΙΑΣ, ΑΠΑΜΕΙΑΣ & ΣΕΛΕΥΚΕΙΑΣ. ſur des médailles qui ont pour légende ΛΑΟΔΙΚΕΩΝ, ΑΠΑΜΕΩΝ & ΣΕΛΕΥΚΕΩΝ.

NERONIAS in Palæſtina.

Il a cru voir (*p.* 18, *l.* 1) ΝΕΡΩΝΙ. Γ. ſur une autre médaille de Néron dont la légende du revers eſt ΕΠΙ. ΒΑΣΙΛ. ΑΓΡΙΠ, & il a rendu cette légende par *ſub rege Agrippa anno tertio.* Toutes les médailles ſemblables que l'on connoît, ont ΝΕΡΩΝΙΕ en un ſeul mot, non pas ΝΕΡΩΝΙ. Γ. Dans le Recueil des Médailles de Rois, on a rapporté les différentes interprétations que différents Antiquaires ont données à ce mot ΝΕΡΩΝΙΕ, & on en a propoſé une nouvelle, ſavoir, que ſur ces ſortes de médailles ΝΕΡΩΝΙΕ eſt pour ΝΕΡΩΝΙΕΩΝ, d'où l'on a jugé qu'elles ont été frappées dans la ville de *Céſarée Panéade*, à laquelle Agrippa avoit donné le nom de *Neronias* pour faire ſa cour à Néron.

POPPÆA.

PLANCHE XXVI. N°. 3.

SMYRNA in Ionia.

ΠΟΠΠΑΙΑΝ. CEBACTHN. ΝΕΡΩΝΑ. CEBACTON. Têtes en regard de Poppée & de Néron. 2

℞. ЄΠΙ. ЄΡΜΟΓЄΝΟΥ. CΤΡΑ. CΚΡΙΒΩΝΙΟΥ. ΚΛΑΡΟC. ΖΜΥ. Un homme aſſis, peut-être, Homere, comme l'on croit, tient de la main droite un bâton incliné.

GALBA.

TRIPOLIS in Syria.

IMP. GA. Monogramme d'*Imperator Galba* imprimé ſur une tête de Néron.

℞. ΤΡΙΠΟΛΙΤΩΝ. Têtes accolées de Caſtor & Pollux. 3

OTHO.

HIERAPOLIS in Phrygia.

IMP. OTH. Monogramme d'*Imperator Otho* imprimé ſur une tête de Tibere.

℞. ΣΥΙΛΛΙΟΣ.... ΙΕΡΑΠΟΛΙΤΩΝ. Une figure équeſtre. 3

Le même monogramme d'Othon ſe trouve auſſi ſur pluſieurs médailles frap-

VITELLIVS.

ΑΥ. ΟΥΙΤΕΛΛΙΟΣ. ΓΕΡΜΑΝΙΚΟΣ. ΑΥΤΟΚ. ΣΕΒ. Tête de Vitellius couronnée de Laurier.

℞ MAKE.....ΟΝΩΝ une figure militaire debout la main droite étendue, la main gauche appuyée sur une haste derriere a ses pieds un bouclier L. I. p. 6 . . 2.

PLANCHE XXVI.

pées à Tripolis de Syrie, de même que celle de Galba ci-deſſus.

Ces ſortes de médailles font voir que les villes Grecques qui voulurent reconnoître Galba & Othon pour Empereurs auſſi-tôt après avoir appris qu'ils étoient parvenus à l'Empire, & avant que d'avoir reçu leurs portraits, pour faire frapper des monnoies à leur image, firent imprimer les monogrammes en queſtion ſur celles qui leur reſtoient des précédents Empereurs.

Il y a aussi des medailles d'argent et de bronze sur lesquelles le nom de Vespasien a pareillement été contremarqué. S. I. p. 68.

VESPASIANUS.

AMORIUM in Phrygia.

ΟΥΕΣΠΑΣΙΑΝΟΣ. ΚΑΙΣΑΡ. Tête de Veſpaſien couronnée de laurier. 3

℞. ΕΠΙ. Α . . . . . ΟΥ. ΑΜΟΡΙΑΝΟΝ. *sic* Jupiter aſſis tient un foudre de la main droite & une haſte de la main gauche.

Il paroît qu'il y avoit ſur cette médaille un nom de Magiſtrat. On n'en trouve aucun ſur celles de cette ville que Vaillant a rapportées.

GADARA in Palæſtina.

. . . . ΠΑΣΙΑΝΟΣ. ΚΑΙΣΑΡ. Tête comme deſſus. 2

℟. ΓΑΔΑΡΑ. L. ΕΛΡ. Type ordinaire de la Fortune debout.

PLANCHE XXVI.

NICÆA in Bithynia.

ΑΥΤΟΚΡ. . . . . ΟΥΕΣΠΑΣΙΑΝΩ. ΝΕΙΚΑΕΙ. Tête comme deſſus. 2 N°. 4.

℟. ΕΠΙ. ΜΑΡΚΟΥ. ΠΛΑΝΚΙΟΥ. ΟΥΑ-ΡΟΥ. ΑΝΘΥΠΑΤΟΥ. Tête d'une Bacchante couronnée de pampres.

Idem. Autre médaille ſemblable, excepté que la tête du revers a de la barbe, & qu'ainſi c'eſt celle de Silène ou de Bacchus barbu. 2

Nota. Vaillant a rapporté pluſieurs médailles frappées à *Nicomédie* qui ont au revers la même légende que celles-ci qui ſont de la ville de *Nicée.*

NYSA in Caria.

ΟΥΕΣΠΑΣΙΑΝΟΣ. ΚΑΙΣΑΡ. ΣΕΒΑΣΤΟΣ. Tête comme deſſus. 2 N°. 5.

℟. ΝΥΣΑΕΩΝ. ΠΛΟΥΤΟΛΟΓΗΣ. Jupiter aſſis tient d'une main une Victoire, & de l'autre main une haſte.

SMYRNA in Ionia.

Vaillant en rapportant (*page* 21, *l.* 15)

PLANCHE XXVI.

une médaille de grand bronze de Veſpaſien avec la légende ΣΤΡΑΩΓΙΟΥ. ΕΥΣΕΒΗΣ. ΑΝΘΥ. ΣΜΥΡ. a ajouté, *vide an recta ſit epigraphe*. On en a pluſieurs ſemblables dont la légende n'eſt pas non plus entiere, mais ſur leſquelles on lit diſtinctement ΑΝΘΥ. ΙΤΑΛΙΚΩ. ЄΠΙ. . . . . . ЄΥϹЄΒΗϹ, & dans le champ ΖΜΥΡ. 1

TITUS.

BARGYLIA in Caria.

N°. 6. ΤΙΤΟϹ. ΚΑΙϹΑΡ. ϹЄΒΑϹΤΟϹ. Tête de Titus couronnée de laurier. 3

℟. ΒΑΡΓΥΛΙΗΤΩΝ. Une femme debout, en face, la tête voilée, porte ſes deux mains ſur ſa poitrine. A ſes pieds un cerf qui la regarde.

Vaillant n'a point rapporté de médailles de cette ville avant Commode. On en a auſſi une de Marc-Aurele.

CRETA.

ΖΕΥΣ. ΚΡΗΤΑΓΕΝΗΣ . . . . . . 1.
medaille de Tite. T. precedent p. 361.

ΑΥΤΟΚΡ. ΤΙΤΟϹ. ΚΑΙϹΑΡ. tete de Tite.
℟. ΙΟΥΔΑΙΑϹ. ΑΛΩΚΥΙΑϹ. une victoire tient un bouclier pendu a un palmier : dessus est ecrit ΝΙΚΗ. ΚΑΙϹ. . . P. III. p. 238.

COS Inſula.

N°. 7. ΤΙΤΟϹ. . . . : Tête de Titus couronnée de laurier. 3

℟. ΚΩΙΩΝ. Un bâton entouré d'un ſerpent.

ΤΙΤΟϹ,

ΑΜΦΙΠΟΛΙΣ in macedonia.

ΤΙΤΟϹ. ΚΑΙϹ. ΔΟΜΙΤΙΑΝΟϹ. ΚΑΙϹ. tete et Vespasien en habits militaires debout en regard, portant chacun la main à une haute colonne intermediaire sur le sommet de laquelle est posé un aigle. rapportée, lettre de 1768. – p. 7 – . . . . 2.

SMYRNA in Ionia.

Planche XXVI.

ΤΙΤΟC. ΑΥΤΟΚΡΑΤΩΡ. ΔΟΜΙΤΙΑΝΟC. ΚΑΙ. Têtes en regard de Tite & de Domitien. 3

℞. ЄΠΙ. ΙΤΑΛΙΚΟΥ. ΖΜΥΡ=ΜΑΓΡΩΝΟC. Figure d'un fleuve couché, tenant d'une main deux épis, & de l'autre main une corne d'abondance. Au-dessous un vase renversé.

Vaillant (*page* 22, *l.* 11) a lu ΜΑΡΩΝΟC. sur une autre médaille différente de Titus frappée à *Smyrne*, & il a cru que c'étoit le nom d'un fleuve. Mais Magron & Maron, si ce sont deux noms, étoient des Préteurs selon les apparences. Beaucoup d'autres médailles de *Smyrne* qui contiennent d'autres noms, représentent de même un fleuve; & ce fleuve est apparemment le Melès, qui couloit le long des murs de cette ville.

Autre médaille. ΕΡΜΟC. ci après p. 366.

SEBASTE in Galatia.

ΑΥ...ΤΙΤΟΣ. ΣΕΒΑΣΤΟΥ. ΥΙΟΣ. Tête de Titus couronnée de laurier. 2

℞. ΣΕΒΑΣΤΗΝΩΝ. ΤΕΚΤΟΣΑΓΩΝ. Une figure d'homme avec le bonnet Phrygien

PLANCHE XXVI.

eſt debout, & tient de la droite une patere.

Cette médaille a été rapportée dans le Tome III, page 209.

JULIA *Titi filia.*

SMYRNA in Ionia.

ΙΟΥΛΙΑ. CEBA ... Tête de Julie. 3

℞. ΖΜΥ. . . . . ΟΥΑΝΟΥ. Femme aſſiſe tenant de la main droite une patere.

Idem. ΙΟΥΛΙΑ. ΑΥΓΟΥCΤΑ. Tête de Julie. 3

℞. ΖΜΥ. . . . Un Griffon.

Ces deux médailles ne ſont ici rapportées, que parce qu'elles different par leurs types de celles que Vaillant a données, & que les médailles Grecques de cette Princeſſe ſont très-rares.

DOMITIANUS.

ÆZANIS in Phrygia.

ΔΟΜΙΤΙΑΝΟC. ΚΑΙCΑΡ. CEBAC. Tête de Domitien couronnée de laurier. 3

℞. ΑΙΖΑΝΙΤΩΝ. Pallas debout, tient d'une main une patere, de l'autre main une haſte. A ſes pieds un bouclier.

AMPHIPOLIS in Macedonia.

PLANCHE XXVI. rapportée M. I. pl. XXIV. N°. 2.

ΑΥΤΟΚΡΑΤ. ΔΟΜΙΤΙΑΝΟΣ. Tête de Domitien comme deſſus. 3

℞. ΑΜΦΙΠΟΛΙΤΩΝ. Cérès debout, tient de la droite une longue torche allumée, & de la gauche des épis.

GABE in Phœnicia.

ΔΟΜΙΤΙΑΝ. ΚΑΙCΑΡ. Tête comme deſſus. 3

℞. ΓΑΒΗΝΩΝ. ΡΑϚ. Le Dieu Lunus debout en face, tient de la main droite une haſte. Près de ſa tête eſt un croiſſant. Voyez S. II. p. IV.

Vaillant n'a connu que deux médailles de *Gabe* avec des époques, la premiere eſt ſous Hadrien.

THESSALONICA in Macedonia.

Idem. 2

℞. ΘЄCCΑΛΟΝΙΚЄΩΝ. Une Victoire marchant, tient d'une main une couronne, & de l'autre main une branche de palmier.

THYATIRA in Lydia.

ΔΟΜΙΤΙΑΝΟC. ΚΑΙ. CЄ. ΓЄΡΜΑΝΙΚΟC. N°. 8. Tête comme deſſus. 3

℞. ΘΥΑΤЄΙΡΑ. Figure en habit court,

PLANCHE XXVI.

debout, ayant un boiſſeau ſur la tête, tient d'une main des épis, de l'autre main une haſte.

CANATA in Cœleſyria.

ΔOMITI .... Tête de Domitien couronnée de laurier. 3

℞. L. ZNP. Une tête de femme tourelée.

Cette très-petite médaille qui ne contient qu'une époque au revers ſans nom de ville, eſt de *Canata* ou *Canotha*; ce qui ſe reconnoît par une autre médaille à peu-près ſemblable que Vaillant a rapportée avec la même date.

CIUS in Bithynia.

AΥΤ. ΔOMITIANOC. KAIΣAP. Σ. Tête de Domitien comme deſſus. 3

℞. ZEΥΣ. T. KIANΩN. Jupiter debout, tenant d'une main une Victoire, & de l'autre main une haſte.

CIDYESSUS in Phrygia.

AΥTOKPATOPA. ΔOMITIANON. KIΔΥΗΣΣΕΩΝ. Tête comme deſſus. 3

℞. ΕΠΙ. ΦΛΑΟΥΙΟΥ. ΠΕΙΝΑΡΙΟΥ. ΑΡΧΙΕΡΕΩΣ. Jupiter aſſis tient de la droite une patere, & de la gauche une haſte.

Idem. Une autre ſemblable du côté de la tête ; mais la légende du revers eſt au milieu d'une couronne. 2 PLANCHE XXVI.

L'une & l'autre ont été rapportées, Tome III, page 248.

CILBIANI in Lydia.

ΔΟΜΙΤΙΑ..... ΑΣΙΑΝΟΣ. Tête de Domitien couronnée de laurier. 2 N°. 9.

℞. ΚΙΛ. ΤѠΝ. ΑΝѠ. Au milieu d'une couronne.

Idem. ΔΟΜΙΤΙΑΝΟϹ. ΚΑΙΣΑΡ. Tête comme deſſus. 2

℞. ΚΙΛΒΙΑΝΩΝ. ΠΕΡ. ΓΡΑ. ΤЄΙΜΩΚΛΗΣ. ΝЄΙΚΗΑΝ. Une Victoire debout, tient d'une main une couronne, & de l'autre une palme.

GABA in Phœnicia. médaille de Domitien avec le nom de Claudia S. II. p. IV.

Il ſera fait mention ci-après de cette médaille au Chapitre intitulé : *Urbes concordiâ junctæ.*

MAGNESIA in Lydia.

ΔΟΜΙΤΙΑΝΟϹ. ΚΑΙϹΑΡ. ϹЄΒΑϹΤΟϹ. Tête de Domitien couronnée de laurier. 3

℞. ΜΑΓΝΗΤΩΝ. ΑΠΟ. ϹΙΠ. Apollon en habit long aſſis, s'appuie de la gauche ſur un trépied, & tient de la droite une branche de laurier.

PLANCHE XXVI.

NEOCÆSAREA in Ponto.

ΔOMITIANOC. KAI. Tête de Domitien couronnée de laurier.

℞. NЄOKAICAPEΩN. Temple à quatre colonnes. 3

NACOLIA in Phrygia.

AYT. ΔOMITIANOC. . . . . . Tête comme dessus. 2

℞. NAKOΛEΩN. Une figure de femme assise avec le boisseau sur la tête, tient de la droite une patere, & de la gauche une haste.

Idem. AYT. ΔOMITIANOC. KAI. ΣEB. ΓEP. Tête comme dessus. 3

℞. NAKOΛEΩN. Un caducée ailé.

Les deux médailles précédentes ont été rapportées, Tome III, page 212.

PERGA in Pamphylia.

ΔOMITIANOC. KAICAP. Tête comme dessus. 3

℞. APTЄMIΔOC. ΠЄPΓAIAC. Diane marchant avec un croissant sur la tête, tient de la droite une fleche, & de la gauche un arc.

SEBASTE in Galatia.

AYTOK. ΔOMITIA. KAIΣAP. ΣEBAΣTOΣ. Tête comme dessus. 3

℞. ΣΕΒΑΣΤΗΝΩΝ. ΤΕΚΤΟΣΑΓΩΝ. Trois épis ſortant d'un même tuyau.

PLANCHE XXVI.

Cette médaille a été rapportée, Tome III, page 209.

SILANDUS in Lydia.

ΔΟΜΙΤΙΑΝΟϹ. ΚΑΙϹΑΡ. Tête de Domitien couronnée de laurier. 2

℞. ϹΙΛΑΝΔЄΩΝ. ЄΠΙ. ΔΗΜΟΦΙΛΟΥ. ϹΤΡΑΤ. Dans le champ Β. Bacchus debout de la droite tient un pot, & de la gauche eſt appuyé ſur un thyrſe.

Cette médaille a été pareillement rapportée, Tome III, page 215.

TRALLES in Lydia. médaille de Domitien. additions T. III. p. 236.

PHILADELPHIA in Lydia.

ΔΟΜΙΤ. ΚΑΙϹ. Tête nue de Domitien. 3

℞. ΦΛΑΟΥ. ΦΙΛΑΔЄΛΦЄΩΝ. Apollon en habit long tient d'une main une lyre, & de l'autre main un archet.

FLAVIOPOLIS in Cilicia.

ΔΟΜΙΤΙΑΝΟϹ. ΚΑΙϹΑΡ. Tête couronnée de laurier. 2

N°. 10.

℞. ΦΛΑΟΥΙΟΠΟΛЄΙΤΩΝ. ЄΤΟΥϹ. ΖΙ. Une femme voilée & tourelée, aſſiſe, tient de la droite deux épis. La figure d'un fleuve à ſes pieds.

Voyez p. 36. du S. 1.

PLANCHE XXVI.

Vaillant (~~page 24, l. 39.~~) n'a point connu de médailles de cette ville avant le regne d'Antonin.

Dans vaillant p. 24. l. 39.

Il en a rapporté une sous Domitien avec la légende CЄΠΦΩΡΗΝΩΝ. Elle est de Trajan ; & c'est de lui que sont toutes celles que l'on a de la ville de *Sepphora*. Ce qui a causé l'erreur de ceux qui ont attribué à Domitien celle du Cabinet du Roi, c'est que la tête lui ressemble assez, & que la légende qui est autour est en partie effacée.

Il a lu (*page* 25, *l.* 17) ΕΠΙ. Μ. ΜΑΡΙΟΥ. ΡΟΥΦΟΥ. ΑΝΘΥΠΑΤΟΥ. sur une autre médaille. On en a une pareille où l'on voit distinctement ΜΑΙΚΙΟΥ. au lieu de ΜΑΡΙΟΥ.

DOMITIA.

APOLLONIDEA in Lydia.

ΘЄΟΝ. СΥΝΚΛΗΤΟΝ. Tête de Domitia. 3

℟. ΑΠΟΛΛΩΝΙΔЄΩΝ. Un trépied.

Cette médaille a été rapportée, Tome II, page 98.

THESSALI.

N°. 11. ΔΟΜΙΤΙΑΝ. ΣΕΒΑΣΤΗΝ. Tête de Domitia. 3

℟.

℞. ΔΟΜΙΤΙΑΝΟΝ. ΚΑΙΣΑΡΑ. ΘΕΣΣΑΛΟΙ. Tête de Domitien.

PLANCHE XXVI.

SILANDUS. in Lydia.

ΔΟΜΙΤΙΑ. ΑΥΓΟΥCΤΑ. Tête de Domitia. 3

℞. CΙΛΑΝΔЄΩΝ. Le Dieu Lunus avec le bonnet Phrygien eſt debout, & tient de la main droite un globe, & de la main gauche une haſte.

Cette médaille a été rapportée, Tome III, page 215.

VESPASIANUS *junior.*

SMYRNA in Ionia.

ΟΥЄCΠΑCΙΑΝΟC. ΝЄΩΤЄΡΟC. Tête d'un jeune homme nue. 3

℞. ΖΜΥΡΝΑΙΩΝ. Une Victoire tient de la main droite une couronne, & de la main gauche une palme.

On ignore pourquoi Vaillant n'a pas fait mention de cette médaille qu'il devoit connoître. Le P. Hardouin, Haym & d'autres en ont rapporté de ſemblables. On peut voir ce que les uns & les autres ont

PLANCHE XXVI.

dit sur la question de savoir qui étoit ce jeune Vespasien.

NERVA.

MELOS Insula.

ΝЄΡΒΑϹ. ΚΑΙϹΑΡ. ϹЄΒΑϹΤΟϹ. Tête de Nerva couronnée de laurier. 2

℞. ΜΗΛΙΩΝ. Pallas debout s'appuie de la main droite sur une haste, & tient de la main gauche un bouclier.

Cette médaille a été rapportée, Tome III, page 224.

TRAJANUS.

ADRAMYTIUM in Mysia.

ΑΥΤ. ΚΑΙϹ. ΤΡΑΙΑΝ. Tête de Trajan couronnée de laurier. 2

℞. ЄΠΙ. ϹΤΡ. ΑΥΡ. ΦΑΒΙΑΝΟΥ. ΑΔΡΑΜΥΤΗΝΩΝ. Une femme debout, tient de la droite une patere, & de la gauche une corne d'abondance.

ACMONIA in Phrygia.

ΑΥΤΟΚ. ΤΡΑΙΑΝ. Tête comme dessus. 3

℞. ЄΠΙ. ΜЄΝЄΜΑΧΟΥ. ΑΚΜΟΝΩΝ. Cérès debout, tient d'une main des épis, &

de l'autre main une longue torche.

PLANCHE XXVI.

ASCALON in Palæstina.

ΣΕΒΑΣΤΟΣ. Tête de Trajan couronnée de laurier. 3

R̸. ΑΣΚΑΛΩ. ΘΣ. Une femme tourelée debout, tient une haste de la main droite, & de la main gauche un rameau, que quelques-uns jugent être des feuilles d'une espece d'oignon particuliere au territoire d'*Ascalon*. Dans le champ à droite, un autel; à gauche, une colombe.

Idem. Trois autres à peu-près semblables avec les dates ΑΙΣ, ΓΙΣ & ΖΙΣ. 3

Idem. Une autre avec la date ΚΣ, & le type d'un homme debout en habit militaire, tenant d'une main un cimetere en travers au-dessus de sa tête, & de l'autre main un bouclier. 3

ATTÆA in Phrygia.

ΑΥΤ. ΚΑΙϹ. ΝЄΡ. ΤΡΑ. ϹЄΒ. Tête comme dessus. 3

R̸. ЄΠΙ. ΑΝΘ. ϹЄΚΟΥΝ. ΑΤΤΑΙΤΩΝ. Un homme âgé à demi-nu, debout, tient de la droite abaissée une espece de couteau ou serpette, & de la main gauche une haste ou un bâton.

GAZA in Palæstina
médaille avec une époque
L. II. pl. II. N° 7.

PLANCHE XXVI.

Cette médaille a été rapportée, Tome III, page 211.

GERME in Myſia.

ΑΥΤΟΚ. ΤΡΑΙΑΝ. Tête de Trajan couronnée de laurier. 3

℞. ΓЄΡΜΗΝΩΝ. Tête de Cérès couronnée d'épis.

DARDANUS in Troade.

ΤΡΑΙΑΝΟC. CЄΒΑCΤΟC. Tête de Trajan comme deſſus. 3

℞. ΔΑΡΔΑΝЄΩΝ. Buſte de Pallas avec deux ſerpents au-devant.

Idem. 3

℞. ΔΑΡ. . . . . . Ænée portant Anchiſe, & conduiſant Aſcagne.

ZAYTHA in Meſopotamia.

ΑΥ. ΝЄΡΥΑΝ. ΤΡΑΙΑΝΟΝ. CЄ. Tête comme deſſus. 3

℞. ΖΑΥΘΗC. . . . . ΝΙΑC. . . . Une Victoire debout, tenant de la droite une couronne, & de la gauche une palme.

Cette médaille a été rapportée, Tome III, page 252.

THYATIRA in Lydia.

ΑΥ. ΝЄΡ. ΚΑΙC. ΤΡΑΙΑΝΟΝ. CЄΒ. Tête comme deſſus. 2

℟. ΘΥΑΤΕΙΡΗΝΩΝ. Pallas debout tient une patere de la main droite, & s'appuie sur un bouclier de la main gauche. PLANCHE XXVI.

Idem. Une autre avec la même légende, & le type ordinaire de la Fortune. 2

JULIOPOLIS in Bithynia.

ΑΥΤ. ΝΕΡ. ΤΡΑΙΑΝΟΣ. ΚΑΙΣΑΡ. ΣΕΒΑ. ΓΕΡΜΑ. Tête de Trajan couronnée de laurier. 2 N°. 12.

℟. ΙΟΥΛΙΟΠΟΛΙΤΩΝ. Cérès debout, tient d'une main deux épis, & de l'autre main une longue torche ou une haste.

Vaillant n'a point connu de médailles de cette ville avant Commode.

COTIÆUM in Phrygia.

ΑΥ. ΝΕΡ. ΤΡΑΙΑΝΟΣ. Α. . . . . Tête comme dessus. 3

℟. ΕΠΙ. ΟΥΑΡΟΥ. ΚΟΤΙΑΕΩΝ. Diane d'Ephêse avec ses supports.

CYZICUS in Mysia.

ΑΥΤ. ΝΕΡ. ΤΡΑΙΑΝΟΣ. ΚΑΙΣΑΡ. ΣΕΒ. ΓΕ. Tête comme dessus. 1

℟. ΔΟΜΝΑ ΣΩΤΙΡΑ. ΚΥΖΙΚΗΝΩΝ. Minerve debout, lance une haste de la main droite, & tient une Victoire de la main gauche.

PLANCHE XXVI.

Cette médaille a été rapportée, Tome III, page 231.

CORYCIUM in Cilicia.

N°. 13. ΑΥΤ. Κ. ΝΕΡ. ΤΡΑΙΑΝΟϹ. Tête de Trajan couronnée de laurier. 2

℟. ΚωΡΥΚΙωΤωΝ. Tête de femme tourelée représentant le génie de la ville.

La premiere médaille que Vaillant a rapportée de cette ville, est de Gordien.

LAMPSACUS in Myſia.

ΤΡΑΙΑΝ. ΓΕΡ. ΔΑΚ. Tête de Trajan comme deſſus. 3

℟. ΛΑΜΨΑΚ. Figure de Priape.

MAGNESIA in Lydia.

ΑΥ. ΚΑΙ. ΤΡΑΙΑΝΩ. Tête comme deſſus. 3

℟. ΜΑΓΝΗΤΩΝ. ϹΙΠΥΛΟΥ. Type de Cybele aſſiſe avec deux lions à ſes pieds.

METHYMNA in Leſbo.

ΤΡΑΙΑΝΟϹ. ΚΑΙϹΑΡ. Tête comme deſſus. 3

℟. ΜΑΘΥ. Buſte de Pallas avec deux ſerpents au-devant.

MEGIA in Meſopotamia.

PLANCHE XXVI.

ΑΥΤΟΚΡΑΤωΡ. ΤΡΑΙΑΝΟϹ. Tête de Trajan couronnée de laurier. 3

℞. ΜΕΓΙΑΙΤΩΝ. Figure de femme aſſiſe tenant de la droite deux épis, & de la gauche une quenouille, ou quelqu'autre choſe d'approchant.

Cette médaille eſt rapportée dans le précédent Volume, page 20.

METROPOLIS in Phrygia.

ΑΥΤΟ. ΝΕΡ. ΤΡΑΙ. ΚΑΙ. ΣΕΒΑΣ. ΓΕΡΜ. Tête comme deſſus. 3

℞. ΜΗΤΡΟΠΟΛΕΙΤΩΝ. Diane d'Ephêſe avec ſes ſupports & un cerf de chaque côté.

On attribue cette médaille à la ville de Phrygie appellée *Métropolis*, parçe que Vaillant & les autres Antiquaires ne reconnoiſſent pour médailles de la *Métropolis* d'Ionie, que celles qui ont pour légende ΜΗΤΡΟΠΟΛΙΤΩΝ. ΤΩΝ. ΕΝ. ΙΩΝΙΑ. Cependant le type de celle-ci ſembleroit déſigner qu'elle ſeroit plutôt de cette derniere ville.

PLANCHE XXVI.

MIDÆUM in Phrygia.

ΑΥ. ΝϾΡ. ΤΡΑΙΑΝΟϹ. ΚΑΙ. ϹϾΒ. ΓϾΡ. ΔΑΚ. ΠϾΡ. Tête de Trajan comme dessus. 2

Rapportée M. I. pl. XXIV. N.° 3.

℞. ΜΙΔΑΩΝ. ΕΛΑΤΗϹ. La figure d'un fleuve couché, tenant de la droite un roseau, la gauche appuyée sur une urne.

Cette médaille qui contient le nom d'un fleuve ou riviere inconnue, a été rapportée dans le précédent Volume, page 342.

ODESSUS in Mœsia.

N°. 14. ΑΥΤΟΚΡΑΤΟΡΙ. ΝϾΡΟΥΑ. ΤΡΑΙ. ΚΑΙ. ϹϾ. ΓϾΡ. ΔΑ. Tête comme dessus. 2

℞. ΟΔΗϹϹϾΙΤΩΝ. Apollon assis, tient de la main droite une branche de laurier, & de la main gauche une lyre posée sur son siege.

PERINTHVS in Thracia
médaille citée cy après p. 357.

Vaillant n'a point rapporté de médailles de cette ville avant Marc-Aurele.

POLYRRHENIUM in Creta.

ΑΥΤΟΚΡΑΤωΡ. ΑΥΓ. ΤΡΑΙΑΝ. Tête comme dessus. 1

℞.... Η. ΠΟΛΥΡΗΝΙωΝ. Une figure couchée représentant un fleuve, tient de la main droite un roseau.

Cette médaille a été rapportée, Tome III, page 223.

PRUSA.

PŒMANENI in Mysia
médaille de Trajan rapportée S. I. p. 35.

PRUSA in Bithynia.

ΑΥ. ΝΕΡ. ΤΡΑΙΑΝΟC. ΚΑΙ. CΕ. ΓΕΡ. Δ. Tête de Trajan couronnée de laurier. 1

℞. ΠΡΟΥCΑΕΙC. ΔΙΑ. ΟΛΥΜΠΙΟΝ. Jupiter assis, tient de la droite une haste, & de la gauche une Victoire.

PLANCHE XXVI. N°. 15.

ΟΛΥΜΠΙΟΝ

SEPPHORIS in Palaestina médaille de Trajan. additions T. III. p. 238.

SMYRNA in Ionia.

ΑΥ. ΝΕΡΟΥΑΝ. ΤΡΑΙΑΝΟΝ. Tête comme dessus. 2

℞. ΖΜ. ΑCΙ. ΦΟΥCΚΩ. ΑΝΘΥ. CΤΡΑ. ΡΟΥΦΟΥ. Une figure de femme debout, tient de la droite un grand rameau, & de la gauche une corne d'abondance.

Cette médaille a été rapportée par Haym, qui l'avoit d'abord mal lue, l'ayant attribuée à la ville de *Zela*, & qui ensuite a reconnu qu'elle étoit de la ville de *Smyrne*, Tome II du *Tesoro Britannico.*

TRIPOLIS in Ponto.

ΑΥ. ΚΑΙ. ΤΡΑΙΑΝΟC. CΕ. ΔΑΚΙΚΟC. Trajan sous la figure de Mars nu, la tête casquée, debout, tient de la droite une haste inclinée, & de la gauche un trophée. 1

℞. ΕΧΑΡΑ. ΤΡΙΠΟΛ. ΘΕΟΔΩΡΟC. Β. Tête jeune couronnée de laurier.

PLANCHE XXVI.

Idem. AΥ. KAI. TPAIANOC. CЄ. ΔAKI-KOC. Trajan debout comme ci-devant. 1

℞..... ΠOΛIN. ΘЄOΔOPOC. B. Tête de femme tourelée repréſentant le génie de la ville.

Cette médaille & la précédente ont été rapportées, Tome III, page 206.

TANAGRA in Bœotia.

AΥ. NЄ. TPA. CЄ. ΓЄP. Δ. Tête de Trajan couronnée de laurier. 3

℞. TANAΓPAIωN. Mercure nu, debout, tient d'une main une bourſe, & de l'autre main un caducée.

Cette médaille a été rapportée, Tome III, page 199.

PLANCHE XXVII. N°. 1.

TYANA in Cappadocia.

AΥΤ. NЄPOΥ. TPAIANOC. KAIC. ΓЄP. Tête comme deſſus. 2

℞. ЄΠI. BACCOΥ. ΠPЄCBЄΥ. TΥANЄΩN. ЄT. A. Une femme tourelée aſſiſe, tient deux épis. La figure d'un fleuve eſt à ſes pieds.

PHILADELPHIA in Lydia.

AΥ. KAI. NЄP. TPAIANOC. CЄ. Γ. ΔA. Π. Tête comme deſſus. 2

Mel. de Med. Tom. II. Pl. XXVI. Pag. 58.
ΖΜΥ
ΚΙΛ ΤΩΝ·Α ΝΩ·

℞. Є. ΤΡЄΒ. ΝΙΓΡΟΥ. ΑΡ. ΠΡ. Β. ΦΙΛΑΔЄΛΦЄΩΝ. Jupiter debout, tient de la main droite une patere. PLANCHE XXVII.

On ne rapporte ici cette médaille qu'à cauſe des abréviations contenues dans ſes légendes. On doit rendre celle qui eſt autour de la tête par *Imperator Cæſar Nerva Trajanus Auguſtus, Germanicus, Dacicus, Parthicus ;* & la légende du revers par *ſub Treboniano Nigro Archonte primo ſecundâ vice, Philadelphenſium.*

FLAVIOPOLIS in Cilicia.

ΑΥΤ. ΝЄΡ. ΤΡΑΙΑΝΟϹ. ΚΑΙ. ϹЄ....... N°. 2.
Tête de Trajan couronnée de laurier. 3 Voyez S. I. p. 34.

℞. ΦΛΑΥΙΟΠΟΛЄΙΤΩΝ. ЄΤΟΥϹ. Μ. Type ordinaire de la Fortune.

NICÆA in Bithynia.

ΑΥΤ. ΝΕΡΟΥΑΣ. ΤΡΑΙΑΝΟΣ. ΚΑΙΣΑΡ. N°. 3.
ΣΕ. ΓΕΡ. Δ. Tête comme deſſus. 1

℞. ΝΕΙΚΗ. ΔΑΚ. ϹΕΒΑϹΤΟΥ. Une Victoire debout, portant une branche de palmier de la main gauche, poſe la main droite ſur un trophée, au pied duquel ſont deux boucliers & une lance.

Cette médaille ne contient point le nom

PLANCHE XXVII.

de la ville qui l'a fait frapper. On eſtime que c'eſt la ville de *Nicée* en Bithynie.

PERINTHUS in Thracia.

Sur une médaille de Trajan frappée à *Périnthe*, Vaillant (*page* 29, *l.* 43) a lu ЄΠΙ. CΤΡ. ΙΟΥ. ΚΕΑCΟΥ. ΠΕΡΙΝΘΙΩΝ. On en a une ſemblable dont la légende eſt ЄΠΙ. ΙΟΥ. ΚЄΛΙC. ΠΡЄC. ΠЄΡΙΝΘΙΩΝ.

En rapportant (*page* 30, *l.* 12 & 13) celles de la ville de *Sepphoris*, il n'a point fait mention de la légende qui eſt du côté de la tête de Trajan. Sur toutes celles que l'on connoît, on lit après ſon nom, ΕΔΩΚЄΝ, ainſi qu'il a déja été obſervé, Tome III, page 238. Au reſte, l'on ne trouve point que cette ville ait fait frapper des médailles pour aucun autre Empereur.

On en a d'Antonin et de Caracalla qui ont été frappées après qu'elle eut pris le nom de Diocesarée. Elle avoit auparavant un autre nom qui commençoit par les lettres ΦE. Voyez la remarque que j'ai mise en marge sur mon exemplaire imprimé des Observations de M. l'abbé Le Blond sur quelques unes des médailles de mon cabinet p. 25.

PLOTINA.

MYTILENE in Leſbo.

ΠΛΩΤΤ. CЄΒ. ΜΑΤΤ. CЄΒ. Têtes en regard de Plotine & de Matidie. 2

℞. ΑΡΤЄΜΙC. ΠЄΡΓΑΙΑ. ΜΥΤΙ. Diane chaſſereſſe, marchant, tire une fleche du carquois qui eſt derriere ſon dos, & tient

GABA in Phœnicia.

avec le nom de Claudia et une époque. médaille de Plotine S. 11. p. IV.

un arc de la main gauche. Un chien eſt à ſes pieds.

PLANCHE XXVII.

Cette médaille a été rapportée, Tome III, page 229.

TABÆ in Caria.

ΠΛΩΤЄΙΝΑ. CЄΒΑCΤΗ. Tête de Plotine. 3 N°. 4.

℞. ΤΑΒΗΝΩΝ. Un cerf debout.

GORDUS in Lydia.

Idem. 3 N°. 5.

℞. ЄΠΙ. ΠΟΠΛΙΟΥ. ΓΟΡΔΗΝΩΝ. Jupiter aſſis tient d'une main un aigle, & s'appuie de l'autre main ſur une haſte.

SMYRNA in Ionia.

Idem. 3

℞. ΖΜΥΡΝΑΙΩΝ. Une femme aſſiſe, tient de la main droite une patere.

Têtes en regard de Plotine & de Trajan. S'il y a eu une légende autour, elle eſt effacée. 3

℞. ΘЄΟΝ. CΥΝΚΛΗΤΟΝ. Temple à quatre colonnes, au milieu duquel eſt une figure de femme debout qui s'appuie de la main droite ſur une haſte.

la médaille de Marciana comme dans Vaillant.

PLANCHE XXVII.

MATIDIA.

COTIÆUM in Phrygia.

ΜΑΤΙΔΙΑ. CЄΒΑCΤΗ. Tête de Matidie. 3

℞. ЄΠΙ. ΚΑ. ΟΥΑΡΟΥ. ΚΟΤΙΑЄΩΝ. Une figure de femme aſſiſe s'appuie de la main droite ſur une haſte.

Cette médaille a été rapportée, Tome III, page 229.

HADRIANUS.

HADRIANOPOLIS in Bithynia.

ΤΡΑΙΑΝΟC. ΑΔΡΙΑ.... Tête d'Hadrien couronnée de laurier. 1

℞. ЄΠΙ. CΤΡΑ. ΣΑΝΑΙΔΟΥ. ΑΔΡΙΑΝΟΠΟΛЄΙΤΩΝ. Trois figures debout tenant chacune une haſte de la main gauche. Jupiter au milieu porte ſa droite vers Pallas qui appuie la ſienne ſur un bouclier poſé à terre. Bacchus qui eſt de l'autre côté tient un pot.

Cette médaille a été rapportée, Tome III, page 210.

Planche XXVII.

HADRIANI in Bithynia.

ΑΥΤ. ΚΑΙC. ΤΡΑΙ. ΑΔΡΙΑΝΟC. CΕΒ. Tête d'Hadrien couronnée de laurier. 2

℞. ΑΔΡΙΑΝΩΝ. Bacchus debout, tient de la main droite un pot, & de la main gauche un thyrſe. A ſes pieds une panthere.

ACMONIA in Phrygia.

ΑΔΡΙΑΝΟC. ΚΑΙCΑ. Tête comme deſſus. 3

℞. ΑΚΜΟΝΕΩΝ. Cibele aſſiſe entre deux lions.

ÆNUS in Thracia.

ΑΥΤ. ΚΑΙ. ΤΡΑ. ΑΔ. Tête comme deſſus. 3

℞. ΑΕΙΝΙΩΝ. ΕΝ. ΘΡΑΚΗ. Le type ordinaire de la Fortune.

Cette médaille a été rapportée, Tome III, page 203.

ALEXANDRIA ad Iſſum in Cilicia.

ΑΥΤΟΚΡΑ. ΑΔΡΙΑ. CΕΒΑ. ΕΤΟΥ. CΒ. Tête comme deſſus. 3

℞. ΑΛΕΞΑΝΔΡ...... ICCΩN. Cybele aſſiſe ſur un lion.

PLANCHE XXVII.

APAMEA in Phrygia. MAPCYAC. medaille rapportée §. II. p. 44.

AMPHIPOLIS in Macedonia.

ΑΔΡΙΑΝΟC. C. Tête d'Hadrien couronnée de laurier. 2

℟. ΑΜΦΙΠΟΛΕΙΤΩΝ. Une femme tourelée, assise, tient des des épis de la main droite.

APOLLONIA in Ionia.

ΑΔΡΙΑΝΟC. ΚΑΙCΑΡ. Tête comme dessus. 3

℟. ЄΠΙ. ΑΙ. ЄΡΜΟΘЄΟΥC. Τ. Υ. ΑΠΟΛΛΩΝ. Cérès debout tient de la droite deux épis, & de la gauche une longue torche.

ASCALON in Palæstina.

ΣΕΒΑΣΤΟΣ. Tête comme dessus. 3

℟. ΑΣΚΑ. ΓΚC. Une figure d'homme debout, tient de la droite un cimetere en travers au-dessus de sa tête, & de la gauche un bouclier avec un rameau, ou des feuilles d'oignon.

Idem. . . . . ΑΔΡΙΑΝΟC. Tête comme dessus. 2

℟. ΑΣΚΑΛω. ЄΚC. Une femme tourelée debout, tient de la droite une haste, & de la gauche un rameau. A droite un autel; à gauche une colombe.

ATTALIA

PLANCHE XXVII.

ATTALIA in Lydia.

ΑΔΡΙΑΝΟϹ. ΚΑΙϹΑΡ. ϹƐΒΑϹΤΟϹ. ϹΑ-ΒƐΙΝΑ. ϹƐ. Têtes en regard d'Hadrien & de Sabine. 2

℞. ΑΙΛ. ΜΑΤΑΙΟΥ. ΜƐΝΙΠΠΟΥ. ΑΤΤΑ-ΛƐΩΝ. Jupiter debout, tient de la droite une patere ; de la gauche, une haste. Un aigle est à ses pieds.

Cette médaille est rapportée dans le précédent Volume, page 95.

BATRACUS in marmarica. Tête d'hadrien couronnée de laurier, sans légende. R/. I. 10. une grenouille. 3. S. III. p. 125.

GERMANICA CÆSAREA in Syria.

ΤΡΑΙΑΝΟΣ. ΑΔΡΙΑΝΟΣ. Tête d'Hadrien couronnée de laurier. 3

℞. ΚΑΙΣΑΡΕΙΑΣ. ΓƐΡΜΑΝΙΚΗΣ. Une figure d'homme barbue, debout, tient une espece de globe de la main droite.

La premiere médaille que Vaillant a rapportée avec pareille légende, est de Commode.

GERME in Mysia.

ΑΔΡΙΑΝΟϹ. ΑΥΓΟΥϹΤΟϹ. Tête comme dessus. 3

℞. ΓƐΡΜΗΝΩΝ. Un homme nu, debout, tient de la droite un rameau renversé.

DALDIA in Lydia.

PLANCHE XXVII. N°. 6. ΑΥ. ΚΑΙϹ. ΑΔΡΙΑΝΟϹ. C. Tête d'Hadrien couronnée de laurier. 2

R/. ЄΠΙ. ΗΡΑΚΛЄΙΔΟΥ. ϹΤΡ. ΔΑΛΔΙΑΝΩΝ. Jupiter debout, tient d'une main un aigle, de l'autre main une haſte.

Vaillant n'a point rapporté de médailles de cette ville avant Julia Domna.

DORYLÆUM in Phrygia.

N°. 7. ΚΑΙϹ. ΤΡΑΙ. ΑΔΡΙΑΝΟϹ. ϹЄΒ. Tête comme deſſus. 1

R/. ΔΟΡΥΛΑЄΩΝ. Pallas debout, tient de la main droite une haſte, & s'appuie de la main gauche ſur un bouclier. A ſes pieds eſt un autel.

On ne trouve point non plus dans Vaillant de médailles de cette ville avant Marc-Aurele.

EUMENIA in Lydia.

N°. 8. ΑΥ. ΚΑΙ. ΤΡ. ΑΔΡΙΑΝΟϹ. C. Tête comme deſſus. 2

R/. ЄΥΜЄΝЄΩΝ. ΑΧΑΙΩΝ. Diane d'Ephêſe avec ſes ſupports, & des cerfs à ſes pieds.

C'eſt auſſi ſous Marc-Aurele que ſe

trouve la premiere médaille que Vaillant a donnée de cette ville.

PLANCHE XXVII.

HERMOCAPELUS in Lydia.

ΑΔΡ..... ΚΑΙϹΑΡ. Tête d'Hadrien couronnée de laurier. 2

℞. ЄΡΜΟΚΑΠΗΛΙΤωΝ. Jupiter debout, tient de la droite une patere, de la gauche une haſte.

Cette médaille a été rapportée, Tome III, page 214.

CÆSAREA in Cappadocia.

ΑΥΤ. ΚΑΙϹ. ΤΡΑΙ. ΑΔΡΙΑΝΟϹ. ϹЄΒΑϹΤΟϹ. Tête comme deſſus. 2

℞. ΚΑΙϹ. Τ. ΠΡΟϹ. ΑΡΓΑΙω. ЄΤ. Β. Le mont Argée.

COROPISSUS in Lycaonia.

ΑΔΡΙΑΝΟϹ. ΚΑΙϹΑΡ. Tête comme deſſus. 2

℞. ΜΗΤΡΟ. ΚΟΡΟΠΙϹϹЄΩΝ. L. ΗΙ. Le type ordinaire de la Fortune.

Cette médaille a été rapportée, Tome III, page 249.

PLANCHE XXVII.

SAMOSATA in Commagena.

AΔPIANOC. CЄBACTOC. Tête d'Hadrien couronnée de laurier. 3

℟. CA. ЄT. NH. Un caducée ailé.

Idem. 3

℟. ΦA. CA. ЄT. NΘ. Même type du caducée ailé. 3

AΔPIANOC. CЄBAC. ЄT. Ξ. Tête comme dessus. 3

℟. ΦA. CAMO. MЄTPO. KOM. Dans une couronne de chêne.

SESTUS in Thracia.

N°. 9. AΔ. . . . . KAICAP. Tête comme dessus. 3

℟. CHCTIωN. Une lyre.

SIDE in Pamphylia.

AYT. KAIC. AΔPIANOC. Tête comme dessus. 3

℟. CIΔHTΩN. Pallas debout, tient de la droite une grenade, & de la gauche un bouclier.

ΓABA in Syria medailles d'Hadrien additions.

TIBERIOPOLIS in Phrygia.

AY. KAI. AΔPIANOC. Tête comme dessus. 2

℟. ЄΠI. T. AEΛ. CΩCΘЄNO. TIBЄPIO.

Apollon debout, tient de la droite une branche de laurier, & s'appuie de la gauche fur une colonne.

PLANCHE XXVII.

Cette médaille a été rapportée, Tome III, page 213.

Sur une médaille d'Hadrien, Vaillant (*page* 32, *l.* 15) a lu ΑΛΗCЄΙΤΩΝ, qu'il a rendu par *Alefitarum in Elide.* Il eft douteux qu'elle foit des peuples auxquels il l'attribue. La lêgende n'eft pas entiere; on n'y voit que les lettres ... ΗCЄΙ... ΩΝ. Celle qui paroît un Η, pourroit bien être un Α; & dans ce cas, la légende feroit ΑΜΑCЄΙΤΩΝ.

Il a lu pareillement (*page* 33, *l.* 7) ΕΠ. ΕΙΤΕΙ. ΡΟΥΦΟΥ, &c. *fub Itio Rufo*, au lieu de ΕΠΕΙ. ΤΕΙ. *fub Tito.* Dans ces deux mots la diphthongue ΕΙ, a été mife pour un Ι comme les Grecs le pratiquoient fouvent.

Il a rendu (*l.* 13) ΓΑΒΗΝΩΝ. ΚΛΑΥ. ΦΙ. par *Gabenorum Claudii ftudioforum.* Le P. Frœlich rapportant une médaille de Domitia, qui a pour légende au revers ΚΛΑΥΔΙ. ΦΙΛΙΠ. ΓΑΒΗΝωΝ. a remarqué que cette ville de *Gabe* ou *Gaba*, qui étoit fituée dans la Trachonite, dont Philippe, fils

PLANCHE XXVII.

d'Hérodes, avoit été Tétrarque, s'étoit appellée de ſon nom, en reconnoiſſance de quelque bienfait qu'elle en avoit reçu vraiſemblablement; & qu'ayant pris enſuite celui de *Claudia* en l'honneur de l'Empereur Claude, elle avoit poſtérieurement joint ces deux noms enſemble ſur ſes médailles.

Vaillant (*page* 35, *l.* 33) a placé la médaille ΜΟCΤΗΝΩΝ. ΛΥΔΩΝ. *in Phrygia.* Cette légende fait cependant connoître que la ville de *Moſtene* étoit en Lydie. C'eſt une mépriſe de ſa part qu'il a répétée dans ſa Table des noms de Villes, page 201.

Il a mal lu (*page* 36, *l.* 24) la médaille qu'il rapporte avec la légende CAETΩΝ. Elle eſt de la ville de *Samoſate*, & l'on doit lire CA. ЄΤ. ΘΝ. comme ſur les médailles de cette ville ci-devant rapportées.

C'est aussi mal à propos ~~qu'il rapporte~~ que dans la description des médailles de la Reine Christine Havercamp a prétendu que ces médailles sont de la ville de Selgé en Pamphylie.

SABINA.

AMPHIPOLIS in Macedonia.

N°. 10. CABЄΙΝΑ. CЄΒΑCΤΗ. Tête de Sabine. 3

℟. ΑΜΦΙΠΟΛЄΙΤΩΝ. Une femme debout avec un boiſſeau ſur la tête, tient de la droite une longue torche allumée, & de la gauche abaiſſée deux épis. Un bouclier eſt à ſes pieds. PLANCHE XXVII.

TENOS Inſula.

CABEINA. CEBACTH. Tête de Sabine. 3 N°. 11.

℞. THNIΩN. Une femme debout ayant la main droite abaiſſée, tient une haſte de la main gauche.

LAODICEA in Phrygia.

CABEINAN. CEBACTHN. AΔPIANOY. CEBACTOY. Tête de Sabine. M No. 12.

℞. AΓPIΠΠINOC. CTPATHΓΩN. ANEΘHKE. ΛAOΔIKEΩN. Trois figures debout. Jupiter au milieu, tient de la droite un aigle, & de la gauche une haſte. A droite Cérès ayant un boiſſeau ſur la tête, tient d'une main une longue torche allumée, & des épis de l'autre main abaiſſée. A gauche, Minerve caſquée, tient de la droite abaiſſée un rameau, & de la gauche une haſte.

Vaillant a rapporté un autre médaillon de Sabine frappé à *Laodicée* avec la légende AΓPIΠΠINOC. ΓPAMMAT. ANEΘHKE.

PLANCHE XXVII.

Il paroît par toutes les autres médailles que l'on a de cette ville, que c'étoit le Magiſtrat appellé γραμματεὺς, qui mettoit ſon nom ſur les monnoies. Mais le préſent médaillon fait connoître qu'elle avoit auſſi un Stratege ou Préteur, & que, ſoit par abſence, ou par mort de celui-ci dans l'année de ſa magiſtrature, ſes fonctions furent exercées par Agrippinus γραμματεὺς, ainſi que le terme de CΤΡΑΤΗΓΩΝ ſemble le déſigner.

TIBERIOPOLIS in Phrygia. médaille de Sabine. Additions.

ANTINOUS.

SELEUCIA in Syria.

Tête d'Antinoüs. La légende qui étoit autour a été emportée d'un côté par le biſeau, & de l'autre côté par une contremarque qui contient le monogramme Æ.

℟. ΣΕΛΕΥΚΕ... ϘΡ. Pallas debout, tient de la droite une Victoire, ou autre choſe qu'on ne peut bien diſtinguer. Elle a la gauche appuyée ſur un bouclier poſé à terre.

De toutes les médailles connues d'Antinoüs, qui ont été frappées hors de l'Egypte, celle-ci eſt la ſeule où l'on trouve une

DELPHI in Phocide.
ΗΡΩΟC ΑΝΤΙΝΟΟC. tête d'Antinous tournée à gauche
℟. ΔΕΛΦΩΝ. un trépied - - - - - - - - - ?
S. III. p. 131.

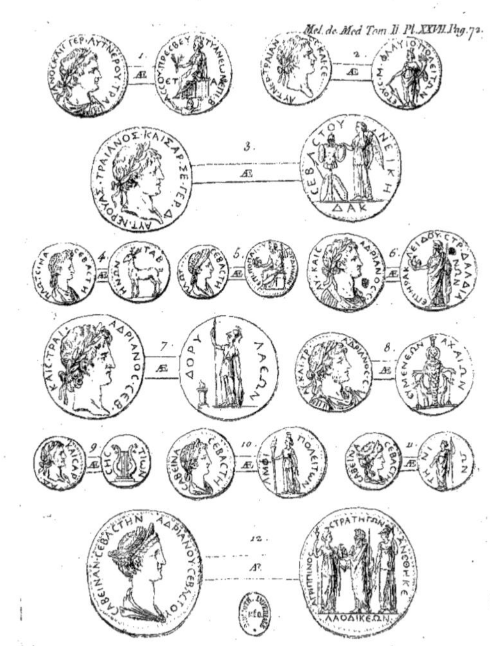
Mel. de Med Tom II Pl. XXVII Pag. 72.

une époque. C'eſt à cauſe de cette ſingularité qu'on la rapporte ici, quoiqu'elle ne ſoit pas d'ailleurs bien conſervée. La date de l'année 190 qu'on y voit, procéde de l'ére de Pompée de l'an 690 de Rome, que la ville de *Séleucie* a ſuivie pendant un temps, & tombe en l'année 879, la huitieme ou neuvieme du regne d'Hadrien.

PLANCHE XXVII.

Nota. Il a été rapporté, Tome II, page 35, deux médailles frappées à *Eucarpia*, qu'on attribue à Antinoüs.

ANTONINUS.

ANCHIALE in Thracia.

ΑΥΤ. ΚΑΙϹΑΡ. ΑΝΤΩΝΕΙΝΟϹ. Tête d'Antonin couronnée de laurier. 3

℞. ΑΓΧΙΑΛΕΩΝ. Hercule nu, debout, appuyé ſur ſa maſſue.

HADRIANI in Bithynia.

ΑΥΤ. ΚΑΙ. ΤΙ. ΑΙ. ΑΔΡΙ. ΑΝΤΩΝΕΙΝΟϹ. Tête nue d'Antonin. 2

℞. ЄΠΙ. ϹΤΡΑ. ΔΙΟΔ. ΦΙΛΟΞ (*ſic*). ΤΟΥΚ. Γ. ΙΟΥ. ΑΔΡΙΑΝΟΝ (*ſic*). Pallas debout, tient de la droite une patere, & de la gauche une haſte.

ÆZANIS in Phrygia.

PLANCHE XXVII.

AT. ANTΩNЄINOC. Tête d'Antonin couronnée de laurier. 3

R̸. AIZANЄITΩN. Diane d'Ephêſe avec ſes ſupports.

Idem. AYTO. KAICAP. ANTΩNЄINOC. Tête comme deſſus. 2

R̸. AIZANЄITΩN. Type ordinaire de la Fortune.

ACMONIA in Phrygia.

ANTωNЄI.... Tête d'Antonin radiée. 2

R̸. AKMONЄΩN. Bacchus nu, debout, tient d'une main un pot, & de l'autre main un thyrſe. Une panthere eſt à ſes pieds.

AMASIA in Ponto.

AYT. KAI. ANTΩNЄINOC. Tête d'Antonin couronnée de laurier. 3

R̸. AMAC. MHTP.-PNH. Un ſerpent ſur une proue de vaiſſeau.

AMPHIPOLIS in Macedonia.

AYTOKPA. KAICAP....... Tête comme deſſus. 2

R̸. AMΦIΠOΛЄITΩN. Une femme aſſiſe, tient une patere de la main droite.

ANCYRA in Galatia.

PLANCHE XXVII.

ΑΥ. Κ. Τ. ΑΙ. ΑΝΤΩΝΕΙΝΟϹ. ϹΕΒ. ΕΥϹΕ. Tête d'Antonin couronnée de laurier. 1

℞. ΑΝΚΥΡΑ. Η. ΜΗΤΡΟΠΟΛΙϹ. ΤΗϹ. ΓΑΛΑΤΙΑϹ. Un homme en habit court, ayant un boiſſeau ſur la tête, & des bottines à ſes jambes, paroît marcher. Il tient de la droite une ancre, & de la gauche une proue de navire avec une voile.

ANCYRA in Phrygia.

PLANCHE XXVIII.

ΑΥΤ. ΚΑΙ. ΤΙΤ. ΑΙΛΟϹ. (ſic) ΑΝΤΩΝΕΙΝΟϹ. Tête nue d'Antonin. 2

℞. ΕΠΙ. ΛΙΚΙΝΙΟΥ. ΑΡΧ. ΑΝΚΥΡΑΝΩΝ. Un homme nu, debout, tient une ancre de la droite, & une haſte de la gauche.

ANTIOCHIA ad Hippum in Cœleſyria.

N°. 1.

ΑΥΤΟΚΡ. ΚΥΡ. ΑΝΤωΝΕΙΝΟϹ. Tête d'Antonin couronnée de laurier. 2

℞. ΑΝΤΙΟ. Τω. ΠΡ. ΙΠ. ΤΗϹ. ΙΕΡ. Κ. ΑϹΥΛΟΥ. Une femme tourelée debout, à côté d'un cheval, dont elle tient la bride de la main droite, porte de la main gauche une fleur, ou autre choſe qu'on ne peut bien diſtinguer.

PLANCHE XXVIII.

On ne peut gueres douter que les trois lettres ΚΥΡ. qui ſont ſur cette médaille, qui eſt bien conſervée, n'y aient été miſes pour ΚΥΡιος, *Dominus*, titre qui avoit été ambitionné extrêmement par Caligula, & par Domitien, mais qui ne leur fut donné ſur aucune médaille. Celle-ci eſt la premiere où il ſe trouve. On ſait trop bien quelle étoit la modeſtie d'Antonin pour croire qu'il ait conſenti ni ſouffert qu'on le lui donnât. Auſſi ne connoît-on aucune autre médaille de cet Empereur, où ce titre ſoit employé. S'il y a même quelques médailles grecques d'autres Empereurs, ſur leſquelles il ſe rencontre, elles ſont très-rares. Ce n'eſt que ſous Septime-Sévére & Caracalla, que quelques colonies commencerent à les appeller *Domini* ſur des médailles frappées avec leur tête & leur nom. Mais l'uſage d'employer ce titre ſur celles des Empereurs ſuivants, ne fut bien établi que dans le Bas-Empire.

On trouve le même titre donné à Marc Aurele et à Lucius Verus sur une médaille d'argent que j'ai citée L. II. p.

APAMEA in Phrygia.

ΑΥΤ. Κ. ΑΔΡΙΑΝΟϹ. ΑΝΤΩΝΕΙΝΟϹ. Tête d'Antonin couronnée de laurier. 2

APOLLONIA in Aegypto
M. I. p. 229.

ARADUS. insula
Marc Aurele et Lucius Verus avec une Epoque. S. II. p. 14.

℟. ΔΗΜ...... ΠΟΛΥΜΝΟΥ. Β. ΤΟ. Γ. ΑΠΑΜΕΩΝ. Quatre épis liés enſemble.

PLANCHE XXVIII.

ARGOS in Peloponneso. médaille d'Antonin additions.

ATTALIA in Lydia.

ΑΥΤ. ΚΑΙCΑΡ. ΑΝΤΩΝΕΙΝΟC. Tête d'Antonin couronnée de laurier. 3

℟. ΑΤΤΑΛΕΩΝ. Buſte de Minerve couvert de ſon ægide.

BLAUNDOS in Phrygia.

ΑΥ. ΚΑΙCΑΡ. ΑΝΤΩΝΙΗΟC. Tête comme deſſus. 1

℟. ΑΡΧ. ΚΛ. CΥΜΜΑΧΟΥ. ΒΛΑΥΝΔΕΩΝ. ΜΑΚΕ. Apollon en habit long, debout, tient de la droite un archet, & de la gauche une lyre.

BIZYA in Thracia.

ΑΥΤ. ΚΑΙ. Τ. ΑΙ. ΑΔΡΙ. ΑΝΤΩΝΕΙΝΟC. Tête comme deſſus. 1

℟. ΗΓΕ. ΠΟΜ. ΟΥΕΠΕΙCΚΟΥ. ΒΙΖΥΗΝΩΝ. Une femme aſſiſe, tient de la droite des épis, & de la gauche une haſte. Sous ſon ſiege on voit la lettre Β.

Idem. Autre médaille avec la même légende, & le type d'Eſculape & d'Hygée en regard, chacun avec ſes attributs. 1

PLANCHE XXVIII.

BOSTRA in Arabia.

ΑΥΤ. ΚΑΙϹ. ΑΝΤωΝΕΙΝ.... Tête d'Antonin couronnée de laurier. 1

℟. ΤΥΧΗ. ΝΕΑϹ. ΤΡΑΙΑΝΗϹ. ΒΟϹΤΡΑϹ. Une figure de femme tourelée debout, ayant le pied gauche poſé ſur un globe, tient de la droite une haſte, ou un long ſceptre terminé par une eſpece d'ornement, & de la gauche une corne d'abondance.

Cette médaille a été rapportée, Tome III, page 244.

BYZANTIUM in Thracia.

.....ΚΑΙϹΑΡ. ΑΝΤ..... Tête comme deſſus. 2

℟. ΒΥΖΑΝΤΙΩΝ. ΕΠΙ. ΜΕΜΑΡΚΟΥ. Un caſque panaché.

GADARA in Syria.

ΑΥΤ. ΚΑΙϹ. ΑΝΤΩΝΕΙΝΟϹ. ϹΕΒ. ΕΥϹ. Tête comme deſſus. 1

℟. ΠΟ. ΓΑΔΑΡ. Ι. Α. Α. Γ. Κ. ϹΥ. Temple à quatre colonnes au milieu duquel eſt aſſis Jupiter tenant d'une main un aigle, & de l'autre main une haſte. Sur le frontiſpice ſont les lettres numérales ΓΚϹ.

M. l'Abbé Belley a rapporté cette médaille dans une de ſes diſſertations.

PLANCHE XXVIII.

EPIDAVRVS in argolide. médaille unique. S. II. p. 96.

Idem. ΑΥΤ. ΚΑΙΣ. ΑΝΤωΝΕΙΝΟΣ. ΣΕΒ: Tête d'Antonin couronnée de laurier. 2

℟. ΓΑΔΑΡΕωΝ. ΓΚΣ. La tête d'Hercule jeune.

THESSALONICA in Macedonia.

ΑΥΤΟΚΡΑΤωΡ. ΑΝΤωΝΙΝΟΣ. Tête comme deſſus. 2

℟. ΘΕΣΣΑΛΟΝΙΚΕΩΝ. Une Victoire debout tenant d'une main une couronne, & de l'autre main une branche de palmier.

CÆSAREA Libani.

ΑΥΤΟ. ΚΑΙ. ΤΙ. ΑΙΛ. ΑΔΡ. ΑΝΤ. Tête d'Antonin comme deſſus. 2

℟. ΚΑΙΣΑΡΕΙΑΣ. ΛΙΒΑΝΟΥ. Une figure d'homme en habit militaire debout, tient de la droite une eſpece d'étendard, & un arc de la gauche. Dans le champ eſt la date ΒΞΥ.

Idem. Sur une autre médaille ſemblable on trouve la date ΖΞΥ. 2

Nota. M. l'Abbé Belley a fait uſage de ces deux médailles dans une de ſes Diſſertations.

PLANCHE XXVIII.

CÆSAREA ad Anazarbum in Cilicia.

ΑΥ. ΚΑΙ. Τ. ΑΙΛ. ΑΔΡ. ΑΝΤΩΝ. Têt d'Antonin radiée.

℞. ΚΑΙCΑΡΕΩΝ. ΤΩΝ. ΠΡΟC. ΤΩ. ΑΝΑ ΖΑΡΒΩ. ΘΟΡ. Une femme tourelée assis sur des roches, tient de la droite des épis ou un rameau.

CRETIA Flaviopolis in Bithynia.

ΑΥΤ. ΚΑΙCΑΡ. ΑΝΤΩΝ...Tête nue d'An tonin.

℞. ΚΡΗΤΙΕΩΝ. ΦΛΑΟΥΙΟΠ. Un Tem ple à quatre colonnes à chaque côté du quel un cerf est posé sur une base.

LAERTE in Cilicia.

ΑΥΤΟΚ. ΚΑΙCΑΡ. ΑΝΤΩΝ..... Têt d'Antonin couronnée de laurier.

℞. ΛΑΕΡΤΕΙΤΩΝ. Cérès assise, tient de épis de la main droite, & une haste o une torche de la main gauche.

Cette médaille a été rapportée, Tom III, page 252.

MAGYDUS in Pamphylia.

ΑΥΤΟ. ΚΑΙCΑΡ. ΑΝΤΩΝΙΝΟC. Têt comme dessus.

℞

℞. ΜΑΓΓΥΔΕΩΝ. Pallas debout, tient de la droite une Victoire, & de la gauche une haſte. A ſes pieds un ſerpent. Dans le champ ΙΘ.

PLANCHE XXVIII.

MALLUS in Cilicia.

ΑΥ. . . . . ΑΝΤ. CЄΒ. Tête d'Antonin couronnée de laurier. 2

℞. ΜΑΛΛωΤω. Une figure de femme debout, tient de la droite une longue torche. Dans le champ à droite, vis-à-vis ſa tête, un globe ou un aſtre. De ſa ceinture en bas elle eſt entourée de pluſieurs *Phalli.*

Il a été fait mention de cette médaille, Tome II, page 170. Vaillant n'en a rapporté aucune de cette ville.

MYTILENE in Leſbo:

. . . . ΑΝΤΩΝΙΝΟC. Tête comme deſſus. 3

℞. ΜΥΤΙΛΗΝΑΙΩΝ. Une figure de femme debout tenant de la droite une patere, & de la gauche une haſte.

SALA in Phrygia.

ΑΥ. Τ. ΑΙ. ΑΔΡΙΑ. ΑΝΤΩΝЄΙΝΟC. Tête comme deſſus. 2

℞. ЄΠΙ. ΔΑΜΟΝΙΚΟΥ. ΚΑΛΛΙΑΝΟΥ. CΑΛΗΝΩΝ. Jupiter debout, tient d'une

NICOMEDIA in Bithynia
medaille d'Antonin. add. T. III. p. 228.

PROSOPIS in Aegypto.
M. I. p. 230.

SAIS ibidem.
M. I. p. 230.

SEBENNITUS ibid.
M. I. p. 230.

TABA in Palaestina
S. II. p. 51.

PLANCHE XXVIII.

main un aigle, & de l'autre main une hafte.

Cette médaille a été rapportée, Tome III, page 212.

TRIPOLIS in Syria.

.... ΑΔΡΙΑ. ΑΝΤΩΝΕΙΝΟϹ. Tête d'Antonin couronnée de laurier. 1

℟. ΗΛΙΟϹ. ϹΕΛΗΝΗ.... A droite Diane debout, tient la droite élevée, & la gauche abaiffée. A gauche, Apollon ou le Soleil auffi debout ayant une couronne radiée fur la tête, tient la droite abaiffée, & porte de la gauche un pan de fon manteau. A l'exergue on lit ΡΙΠΟ, & dans le champ ΛΕ.

PHILIPPOPOLIS in Thracia. médaille d'antonin; additions.

Cette médaille a été rapportée dans le précédent Volume, page 344.

PHOCEA in Ionia.

.... ΑΔΡΙ. ΑΝΤ.... Tête comme deffus. 1

℟. ΦΩΚΑΙΕΩΝ ... Hercule, & une autre figure nue debout en regard fe donnent les mains.

La médaille d'Antonin fur laquelle Vaillant (*page* 40, *l.* 39) a lu ΑΛΗϹΕΙΤΩΝ, & celle d'Hadrien dont il a été parlé ci-devant, font les deux feules qu'il a rappor-

ΗΛΙΟϹ. ϹΕΛΗΝΗ. médaille d'Egypte. M. I. pl. XXIV. Nº 4.

tées avec une pareille légende. On n'en connoît aucune autre où il ſoit fait mention de ces peuples, & l'on eſtime qu'il peut y avoir ſur ces deux médailles AMACЄITΩN, au lieu d'AΛHCЄITΩN. PLANCHE XXVIII.

Celle avec la légende ΔIOKAICAPЄIAC. qu'il a attribuée (*page* 42, *l.* 10) à la ville de *Dioceſarée* en Cappadoce, eſt d'une ville de même nom qui étoit en Galilée, comme on l'a déja obſervé, Tome III, page 246.

Il rapporte auſſi (*page* 45, *l.* 50) une médaille d'Antonin avec la légende CAITΩN. Il n'y a point d'apparence que cette médaille ſoit de la ville de *Sais* en Egypte. Si elle en étoit, il y auroit CAITHΣ, & non pas CAITΩN.

FAUSTINA *ſenior.*

GORDUS Julia in Lydia.

ΦAYCTINA. CЄBACTH. Tête de Fauſtine. 2

℞. IOYΛIЄΩN. ΓOPΔHNΩN. Une figure de fleuve couché, tenant de la main droite un roſeau, & de la main gauche une corne d'abondance.

CASTABALA *in Cappadocia.*

ΦAYCTINA . ΘEA . CЄBACTI. Tête de Fausline mère.

℞. KACTABAΛЄΩN. figure de femme assise tenant un rameau de la main droite, et un flambeau allumé de la main gauche . . ?

S. III. p. 132.

PLANCHE XXVIII.

NICOPOLIS in Palæſtina.

ΘΕΑ. ΦΑΥϹ...... Tête de Fauſtine voilée. 3

℞. ΝΙ. ΟΒ. Trois épis. Le tout au milieu d'une couronne.

Cette petite médaille qui n'a que les lettres ΝΙ. pour légende, eſt jugée être de la ville de *Nicopolis* en Paleſtine, tant par ſa fabrique, que par l'époque qu'elle contient de l'année 62. M. l'Abbé Belley en a fait uſage dans une de ſes diſſertations.

PERINTHUS in Thracia.

ΘΕΑ. ΦΑΥϹΤΕΙΝΑ. Tête voilée comme deſſus. 1

℞. ΕΠΙ. ΑΝΤ. ΖΗΝΩΝΟϹ. ΠΕΡΙΝΘΙΩΝ. Vénus debout, tient de la main droite une haſte, & de la main gauche une pomme.

BOSTRA in Arabia.

Idem. 3

℞. ΝΕΑ. ΤΡΑΙΑΝΗ. ΒΟϹΤΡΑ. Une figure de femme tourelée, debout, ayant le pied appuyé ſur une proue de navire, tient de la droite une haſte, & ſouleve ſa robe de la gauche.

Idem. 2

SMYRNAE in Ionia.
Médaille rapportée S. 11. p. 46.

℟. ΤΥΧΗ. ΝЄΑC. ΤΡΑΙΑΝΗC. Une figure de femme tourelée, debout en face, s'appuie de la main droite sur une haste, & tient de la main gauche deux épis, ou quelque chose d'approchant.

Planche XXVIII.

Fortè AMMONIA *in Africa.*

ΦΑΥCΤЄΙΝΑ. CЄΒΑCΤΗ. Tête sans voile.

℟. ΑΜΜωΝ. Tête de Jupiter-Ammon.

Cette médaille est rapportée dans le précédent Volume, page 25. avec des Observations sur le lieu où elle peut avoir été frappée.

M. AURELIUS.

ABDERA in Thracia.

Α. Μ. ΑΥΡ. ΑΝΤΩΝЄΙΝΟC. Tête de Marc-Aurele couronnée de laurier. 3

℟. . . . ΙωΔΙ. ΑΒΔΗΡΙΤ. Autre Tête couronnée de laurier. C'est vraisemblablement celle de *Timasius* de Clazomenes qui avoit bâti la ville d'Abdere où on lui rendoit un culte comme à un héros ou demi-Dieu.

ABA in Caria.

ΑΥΤ. ΚΑΙ. Μ. ΑΥΡ. ΑΝΤΩΝΙΝΟC. tête de Marc Aurele couronnée de laurier

℟. ΑΒΕΩΝ. mercure debout avec une bourse dans une main et un caducée dans l'autre. . . . . 8.

S. III. p. 133.

PLANCHE XXVIII.

ÆZANIS in Phrygia.

M. ΑΥΡΗΛΙΟC. ΒΗΡΟC. ΚΑΙCΑΡ. Tête nue de Marc-Aurele. 2

R̸. ΑΙΖΑΝЄΙΤΩΝ. Type ordinaire de la Fortune.

ANCYRA in Galatia.

ΑΥΤ. Μ. ΑΥΡ. ΑΝΤΟΝΙΝΟC. Tête de Marc-Aurele couronnée de laurier. 1

R̸. ΜΗΤΡΟ. ΑΝΚΥΡΑC. Même type de la Fortune.

ANCYRA in Phrygia.

ΑΥ. ΚΑΙ. Μ. ΑΥΡΗ. ΑΝΤΩΝΙΝΟC. Tête comme dessus. 2

R̸. ЄΠΙ. ΜΗΝΟΔΩΡΟΥ. ΒΙΒ. ΑΡΧ. ΑΝΚΥΡΑΝΩΝ. Cybele assise, tient de la droite une patere, & de la gauche une espece de tambour de basque.

APOLLONIA in Illyria.

ΑΥ. Κ. Μ. ΑΥ. ΑΝΤΩΝΙΝΟC. Tête nue de Marc-Aurele. 2

R̸. ΑΠΟΛΛΩΝΙΑΤΑΝ. Type ordinaire de la Fortune.

ARGOS in Peloponneso.

Μ. ΑΝΤΩΝΙΝΟC. Tête nue comme dessus. 3

APOLLONIA in Mysia.
Medaillon S. 11. p. 69.

ARADVS in Phœnicia.
Têtes de Marc-Aurele et de Lucius Verus en regard. S. 11. p. 111.
vente BKY. 422.

℞. ΑΡΓΕΙΩΝ. Diane chaſſereſſe, tire une fleche de ſon carquois, & tient un arc. PLANCHE XXVIII.

ATTALIA in Lydia.

ΑΥΡΗΛΙΟC. ΚΑΙCΑΡ. Tête nue de Marc-Aurele. 1

℞. ΑΤΤΑΛΕΩΝ. Jupiter aſſis, tenant de la droite un aigle, s'appuie de la gauche ſur une haſte.

Cette médaille a été rapportée dans le précédent Volume, page 345.

BARGASA in Caria.

ΑΥΡΗΛΙΟC. ΟΥΗΡΟC. ΚΑΙCΑΡ. Tête nue comme deſſus. 2

℞. ΕΠΙ. ΚΑΝΔΙΔΟΥ. ΚΕΛCΟΥ. ΒΑΡΓΑ-CΗΝΩΝ. La figure d'un fleuve couché, tient d'une main un roſeau, & de l'autre main une corne d'abondance.

BLAUNDOS in Phrygia.

ΑΥ. ΚΑΙ. Μ. ΑΥ. ΑΝΤΩΝΙΝΟC. Tête de Marc-Aurele couronnée de laurier. 1

℞. ΕΠΙ. ΚΑ. ΒΑΛΕΡΙΑΝΟΥ. ΒΛΑΥΝ-ΔΕΩΝ. Une Amazone à cheval, tient les rênes d'une main, & une double hache de l'autre main.

PLANCHE XXVIII.

Le type de la médaille précédente fait connoître que la ville de *Blaundos*, ainsi que plusieurs autres de Phrygie, de Lydie, d'Ionie & d'Æolie, prétendoit avoir été bâtie par une Amazone. Selon Diodore de Sicile, Myrine, Reine des Amazones d'Afrique, après son combat contre les Gorgones, passa dans ces contrées, où elle bâtit plusieurs villes, donna son nom à celle de *Myrina*, & aux autres celui des femmes principales de son armée. C'est pourquoi toutes ces villes représentoient souvent sur leurs monnoies, ou des Amazones, ou seulement les armes dont elles se servoient, pour marquer leur origine.

GADARA in Palæstina.

ΑΥΤ. ΚΑΙ. Μ. ΑΥΡ. ΑΝΤωΝЄΙΝΟC. Tête de Marc-Aurele couronnée de laurier. M

℞. ΓΑΔΑΡЄωΝ. ΝΑΥΜΑ. ΔΚC. Un vaisseau à neuf rangs de Rameurs.

Cette médaille a été rapportée, Tome III, page xl.

DAMASCUS in Syria.

ΑΥΡΗΛΙΟC. ΚΑΙ. ΑΥΓ. ΥΙΟC ΥΠΑ. Tête nue de Marc-Aurele. 2

℞.

℞. ΔΑΜΑϹΚΗΝΩΝ. ΜΗΤΡΟΠΟΛΕΩϹ. Une femme tourelée aſſiſe ſur un rocher, tient de la droite des épis, & de la gauche une corne d'abondance.

PLANCHE XXVIII.

HIERAPOLIS in Phrygia. S. I. p. 37.

CÆSAREA ad Anazarbum in Cilicia.

ΑΝΤΩΝΕΙΝΟΥ. ΚΑΙ. ΟΥΗΡ. ϹΕΒΑϹ. ΟΜΟΝΟΙΑ. Marc-Aurele & Lucius Vérus debout, ſe joignent les mains. 2

℞. ΚΑΙ. ΤΩΝ. ΠΡΟϹ. ΤΩ. ΑΝΑΖΑ. ΕΤ. ΒΠΡ. Temple à dix colonnes.

CÆSAREA Libani.

ΑΥΡΗΛΙΟϹ. ΚΑΙϹ. ϹΕΒ. Tête de Marc-Aurele couronnée de laurier. 2

℞. ΚΑΙϹΑΡΕΙΑϹ. ΛΙΒΑΝΟΥ. ΒΞΥ. Tête de femme tourelée.

Idem. Une autre médaille ſemblable avec la date ΖΞΥ. 2

Ces deux médailles ont été rapportées par M. l'Abbé Belley dans une de ſes Diſſertations.

CIBYRA in Phrygia.

Μ. ΑΝΤΩΝΕΙΝΟϹ ΚΑΙϹ. Tête nue de Marc-Aurele. 2

℞. ΚΙΒΥΡΑΤΩΝ. Pallas debout s'ap-

PLANCHE XXVIII.

puie ſur une haſte de la main droite. Un bouclier eſt à ſes pieds.

NICOMEDIA in Bithynia.

M. ΑΥΡ. ΑΝΤΩΝΙΝΟϹ. Λ. ΑΥΡ. ΟΥΗΡΟϹ. ΑΥΤΟΚΡΑΤΟΡЄϹ. Têtes en regard de M. Antoine & de L. Vérus. I

℞. ΝΙΚΟΜ. ΝЄΩΚΟ. ΟΜΟΝΟΙΑ. Temple à quatre colonnes, dans lequel eſt une femme aſſiſe tenant de la main droite une patere, & de la main gauche une haſte.

NYSA in Caria.

Μ. ΑΥΡΗΛΙ. ΟΥΗΡΟϹ. ΚΑ. Tête nue de Marc-Aurele jeune. I

℞. ЄΠΙ. ΑΙ. Τ. . . . . ΙΟΥϹ. ΑΘΥΜΒΡΟϹ. ΝΥϹΑЄΩΝ. Un jeune homme nu debout devant un autel, tient une patere de la main droite, & une haſte de la main gauche.

Il y a quelque apparence que c'eſt Athymbrus qui eſt repréſenté ſur cette médaille. Strabon rapporte que c'étoit une tradition en *Carie*, que trois freres appellés *Athymbrus*, *Athymbradus* & *Hydrelus*, y étant venus de Lacédémone, bâtirent trois villes auxquelles ils donnerent leur nom,

PERGAMVS in Mysia. medaillon S. II. p. 69.

& que s'étant ensuite trouvées dépeuplées & ruinées, les habitants qui en restoient, bâtirent la ville de *Nysa*, qui révéroit particuliérement Athymbrus comme son Fondateur.

PLANCHE XXVIII.

Nota. Vaillant a rapporté une médaille de cette ville sous Maximin, qui a le même type que celle-ci, & la même légende, mais sans nom de Magistrat.

PESSINUS in Galatia.

ΑΥΡΗΛΙΟC. ΚΑΙCΑΡ. Tête nue de Marc-Aurele. 2

R℣. ΓΑΛ. ΤΟΛΙC. ΠΕCCΙΝΟΥΝΤΙωΝ. Diane chasseresse tire de la main droite une fleche de son carquois, & tient un arc de la main gauche.

Cette médaille a été rapportée, Tome III, page 209.

SALA in Phrygia.

ΑΥ. Κ. Μ. ΑΝΤΩΝΙ. Tête de Marc-Aurele couronnée de laurier. 2

R℣. ЄΠΙ. ΦΑΜΑ. CΑΛΗΝΩΝ. Jupiter debout, tient de la droite un aigle, & de la gauche une haste.

PLANCHE XXVIII.

SILYUM in Pamphylia.

ΑΥΤ. ΚΑΙ. ΑΝΤΩΝΙΝ. Tête de Marc-Aurele couronnée de laurier. 3

℞. CΙΛΥΕΩΝ. Mars debout, tient de la droite une hafte, & s'appuie de la gauche fur un bouclier pofé à terre.

Idem. 3

℞. CΙΛΥЄΩΝ. Tête d'Apollon couronnée de laurier.

SCEPSIS in Myfia.

ΑΥΤ. ΚΑΙ. Μ. ΑΥ. ΑΝΤΩΝΙΝ. Tête nue de Marc-Aurele. I

℞. CΚΗΨΙΩΝ. Bufte de Sérapis ayant un boiffeau fur la tête, tient de la droite un vafe à anfe, & de la gauche une fleur devant fa poitrine.

SMYRNA in Jonia. medaillon. additions T. III. p. 235.

TRIPOLIS in Phœnicia.

ΟΥΗΡΟC. ΚΑΙCΑΡ. Tête nue de Marc-Aurele. 3

℞. CΥΡΙ. ΚΑΒΙΡΩ. Têtes d'Antonin & de Fauftine jeune en regard. Un palmier au milieu, & une étoile fous la tête de Fauftine.

Cette médaille eft rapportée dans le précédent Volume, page 79.

PHILIPPOPOLIS in Thracia. medaille d'antonin p. 857.

PLANCHE XXVIII.

Il eſt douteux que la médaille de Marc-Aurele ſur laquelle Vaillant (*page* 48, *l.* 29) a lu ΑΔΡΑΜΝΩΝ, ſoit de la ville d'*Adramna*, qui eſt peu connue. Il ſe peut bien qu'il ait cru voir ΑΔΡΑΜΝΩΝ au lieu d'ΑΔΡΑΗΝΩΝ. La ville d'*Adraa*, dont on connoît pluſieurs médailles, étoit en Arabie, à huit lieues de *Boſtra*.

On ne ſait point ſi celle (*page* 54, *l.* 19) qui a pour légende ЄΠΙ. CΤΡΑ. Μ. ΑΝΤ. ΤΡΥΦΩΝΙΑΝΟΥ. ΜΥΤΙΛΗΝΑΙΩΝ, a été bien lue. On en a une de la même ville ſous L. Vérus, où l'on trouve ЄΠΙ. CΤΡΑ. ΠΟΜ. ΤΡΥΦΩΝΙΑΝΟΥ.

Vaillant dit (*page* 57, *l.* 18) que ce ſont les têtes de Marc-Aurele & de Lucius Vérus, qui ſont ſur la médaille qui a pour légende ΤΑΡCΟΥ. ΜΗΓΡΟΠΟΛЄΩC. ΚΟΙΝΟC. ΚΙΛΙΚΙΑC. Ce ſont peut-être celles de Caracalla & de Géta qui ſe trouvent ſur une médaille toute pareille, comme on l'a remarqué, Tome III, page 237, où l'on a auſſi obſervé que ΚΟΙΝΟC n'eſt pas pour ΚΟΙΝΟΝ, ainſi qu'il l'a penſé ; mais que le mot ΑΓΩΝ eſt ſous-entendu.

PLANCHE XXVIII.

FAUSTINA *junior.*

ABILA Leucas Vide Leucas.

ÆZANIS in Phrygia.

ΦΑΥCΤΙΝΑ. ΝЄΑ. Tête de Fauſtine jeune. 3

℞. ΑΙΖΑΝΙΤΩΝ. Type ordinaire d'Eſculape.

Idem. ΦΑΥCΤΙΝΑ. CЄΒΑCΤΗ. Tête de Fauſtine. 3

℞. ΑΙΖΑΝΙΤΩΝ. Apollon debout, tient de la droite une patere, & de la gauche une branche de laurier.

ALABANDA in Caria.

ΦΑVCΤ. . . . . ΑΥ. . . . Tête de Fauſtine. 3

℞. ΑΛΑΒΑΝΔЄΩΝ. Un capricorne. Au-deſſus, une corne d'abondance.

BYZANTIUM in Thracia.

ΑΝΝ. ΦΑΥC. . . . ΘΥΓΑ. Tête de Fauſtine. 2

℞. ΒΥΖΑΝΤΙΩΝ. ЄΠΙ. ΜΑΡΚΟΥ. ΤΟ. Β. Jupiter debout, tient de la droite une patere, de la gauche une haſte.

Voyez ce qui a été dit sur cette medaille et les deux suivantes p. 58 &c. du M. 1.

Idem. ΦΑΥCΤΙΝΑ. CЄΒΑCΤΗ. Tête comme deſſus. 2

℞. ΒΥΖΑΝΤΙΩΝ ЄΠΙ ΑΝΘΟΥ. Un dauphin entre deux Pélamides.

Planche XXVIII.

DARDANUS in Troade.

Idem. 2

℞. ΔΑΡΔΑΝΙΩΝ. Une femme debout, devant un autel, tient de la droite une patere, de la gauche une hafte.

Idem. 3

℞. ΔΑΡΔΑΝΙΩΝ. Ganymede enlevé par Jupiter fous la figure d'un aigle.

DIOSHIERITÆ in Lydia.

Idem. 3

℞. ΔΙΟCΙЄΡЄΙΤΩΝ. Figure de femme debout, tenant de la droite une patere, de la gauche une hafte.

ELÆA in Æolia.

Idem. 3

℞. ЄΠΙ. CΤΡ. ΠЄΛΛΩΝΙΟΥ. ΝЄ. ЄΛΑΙΤΩΝ. Type ordinaire d'Efculape.

Ce n'eft pas la ville d'*Elæa* qui étoit Néocore, mais Pellonius qu'elle avoit élu pour Stratege, ainfi qu'il fera marqué plus particuliérement ci-après au Chapitre des Villes Néocores.

PLANCHE XXVIII.

LEVCAS ABILA in Cælesyria. médaille de faustine jeune avec une époque. S. I. p. 117

JULIA in Phrygia.

Idem. 2

℞. ΔΙΑ. ΙΔΑΙΟΝ. ΙΟΥΛΙΕΩΝ. Jupiter affis, tient de la droite une hafte, de la gauche une Victoire.

MAGNESIA in Lydia.

Idem. 2

℞. ΜΑΓΝΗΤΩΝ. CΙΠΥΛΟΥ-ЄΡΜΟC. Une figure de fleuve couché, tenant de la droite un rofeau, appuyé de la gauche fur une urne.

NACRASA in Lydia.

Idem. 3

℞. ΝΑΚΡΑCΙΩΝ. (fic) Type ordinaire de la Victoire.

NEOCÆSAREA in Ponto.

ΑΝΝΙΑ. ΦΑΥCΤЄΙΝΑ. CЄΒ. Tête de Fauftine. 2

℞. ΑΔΡΙΑΝΩΝ. ΝЄΟΚЄCΑΡЄΩΝ. (fic) Un foudre.

PITANE in Myfia.

ΦΑΥCΤЄΙΝΑ. CЄΒΑC. Tête de Fauftine. 3

℞.

℞. ΠΙΤΑΝΑΙΩΝ. Figure d'homme debout en habit court, tenant de la droite une patere, de la gauche une double hache. PLANCHE XXVIII.

Cette médaille a été rapportée, Tome III, page 213. Vaillant n'en avoit connu qu'une de cette ville, qui est de Sévere-Alexandre.

SAGALASSUS in Pisidia.

ϹΑΓΑΛΑϹϹΑΙΩΝ. ΦΑΥϹΤЄΙΝΑΝ. ϹЄΒ. Tête de Faustine. 3 N°. 3.

℞. Μ. ΑΝΤ. Λ. ΟΥΗΡ. ϹЄΒΒ. ΑΥΤΟΚΡΑΤΟΡΑϹ. Têtes en regard de M. Aurele & de L. Vérus.

TEOS in Ionia.

ΦΑΥϹΤЄΙΝΑ. ϹЄΒ. Tête de Faustine. 3

℞. ΤΗΙΩΝ. Β. ΝЄ. Type ordinaire de la Victoire.

Vaillant n'a rapporté aucune médaille de cette ville avec le titre de *Néocore*.

TEMNUS in Æolia.

ΦΑΥϹΤΙΝΑ. ΝЄΑ. Tête comme dessus. 3

℞. ΤΗΜΝЄΙΤΩΝ. Type ordinaire d'Esculape.

TRALLES in Lydia.

PLANCHE XXVIII.

ΦΑΥCΤΙΝΑ. CЄΒΑCΤΗ. Tête de Fauſtine. 3

℞. ΤΡΑΛΛΙΑΝΩΝ. Une femme debout leve ſon voile de la main droite, & tient une eſpece de ſceptre de la main gauche.

L. VERUS.

ABILA in Cœleſyria.

ΑΥΤ. ΚΑΙCΑΡ. Λ. ΑΥΡ. ΟΥΗΡΟC. Tête de L. Vérus couronnée de laurier. 2

℞. CЄ. ΑΒΙΛΗΝΩΝ. Ι. Α. Α. Γ. ΚΟΙ. CΥ. Hercule aſſis ſur un rocher s'y appuie de la main gauche, & tient de la main droite ſa maſſue poſée à terre. A l'exergue les lettres ΛC.

ADRAMYTIUM in Mysia et MYTILENE in Lesbo. medaillon rapporté S. II. p. 78.

Cette médaille a été rapportée par M. l'Abbé Belley dans une de ſes Diſſertations, Tome XXVIII des Mémoires de l'Académie.

ANCYRA in Phrygia.

ΑΥ. ΚΑΙ. Λ. ΑΥΡΗΛ. ΟΥΗΡΟC. Tête comme deſſus. 2

℞. ЄΠΙ. ΜΗΝΟΔΩΡΟΥ. ΝЄ. ΑΝΚΥΡΑΝΩΝ. Un homme nu, debout, tient de la droite une petite ancre, & s'appuie de la gauche ſur une haſte.

PLANCHE XXVIII.

Vaillant a rapporté ſous L. Vérus une médaille de la ville d'*Ancyre* en Galatie. Celle-ci eſt de l'*Ancyre* de Phrygie, dont Ménodore Néocore étoit Archonte dans l'année où elle a été frappée.

GABALA in Syria.

.....ΟΥΗ.... Tête de L. Vérus couronnée de laurier. 2

℞. ΓΑΒΑΛΕΩΝ. ΔC. Une Harpye ſur un globe, & un ſphinx ſur une baſe en regard.

JULIA GORDUS in Lydia.

ΑΥΤ. ΚΑΙ. Λ. ΑΥΡΗ. ΟΥΗΡΟC. Tête comme deſſus. 2

℞. ЄΠΙ. ΙΟΥΛΙΑΝΟΥ. ΙΟΥΛΙЄΩΝ. ΓΟΡΔΗΝΩΝ. Le Dieu Lunus debout, tient de la droite une patere, & de la gauche une haſte. A ſes pieds, on voit de chaque côté la partie antérieure d'un lion.

CARRHÆ in Meſopotamia.

Λ. ΑΥΡΗ. ΟΥΗΡΟC. ΑΥΤΟΚΡΑΤ. ΚΑΙCΑΡ. Tête comme deſſus. 2

PLANCHE XXVIII.

℞. ΚΑΡΗΝωΝ. ΦΙΛΟΡωΜ. Un aſtre au milieu d'un croiſſant.

MYTILENE & ADRAMYTIUM.

ΑΥ. ΚΑΙ. Λ. ΑΥΡΗΛΙΟϹ. ΟΥΗΡΟϹ. ΑΡΜ. . . . . Tête de L. Vérus couronnée de laurier. M

℞. ΟΜΟΝΟΙΑ. ΜΥΤΙΛΗΝΑΙΩΝ. ΚΑΙ. ΑΔΡΑΜΥΤΗΝΩΝ. A l'exergue ЄΠΙ. C. ΜΗ... ΚΡΑΤЄΟϹ. Deux figures de femmes tourelées debout, ſe joignent la main droite; l'une tient de la gauche une haſte en travers, & l'autre porte une petite idole.

Donné S. II. p. 72.

NEAPOLIS in Samaria.

. . . . .ΟΥΗΡ. CЄΒ. Tête comme deſſus. 2

℞. ΦΛ. ΝЄΑϹΠΟΛЄ. ϹΥΡΙΑϹ. ΠΑΛΑΙϹΤ. ЄΤ. ΠΘ. Diane d'Ephêſe. A ſes pieds de chaque côté un bœuf boſſu.

NICÆA in Bithynia.

Α. Κ. Μ. ΑΥΡ. ΛΟΥ. ΟΥΗΡΟϹ. CЄ. Tête nue de L. Vérus. 2

℞. ΡΩΜΑΙΩΝ. ΝΙΚΗΝ. A l'exergue ΝΙΚΑΙЄΙϹ. L'Empereur à cheval tient un dard prêt à le lancer contre un homme renverſé à terre ayant ſon bouclier à ſes pieds.

SYNNAS in Phrygia.

PLANCHE XXVIII.

ΑΥ. ΚΑΙ. Λ. ΑΥΡ. ΟΥΗΡΟC. Tête de L. Vérus couronnée de laurier. M

℞. ΕΠΙ. ΠΡΥ. ΚΛΟΓΙΕ. Κ. ΑΤΤΑΛΟΥ. ΣΥΝΝΑΔΕΩΝ. Temple à huit colonnes, au milieu duquel eſt la figure d'une femme debout, tenant de la droite une patere, de la gauche une haſte.

Ce médaillon donne ce qui manque à la médaille que Vaillant rapporte de la même ville.

Donné S. 11. p. 78.

SYEDRA in Pamphylia.

ΑΥΤΟΚ. Λ. ΟΥΗΡ. Tête comme deſſus. 2

℞. CΥЄΔΡЄΩΝ. Cérès debout, tient de chaque main une torche allumée.

Idem. ΑΥΤ. ΚΑΙ. Λ. ΟΥΗΡΟC. Tête nue de L. Vérus. 3

℞. CΥЄΔΡЄΩΝ. Type ordinaire de la Fortune.

TRALLES in Lydia.

ΑΥ. ΚΑΙ. ΟΥΗΡΟC. Tête nue comme deſſus. M

un autre avec un type différent; l'un et l'autre rapportés S. 11. p. 76.

℞. ЄΠΙ. ΓΡΑ. ЄΥΑΡЄCΤΟΥ. ΤΡΑΛΛΙΑ-NON (sic). Cérès ſur un char traîné par deux

PLANCHE XXVIII.

bœufs boſſus, tient de chaque main un flambeau allumé.

GADARA in Syria.

La médaille que Vaillant (*p.* 63, *l.* 20) a donnée de la ville de *Gadara* de Phœnicie ſous L. Vérus, n'étoit pas entiere, il y a lu ΠΟ. ΓΑΔΑΡΕΩΝ....ΙΔΑΓ. ЄΚC. Sur une pareille du cabinet de l'Auteur, la légende eſt : ΠΟΜ. ΓΑΔΑΡ. Ι. Α. Α. Γ. Κ. CΥ - ЄΚC. M. l'Abbé Belley l'a rapportée dans ſa Diſſertation ſur l'ere de la ville d'*Abila*, Tome XXVIII des Mémoires de l'Académie.

MOSTENES in Lydia.

MYTILENE in Lesbo. médaillon. S. II. p. 74. contremarqué.

SYNNAS in Phrygia. médaillon S. II. p. 73.

TRALLES in Lydia. Deux médaillons. S. II. p. 73.

Vaillant qui (*page* 64, *l.* 22) avoit placé précédemment la ville de *Moſtene* en Phrygie, la met avec raiſon en Lydie, en rapportant une médaille de L. Vérus avec la légende ΕΠΙ. ΛΟ. ΠΟΜΠΟΝΙΟΥ. ΜΟCΤΗΝΩΝ ; mais on en a une pareille ſur laquelle on lit ЄΠΙ. ΛΟ. ΠΟΙΗΜΟ. au lieu de ΛΟ. ΠΟΜΠΟΝΙΟΥ.

LUCILLA.

Planche XXVIII.

BARGYLA in Caria.

ΛΟΥΚΙΛΛΑ. CЄΒΑ. Tête de Lucille. 3

℞. ΒΑΡΓΥΛΙΗΤΩΝ. Pallas debout lance un dard d'une main, & tient un bouclier de l'autre main.

Vaillant a rapporté une autre médaille de Lucille frappée dans la même ville. On ne donne celle-ci que parce que les médailles de cette ville ſont rares, ainſi que toutes celles de Lucille.

CORCYRA Inſula.

ΛΟΥΚΙΛΛΑ. CЄΒΑCΤΗ. Tête comme deſſus 2

℞. ΚΟΡΚΥΡΑΙΩΝ. Un navire avec une voile tendue, & ſept Rameurs.

SMYRNA in Ionia.

Idem. 2

℞. ΑΡΙΖΗΛΟΥ. CΜΥΡΝΑΙΩΝ. Type ordinaire de la Fortune.

Idem. 2

℞. CΤΡ. ΑΡΙΖΗΛΟΥ. CΜΥΡΝΑΙΩΝ. Deux Nemeſes debout en regard.

Vaillant a lu ΤΙ. ΖΗΛΟΥ. ſur une mé-

PLANCHE XXVIII.

daille de la même ville de Smyrne, au lieu de CTP. APIZHΛOY.

SYEDRA in Pamphylia.

N°. 4. ΛOYKIΛΛA. CЄBACTH. Tête de Lucille. 2

R/. CYЄΔPЄΩN. Une femme debout tient une haſte de la main droite, & ſouleve ſa robe de la main gauche.

COMMODUS.

ABILA in Cœleſyria.

AYT. KAICA. KOM. . . . . . Tête de Commode couronnée de laurier. 2

R/. CЄ. ABIΛHNωN. I. A. A. Γ. B. NЄ. Hercule debout appuyé ſur ſa maſſue. A l'exergue, NC.

M. l'Abbé Belley a rapporté cette médaille, Tome XXVIII des Mémoires de l'Académie.

ÆGIUM in Achaia.

AYTO. KAI. ΛOY. AYP. KOMOΔOC. Tête comme deſſus. 1

R/. AIΓIЄωN. Jupiter aſſis, s'appuie de la main droite ſur une haſte, & tient la main gauche étendue. Vis-à-vis une figure de de femme debout, présente une patere au-dessus d'un autel, d'où il s'éleve un serpent.

PLANCHE XXVIII.

AMASIA in Ponto: medaillon de Commode; additions.

AMPHIPOLIS in Macedonia.

A. K. . . . . . ΚΟΜΜΟΔΟϹ. Tête de Commode couronnée de laurier. 2

℞. ΑΜΦΙΠΟΛ. Une femme assise, tient une patere de la main droite, & s'appuie sur son siege de la main gauche.

ΑΥΤΟΚΡΑΤ·ΚΟΜ·ΑΝΤΩΝΕΙΝΟΝ. Tete de Commode couronnée de Laurier. ℞. ΑΜΦΙΠΟΛΕΙΤΩΝ. Europe assise sur un taureau, et un petit temple au dessus avec la lettre Γ dans le champ ... 2. S.IV.pp.4.

ANTANDROS in Mysia.

ΑΥ. ΚΑΙ. ΚΟΜΟΔΟϹ. Tête comme dessus. 3

℞. ΑΝΤΑΝΔΡΙΩΝ. Type ordinaire d'Esculape.

ARADUS Insula.

ΑΥΤΟΚΡΑ. ΚΕΣΑΡ. ΑΝΤ. ΚΟΜ. Tête comme dessus. 2 N°. 5.

℞. ΑΡΑΔΙѠΝ. ΗΜΥ. Astarte debout entre deux colonnes sur chacune desquelles est une Victoire qui lui présente une couronne. Elle tend une main à la Victoire qui est à sa droite, & tient l'autre main abaissée. Dans le champ à droite est la lettre Γ.

PLANCHE XXVIII.

CAESAREA in Cappadocia. ΚΟΜΜΟΔΟΥ ΒΑCΙΛΕΥΟΝΤΟC Ο ΚΟCΜΟC ΕΥΤΥΧΕΙ. M. I. p. 98.

ATTÆA in Phrygia.

ΑΥΤΟ. Μ. ΑΥΡ. ΚΟΜΟΔΟC. Tête de Commode couronnée de laurier. 1

℞. ЄΠ. ΡΟΥΦΟΥ. ΑΤΤΑΙΤΩΝ. Une Victoire ſur un char tiré par deux chevaux.

Cette médaille a été rapportée, Tome III, page 211.

GABALA in Syria.

ΑΥΤ. ΚΑΙ. ΜΑΡ. ΑΥΡ. ΚΟΜΟΔΟC. Tête comme deſſus. 1

℞. ΑΝΝΑ. - ΓΑΒΑΛЄΩΝ. D'un côté la figure de la Fortune aſſiſe avec ſes attributs, ayant les pieds ſur une proue de navire. De l'autre côtê une figure d'homme en habit long poſé ſur un cippe, tient d'une main une hache en travers au-deſſus de ſa tête ornée d'un boiſſeau, & de l'autre main un bouclier d'Amazone. Au bas de chaque côté du cippe un cheval ou un mulet à mi-corps. Dans le champ ΔΑC.

GAZA in Palaestina. medaille rapportée S. II. p. VI.

Cette médaille a été auſſi rapportée, Tome III, page 239.

GERME in Myſia.

ΑΥΤΟ. Κ. Λ. ΑΥ. ΚΟΜΟΔΟC. Tête comme deſſus. 2

℞. ЄΠΙ. CΤΡ. Λ. ΑΥΡΗ. ΑΙΟΛ. ΓЄΡΜΗ-ΝΩΝ. Apollon nu, debout, éleve ſa main droite au-deſſus de ſa tête, & tient de la main gauche une lyre poſée ſur une colonne. Derriere eſt un ſep de vigne entouré d'un ſerpent.

PLANCHE XXVIII.

ELÆA in Æolia.

ΑΥΤΟΚΡ. ΚΑΙCΑΡ. ΚΟΜΟΔΟC. Tête nue de Commode. 3

℞. ЄΛΑΙΤΩΝ. Buſte d'Iſis, tenant des épis de la main droite.

ZEUGMA in Syria.

M. AY. COM. ANT. Tête de Commode couronnée de laurier. 2

℞. ΖЄΥΓΜΑΤЄΩΝ. B. au milieu d'une couronne.

HPACLEA in Lydia vel in Caria. médaille rapportée S. 11. p. 65. contremarque.

HIERAPOLIS in Phrygia. APHRODISIAS in Caria.

...... ΑΥΡ. ΚΟΜΜΟΔΟC. Tête comme deſſus. M

℞. ΙΕΡΑΠΟΛЄΙΤΩΝ. ΑΦΡΟΔΙCΙЄΩΝ. ΟΜΟΝΟΙΑ. D'un côté la figure d'Iſis debout. De l'autre côté Apollon en habit long, tient de la droite un archet, & de la gauche une lyre.

PLANCHE XXVIII.

THYATIRA in Lydia. medaillon S. II. p. 76.

CELENDERIS in cilicia. ℞. ΚΕΛΕΝΔΕΡΙΤΩΝ. Neptune debout porte de la droite un Dauphin, et tient de la gauche un trident; une proue de navire a ses pieds .... Æ autour de la tête couronnée de laurier on lit ΑΥΤ. ΚΑ. ΑΥΡΗ. ΚΟΜΟΔΟC. Tr. de 1768.

LESBOS insula. medaillon S. II. p. 76. contremarqué.

HIERAPOLIS in Syria.

M. ΑΥΡΗΛ. ΚΟΜΟΔΟΝ. CЄB. Tête de Commode couronnée de laurier. 3

℞. ΘЄΑC. CΥΡΙΑC. ΙЄΡΑΠΟΛЄΙΤΩΝ. A. dans une couronne.

CYZICUS in Myſia.

ΑΥΤ. ΚΑΙ. Λ. ΑΙ. ΑΥ. ΚΟΜΜΟΔΟC. ΑΝΤ. CЄB. ЄΥC. ΡΩΜΑΙΩΝ. ΗΡΑΚΛΗΣ. Buſte de Commode couronné de laurier. M

℞. ΚΥΖΙΚΗΝΩΝ. ΝΕΩΚΟΡΩΝ. Une figure d'homme nu repréſentant Caſtor ſelon les apparences, tient un cheval par la bride de la main droite, & porte un long bâton ou une haſte de la main gauche.

LEUCADIA in Acarnania.

...... ΜΟΔΟC. Le reſte eſt effacé. Tête de Commode couronnée. 3

℞. ΛЄΥΚΑΔΙΩΝ. Une maſſue au milieu d'une couronne.

Cette médaille eſt rapportée dans le précédent Volume, page 98.

NICOMEDIA in Bithynia medaille de Commode add. cy après p. 260.

PERGAMUS. in Mysia deux medaillons. S. II. p. 76. un autre ibid. contremarqué.

PAGÆ in Attica.

M. ΑΥΡ. ΑΝΤ. ΚΟΜΜΟΔΟC. Tête comme deſſus. 3

℞. ΠΑΓΑΙωΝ. Cérès tient en marchant un flambeau allumé de chaque main.

Planche XXVIII.

Cette médaille a été rapportée, Tome III, page 253.

SELEUCIA in Cilicia.

ΑΥΤ. ΚΑΙ. ΑΥΡΗ. ΚΟΜΟΔΟϹ. Tête nue de Commode. 2

℞. ϹΕΛΕΥΚΕΩΝ. ΤΩΝ. ΠΡΟϹ. ΚΑΛΥ. Type ordinaire de la Fortune.

SCEPSIS in Troade.

....ΜΟΔΟϹ. ΑΝΤΩΝ...Tête de Commode couronnée de laurier. 3

℞. ϹΚΗΨΙΩΝ. ΔΑΡΔΑ. Tête casquée au-dessus de laquelle est un vase.

HYPÆPA in Lydia.

Α. ΑΥΡ. ΚΟΜ....Tête nue de Commode. 1

℞. ΕΠΙ....ΙΟΥΛΙΑΝΟΥ. ϹΤΡΑΤΗΓ. ΥΠΑΙΠΗΝΩΝ. Un Temple à quatre colonnes, au milieu duquel est représentée Junon surnommée *Pronuba*.

HYRCANIS in Lydia.

ΑΥΤΟ. ΚΑΙ. Μ. ΑΥΡΗ. ΚΟΜΟΔΟϹ. Tête couronnée de laurier. M

PLANCHE XXVIII.

℞. CTPA. A. OYET. ANTΩNEINOY. MAKEΔ. YPKANΩN. Un char tiré par quatre chevaux ſur lequel Neptune eſt repréſenté enlevant Proſerpine. Minerve caſquée courant derriere tend une main comme pour l'arrêter, & tient de l'autre main un dard prêt à le lancer. Au-deſſus du char, Cupidon volant tient un flambeau allumé de chaque main. Au-deſſous, on voit un long ſerpent qui s'élance, & plus bas une corbeille de fleurs qui eſt renverſée.

Ce médaillon a été rapporté, Tome III, page 216.

On a déja obſervé que Vaillant (*page 68, l. 1*) a mal rendu la légende NE. TPA. BOCTPA. par *Nerviana Trajana Boſtra.* Il eſt à préſent hors de doute que NE. ſur ces ſortes de médailles, a été mis pour NEA. *Nova.*

THYATIRA in Lydia.

Ce médaillon est rapporté S. II. p. 76.

Il a lu (*page 69, l. 3*) ſur un médaillon de Commode ЄΠΙ. CTPA. MOCXIΩNOC. ΦI. ΘYATЄIPHNΩN. qu'il a rendu par *ſub Prætore Moſchione Philopatore.* Un autre médaillon du cabinet de l'Auteur qui a pour légende ЄΠI. CTPA. MOCXIANOΥ. ΦIΛIΠΠOΥ. fait voir que le Magiſtrat étoit Moſchianus fils de Philippe, & non pas Moſchion Philopator. PLANCHE XXVIII.

CÆSAREA in Cappadocia.

La ville de Nicée n'eſt pas la ſeule (comme Vaillant le dit, *page* 72, *l.* 2) qui ait fait frapper des médailles pour Néron avec la légende faſtueuſe. KOMOΔOΥ. BACIΛЄΥONTOC. O. KOCMOC. ЄΥΤΥΧЄI. Il en a été rapporté dans le Volume précédent, page 98. une ſemblable de la ville de *Céſarée* en Cappadoce.

La médaille de *Silandus* que Vaillant (*page* 74, *l.* 7) a rapportée ſous Commode, eſt la ſeule qu'il ait donnée de cette ville. Il y a lu CIΛΛANΔЄΩN, au lieu de CIΛANΔЄΩN, qu'on trouve ſur toutes les autres médailles que l'on connoît. On voit par celle de Domitien qui a été rapportée Tome III, page 215, que *Silandus* avoit ſous ſon regne un Préteur pour Magiſtrat; & par celle-ci, ſuppoſé qu'elle ait été bien lue, il paroît que ſous le regne de Commode cette ville étoit gouvernée par un

Planche XXVIII.

Archonte qui étoit en même-temps Pontife.

Il y a lieu de croire que la médaille qu'il a donnée (*page* 75, *l.* 25) avec la légende ΤΡΑΠΕΖΟΥΠΟΛΕΟΣ, *Cariæ*, a été mal lue ; & qu'il y avoit ΤΡΑΠΕΖΟΥΝΤΙΩΝ. Ainſi elle doit être de la ville de *Trapezus* du Pont, comme le type le déſigne, y en ayant d'autres d'Elagabale & de Sévere-Alexandre qui ont à peu-près le même avec des époques. Elles ont été rapportées, Tome III, page 204.

HYRCANI in Lydia.

Au lieu de ΛΟΥΚ. qu'il a lu (*l.* 31) ſur la médaille qu'il donne avec la légende ЄΠΙ. CΤΡ. ΛΟΥΚ. ΑΝΤΩΝЄΙΝΟΥ. ΥΡΚΑΝΩΝ, il doit y avoir Λ. ΟΥЄΤ. comme ſur le médaillon de Commode qui vient d'être rapporté. On a auſſi du même Empereur une médaille de grand bronze avec la légende CΤΡΑ. ΛΟΥ. ΥЄΤ. ΑΝΤΩΝЄΙΝΟΥ. ΥΡΚΑΝΩΝ, & le type ordinaire d'Eſculape.

CRISPINA.

CRISPINA.

PLANCHE XXVIII.

ILIUM in Troade.

ΚΡΙϹΠΕΙΝΑ. ϹΕΒΑϹΤΗ. Tête de Crifpine avec une efpece de couronne. 2 N°. 6.

℞. ΔΑΡΔΑΝΟϹ. ΙΛΙΕΩΝ. Une figure d'homme à demi-nue, affife, tient d'une main un fceptre, & paroît parler à une femme qui eft debout, & qui tient une fleur ou un rameau de la main gauche.

On ne fait point s'il y a d'autres médailles d'*Ilium* qui repréfentent, comme celle-ci, Dardanus avec fon nom. On en a déja rapporté une finguliere avec le nom d'*Ænée*, & une autre où Anchife eft pareillement repréfenté avec fon nom. Celles qui ont celui d'Hector font communes.

une du cabinet du Roy avec la legende ΙΟΥΛΟϹ.

GADARA in Syria.

ΚΡΙϹΠΙΝΑ. ϹΕΒΑϹΤΗ. Tête de Crifpine avec une efpece de couronne. 3 N°. 7.

℞. ΓΑΔΑΡΕΩΝ. ΓΜϹ. Tête d'Hercule couronnée de laurier.

ΜΥΤΙΛΕΝΕ in Lesbo. medaillon S. ... 74. contremarqué.

SMYRNA in Ionia.

Idem. 2

℞. ΕΠΙ. ϹΤ. ΡΟΥΦΙΝΟΥ.-ΣΜΥΡΝΑΙΩΝ.

PLANCHE XXVIII.

Une Victoire debout, tient de la droite une couronne, & une palme de la gauche. A droite un aigle posé sur un cippe, regarde la Victoire.

SMYRNA in Ionia & NICOMEDIA in Bithynia.

Idem. 2

℞. CTP. M. CЄΛΛΙΟΥ-OMO. CMΥP. NЄΙΚOM. Hygée debout avec ses attributs.

Une autre semblable, excepté que le type est Cérès debout, qui tient des épis de la main droite, & une torche de la main gauche. 2

Vaillant a rapporté sous Crispine deux médailles de *Smyrne* qui ont des types différents. Il y a lu ЄΠΙ. CTP. KA. MЄCCAΛOΥ. Peut-être y avoit-il M. CЄΛΛΙΟΥ, comme sur les deux précédentes.

SEPT. SEVERUS.

HADRIANI ad Olympum in Bithynia.

AΥ. K. Λ. CЄ. CЄOΥHPOC. Π. C. Tête de Sévere couronnée de laurier. M

℞. AΔPIANΩN. ΠPOC. OΛΥM. Apollon nu, debout, tient de la main droite un archet, & de la main gauche une lyre qui est posée sur un trépied entouré d'un serpent. Derriere Apollon, l'on voit sur une haute colonne le simulacre de Diane tirant de la droite une fleche de son carquois, & tenant un arc de la gauche.

PLANCHE XXVIII.

Ce médaillon a été rapporté, Tome III, page 210.

ALABANDA in Caria.

ΑΥ. Κ. Λ. C. CΕΥΗΡΟC. C. Tête de Sévere couronnée de laurier. 2

℟. ΑΛΑΒΑΝΔΕΩΝ. Pallas debout, tient de la droite une patere, de la gauche une haste.

Idem. ΑΥ. Κ. Λ. CΕΠΤ. CΕΥΗΡΟC. CΕ. Tête comme dessus. 2

℟. ΑΛΑΒΑΝΔΕΩΝ. Jupiter debout, tient de la droite un aigle, de la gauche une haste.

ANTANDROS in Mysia.

ΑΥΤ. Λ. CΕΟΥΗΡΟC. ΠΕΡΤ. Tête comme dessus. 3

℟. ΑΝΤΑΝΔΡΙΩΝ. Esculape avec ses attributs.

PLANCHE XXVIII.

APOLLONIA in Ponto.

AΥ. Λ. CΕΠ. CΕΥΗΡΟC. Π. Tête de Sévere couronnée de laurier. 2

℞. ΑΠΟΛΛΩΝΙΗΤΕΩΝ. ΕΝ. ΠΟΝΤΩ. Un Temple à quatre colonnes dans lequel est une figure de femme assise, tenant d'une main une patere, & de l'autre main une haste.

Cette médaille a été rapportée, Tome III, page 204.

ARADVS in Phœnicia.
AYT. KAI. CΕΠ. CΕ[illegible]ΟΥΗΡΟΝ. tête de Sept. Severe couronnée de laurier.
℞ ΑΡΑΔΙΩΝ. ΣΝΥ. Neptune pose un pied sur un Globe tenant un trident de la droite et un Dauphin de la gauche dans le champ les lettres A. .... 2.
S. IV. p. 6.

ASOPUS in Laconia.

CΕΠ. CΕΟΥΗΡΟC. ΠΕΡΤ. Tête comme dessus. 3

℞. ACωΠΕΙΤωΝ. Une figure de femme debout, tenant un dard de la main droite élevée, & une double hache de la main gauche.

Cette médaille a été rapportée, Tome III, page 190.

ATTÆA in Phrygia.

AΥΤ. ΚΑΙ. Λ. CΕΠΤ. CΕΟΥΗΡΟC. ΠΕ. Tête comme dessus. 1

℞. CΤΡΑ. ΜΑΡΩΝΟC. Une figure à demi-nue représentant un fleuve, tient de la droite un rameau, la gauche appuyée ſur une urne renverſée. Au-devant, un grand arbre ſur lequel on voit un oiſeau perché. A l'exergue ΑΤΤΑΙΤΩΝ.

PLANCHE XXVIII.

BOSTRA in Arabia.

ΑΥ. Κ. Λ. C. CЄΟΥΗΡΟC. Tête de Sévere couronnée de laurier. 1

℞. ΝЄ. ΤΡΑ. ΒΟCΤΡΑ. ЄΤ. ΡΔ. Aſtarte debout dans un Temple à quatre colonnes, a le pied gauche appuyé ſur une proue de vaiſſeau, & tient d'une main une haſte, & de l'autre main une corne d'abondance.

Cette médaille a été auſſi rapportée, Tome III, page 244.

GAZA in Palæſtina.

ΑΥΤ. Υ. (sic) Λ. CЄ. CЄΥΗ. ΠЄΡΤΙΝΑΚ. (sic) Tête comme deſſus. 2

℞. ΓΑΖΑ. ЄΙω. Deux figures de femmes debout, ſe joignent les mains. L'une des deux eſt tourelée, & tient une corne d'abondance.

autre médaille de Gaza rapportée S. II. p. 51.

GERMANICOPOLIS in Paphlagonia.

ΑΥ. ΚΑΙ. Λ. CЄ. CЄΟΥΗΡΟC. Tête comme deſſus. 1

℞. ΓЄΡΜΑΝΙΚΟΠΟΛЄΩC. ЄΤ. CΙЄ. Sé-

PLANCHE XXVIII.

rapis debout avec le boiſſeau ſur la tête, étend la main droite, & tient une eſpece de haſte de la main gauche. Un autel eſt à ſes pieds.

Cette médaille a été rapportée, Tome III, page 225.

Idem. Une autre ſemblable a pour type un Temple à quatre colonnes. 1

GYTHIUM in Laconia.

..... CЄOΥHPOC. CЄ. Tête de Sévere couronnée de laurier. 3

℞. ΓΥΘЄATΩN. Eſculape debout, tenant de la main gauche ſon bâton entouré d'un ſerpent, préſente de la main droite une patere à un autre ſerpent qui s'éleve d'un autel qui eſt à ſes pieds.

Cette médaille a été rapportée, Tome III, page 195.

DIOCÆSAREA in Phrygia.

N°. 8. AΥTOKP. KAIC. Λ. CЄΠTI. CЄOΥHPOC. ΠЄP. CЄB. Tête comme deſſus. M

℞. AΔPIANΩN. ΔIOKAICAPЄΩN. Le type ordinaire de la Fortune.

EPIPHANEA in Cilicia.

PLANCHE XXVIII. N°. 9.

ΑΥΤ. Κ. Λ. CΕΠ...... Tête de Sévere couronnée de laurier. M

℞. I. ΔΟΜΝΑΝ. CΕΒ. ΕΠΙΦΑΝΕΩΝ. ΞC. Tête de Julia Domna.

Cette médaille a été rapportée par M. l'Abbé Belley dans une de ſes Diſſertations, Tome XXVI des Mémoires de l'Académie.

HERMOCAPELITAE in Lydia. medaille de Severe: additions.

THEMISONIUM in Phrygia.

ΑΥ. Κ. Λ. CΕΠ. CΕΟΥΗΡΟC. Π. Tête comme deſſus. M

℞. ΘΕΜΙCΩΝΕΩΝ. Trois figures nues debout; ſavoir, au milieu, Hercule appuyé ſur ſa maſſue; à droite, Caſtor tenant un cheval par la bride; à gauche, Mercure avec ſa bourſe & ſon caducée.

THURIA in Messenia. medaille de Severe additions.

CARRHÆ in Meſopotamia.

Λ. CΕΠΤΙ..... Tête comme deſſus. 3

℞. ΑΥΡΗΛΙΟ. ΚΑΡΗΝω. Le type de cette médaille conſiſte ſeulement en une mouche qui eſt repréſentée en face avec les ailes étendues.

CARACALLIS in Pamphylia. medaillon S. II. p. 76. contremarqué.

CIUS in Bithynia.

ΑΥΤΟ. CΕΟΥΗΡΟC. ΑΥΓΟΥCΤΟC. Tête comme deſſus. I

PLANCHE XXVIII.

℟. ΚΙΑΝΩΝ. Le type ordinaire de la Fortune.

CYME in Æolia.

Λ. CЄΠ. CЄΟΥΗΡΟC. ΠЄΡΤ. CЄΒ. Tête de Sévere couronnée de laurier. 3

℟. ΚΥΜΑΙΩΝ. Type ordinaire d'Efculape.

CYPARISSUS in Meſſenia.

ΛΟΥ. CЄ. CЄΟΥΗΡΟC. Tête comme deſſus. 2

℟. ΚΥΠΑΡΙCCΙЄΩΝ. Même type d'Eſculape.

COS Inſula.

ΑΥ. Κ. Λ. CЄΠ. CЄΟΥΗΡΟC. Tête comme deſſus. 2

℟. ΑΡΧΗΛΟ. ΜЄΝЄΚΡΑΤΟΥC. ΚΩΙΩΝ. Même type d'Eſculape.

LAMPSACUS in Myſia.

ΑΥΤ. ΚΑΙ. Λ. CЄΠΤΙ. CЄΟΥΗΡΟC. Tête comme deſſus. 3

℟. ΛΑΜΨΑΚΗΝΩΝ. Tête de Priape barbu.

LAODICEA

PLANCHE XXVIII.

LAODICEA in Syria.

.... CЄ. CЄOΥΗΡOC. Tête de Sévere couronnée de laurier. 2

R. IOΥΛ. ΔOMNA. TΥXH. MHTPOΠOΛЄωC. Buste de Julia Domna dans un Temple à deux colonnes.

Cette médaille ne contient point de nom de ville ; mais il paroît par sa forme & par sa fabrique qu'elle a été frappée à *Laodicée* de Syrie.

Autre de Severe frappée à Laodicée. contremarque S. II. p. 62.

MEGARA in Attica.

AΥΤ. K. Λ. CЄOΥΗΡOC. Π. A. Tête de Sévere comme dessus. 3

R. MЄΓAPЄΩN. Bacchus debout tient d'une main un pot, & de l'autre main un thyrse.

Cette médaille a été rapportée, Tome III, page 199.

MEGALOPOLIS in Arcadia.

CЄΠΤ. CЄOΥΗΡOC. Tête comme dessus. 3

R. MЄΓAΛOΠOΛЄITΩN. Apollon nu, debout, appuyé du bras gauche sur une colonne, tient de la main droite une branche de laurier de haut en bas.

Idem. Autre médaille pareille, mais

MESSENIA. M. I. p. 99.

PLANCHE XXVIII.

dont le type eſt un homme debout à demi-nu, qui s'appuie de la droite ſur une haſte. 3

Ces deux médailles ont été rapportées, Tome III, page 189.

MYLASA in Caria.

ΑΥ. ΚΑΙ. CЄ..... Tête de Sévere couronnée de laurier. 2

℟. ΜΥΛΑCЄΩΝ. Neptune debout en face avec la tête radiée, tient de la main droite un trident, & de la main gauche un dauphin. Dans le champ on voit un omar.

MYTILENE in Leſbo.

... CЄΥΗΡΟC.... Tête comme deſſus. 1

℟. ЄΠ. CΤΡ. ΑΡΤЄΜ..... ΜΥΤΙΛΗΝΑΙΩΝ. L'Empereur à cheval a la main droite élevée & étendue, & tient de la main gauche un ſceptre ou bâton de commandement.

ODESSUS in Mœſia.

ΑΥ. Κ. Λ. CЄΠ. CЄΥΗΡΟC. Tête comme deſſus. 2

℟. ΟΔΗCCЄΙΤΩΝ. Une figure d'homme barbu, debout devant un autel, tient une

ORCHOMENUS. medaille rapportée T. III. p. 196.

PERGAMUS in Mysia.

ΑΥΤ. ΚΑΙ. Λ. CЄΠ. CЄΟΥΗΡΟC. ΠΕΡ. ΙΟΥ. ΔΟΜΝΑ. CЄΒΑCΤΗ. têtes de Severe et de Domna en regard.

℟. ЄΠΙ. CΤΡΑ. ΚΛΑΥΔΙΑΝΟΥ. ΤΕΡΠΑΝΔΡΟΥ. ΠΕΡΓΑΜΗΝΩΝ. Β. ΝΕΩΚΟΡΩΝ. Baccus debout sur un cippe tient de la droite un pot et de la gauche un thyrse; au bas d'un coté un boeuf, et de l'autre coté un homme pret a l'assommer .... M.

S. IV. p. 71.

PERINTHVS in Thracia
grand medaillon M. I. p. 74.

patere de la main droite, & une corne d'abondance de la main gauche.

PLANCHE XXVIII.

SALA in Phrygia.

ΑΥ. ΚΑ. Λ. СЄΠ. СЄΟΥΗΡΟС. Tête de Sévere couronnée de laurier. 2

℞. ЄΠΙ. ΑΛЄΞΑΝΔΡΟΥ. СΑΛΗΝΩΝ. Jupiter debout, tient un aigle de la droite, & une haſte de la gauche.

SARDES in Lydia.

ΑΥ. Κ. Λ. СЄΠ. СЄΟΥΗΡΟС. Π. Tête comme deſſus. 2 N°. 10.

℞. СЄΒΗΡЄΙΑ. ΧΡΥСΑΝΘЄΙΑ. Une figure d'homme nu ſe baiſſe pour prendre un vaſe qui eſt à ſes pieds.

Le nom des jeux appellés *Chryſanthins* qui eſt ſur cette médaille, déſigne qu'elle a été frappée à *Sardes* où ſe célébroient ces ſortes de jeux qui étoient particuliers à cette ville.

SEBASTE in Galatia vel *in Phrygia. HERACLEA in Ponto.*

ΑΥ. ΚΑΙ. Λ. СЄΠΤΙΜΙ. СЄΟΥΗΡΟС. ΑΥΓ. Tête comme deſſus. 2

℞. СЄΒΑСΤ. ΗΡΑΚΛЄΩΝ. Deux Tem-

PLANCHE XXVIII.

ples à quatre colonnes, entre lesquels est une grande arcade avec une estrade sur laquelle Hercule est debout s'appuyant de la droite sur sa massue, & portant les dépouilles d'un lion de la gauche.

Selon toutes les apparences, cette médaille contient le nom de deux villes, savoir, de *Sébaste* de Phrygie ou de Galatie, & d'*Héraclée* du Pont. Il en sera fait mention plus particuliérement ci-après au Chapitre des villes qui avoient fait alliance ensemble.

STRATONICEA in Caria.

TABA in Palestine. medaille rapportée S. II. p. 50.

A...... A. CЄ. CЄ..... Têtes en regard de Sévere, & de Julia Domna. M

℟..... ΚΑЄ. CΤΡΑΤΟΝΙΚЄΩΝ. Une Victoire debout, tient d'une main une couronne, de l'autre main une branche de palmier.

TEGEA in Arcadia.

CЄΠ. CЄΟΥΗΡ..... Tête de Sévere couronnée de laurier. 2

℟. ΤΕΓΕΑΤΩΝ. Une figure d'homme nu, debout, tient de la droite un bouclier posé à terre, & de la gauche une haste.

Mel. de Med. Tom. II. Pl. XXVIII. Pag. 124

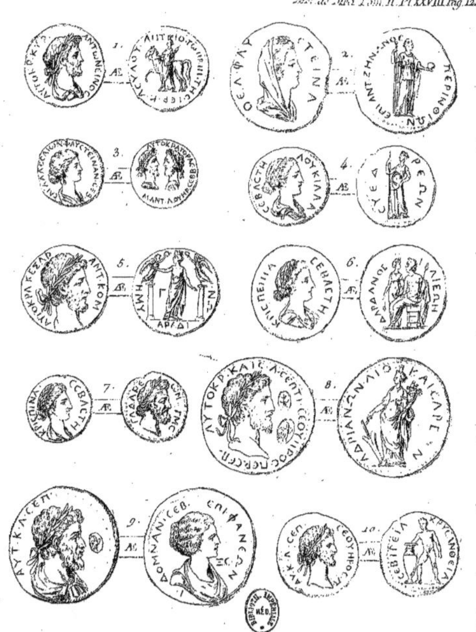

Cette médaille a été rapportée, Tome III, page 189.

PLANCHE XXVIII.

TIOS in Paphlagonia.

ΑΥΤ. Κ. Λ. ϹЄΠΤ. ϹЄΥΗΡΟϹ. ΑΥΓ. Tête de Sévere couronnée de laurier. I

℟. ΤΟΝ. ϹΩΤΗΡΑ. ΤΙΑΝΟ. Type ordinaire d'Esculape.

Idem. ΑΥΤ. Κ. Λ. ϹЄΠΤΙ. ϹЄΥΗΡ... Tête comme dessus. 2

℟. ΤΙΑΝΩΝ. Une figure de femme debout, tient de la main droite une haste, & la main gauche enveloppée dans sa robe.

PHILOMELIUM in Phrygia.

ΑΥ. Κ. ΛΟΥ. ϹЄΠ. ϹЄΟΥΗΡΟϹ. ΠЄ. Tête comme dessus. I

℟. ЄΠΙ. ΑΔΡΙΑΝ. ΦΙΛΟΜΗΛЄΩΝ. Pallas debout tient de la droite une Victoire, de la gauche une haste; à ses pieds un serpent.

Idem. ΑΥ. Κ. Λ. ϹЄΠ. ϹЄΥΗΡΟϹ. Π. Tête comme dessus. 2

℟. ЄΠΙ. ΚΑΙΡΑΙΑ. ΦΙΛΟΜΗΛЄΩΝ. Une figure d'homme debout devant un autel, tient de la droite une patere, de la gauche une haste.

La médaille de Sévere que Vaillant

PLANCHE XXVIII.

(*page* 79, *l.* 6) a rapportée avec la légende ABACCHNΩN. eſt regardée comme ſuſpecte par quelques-uns.

Il a attribué (*Ibid. l.* 16 & *ſuivantes*) à la ville d'*Anchiale* en Cilicie les trois médailles qui ont pour légende AΓXIAΛEΩN. On penſe qu'elles ſont de l'*Anchiale* de Thrace, par rapport aux types qu'elles contiennent : c'eſt ce que fait connoître la médaille qui ſuit.

ANCHIALE in Thracia.

AΥ. K. Λ. CEΠ. CEΥHPOC. ΠEP. Tête de Sévere couronnée de laurier. 2

℞. HΓE. CT. BAPBAPOΥ. AΓXIAΛEΩN. Hercule debout, tient la main droite élevée & étendue, & porte de la main gauche un petit lion.

Il n'eſt pas douteux que cette médaille ne ſoit de l'*Anchiale* de Thrace, à cauſe de la qualité du Magiſtrat qui y eſt nommé, & qui ne ſe trouve point ſur des médailles de Cilicie. D'ailleurs le type d'Hercule combattant un lion, & celui de Cybelle qu'on voit ſur les médailles décrites par Vaillant, ſe trouvent ſur des médailles d'autres villes de Thrace, & non ſur celles des villes de Cilicie.

PLANCHE XXVIII.

HADRIANOPOLIS in Bithynia.

La médaille ayant pour légende ΑΔΡΙΑ-ΝΟΠΟΛΕΙΤΩΝ.ЄΤ.ΒΣ. qu'il a référée (*p*.79, *l*. 35) à la ville d'*Hadrianopolis* de Thrace, eſt de l'*Hadrianopolis* de Bithynie, ainſi qu'il a été obſervé, Tome II, page 20.

A l'occaſion de la médaille que Vaillant donne (*page* 81, *l*. 18) avec la légende ΒΡΟΥΖΗΝΩΝ, on remarque qu'il n'en a publié aucune de cette ville avec des noms de Magiſtrat : la ſuivante en contient un.

BRUZUS in Phrygia.

ΑΥ. ΚΑΙ. Λ. CЄΠ. CЄΟΥΗΡΟC. Tête de Sévere couronnée de laurier. 2

℞. ΜΑΡΚ. ΡΟΥΦΙΝΟC. ΒΡΟΥΖΗΝΩΝ. ΑΝЄΘΗΚЄΝ. Le type ordinaire d'Hygée.

Idem. Une autre médaille de Caracalla a pour légende ΡΟΥΦΙΝΟC. ΑΝΤΩΝΙ. ΒΡΟΥΖΗΝΩΝ, & pour type Cérès ſur un char traîné par deux ſerpents. 2

Sur les deux médailles qu'il rapporte (*page* 82, *l*. 9) avec la légende ЄΡΜΟΚΑ-ΠΗΛΙΤΩΝ, il n'eſt point fait mention des

PLANCHE XXVIII.

Magistrats de cette ville. Il paroît par la suivante qu'elle étoit gouvernée par des Préteurs.

HERMOCAPELUS in Lydia.

ΑΥ. Κ. Λ. CΕΟΥΗΡΟC. ΠΕΡ. Tête de Sévere couronnée de laurier. 1

℞. ΕΠΙ. CΤΡΑΤ. ΕΛΛΩΤΟΥ... ΕΡΜΟΚΑΠΗΛΕΙΤΩΝ. Figure d'homme en habit court, debout, porte la main droite vers un lion qui est à ses pieds, & qui le regarde; de la main gauche il s'appuie sur une haste.

On a des médailles semblables à celle que Vaillant a rapportée (*page* 83, *ligne derniere*) avec la légende ΙΟΥ. ΛΑΟΔ. CΕΟΥ. ΜΗΤΡΟΠΟΛΕΩC. Celles de Sévere & de Caracalla ont du côté de leur tête la contre-marque COL. Il y a toute apparence que cette ville de *Laodicée* fit mettre cette contre-marque sur ses monnoies grecques dans le moment qu'elle fut faite colonie par Sévere, & avant qu'elle pût en faire fabriquer en sa nouvelle qualité de Colonie.

La médaille (*page* 85, *l.* 39) avec la légende ΕΝ. ΠΑΘΜΩΔΑ. a été mal lue, elle n'est n'eſt pas de l'Iſle de *Patmos*. Le docteur Wiſe Anglois, a lu ſur une autre ſemblable ΡΑΒΑΘΜΩ. ΑΛ. *Rabathmoma, anno* 31: c'eſt la vraie leçon.

PLANCHE XXVIII.

PETRA in Arabia.

On a une autre médaille que celle que Vaillant rapporte (*page* 87, *lig. premiere*) de Sévere, frappée dans la ville de *Petra* avec la légende ΑΔΡΙΑΝΗ. ΠΕΤΡΑ. Elle a le même type : on lit autour ΑΔΡ. ΠЄΤΡΑ. ΜΗΤΡΟΠΟΛΙC ; & l'on voit dans le champ les lettres ΡΛΔ. Si ces lettres ſont une date comme il le paroît, on ignore de quelle ere elle procéde.

Il n'y auroit point de difficulté sur ces lettres ΡΛΔ. s'il n'y avoit que ΡΔ. comme sur la médaille précédente de Bostra.

SMYRNA in Ionia. médaille de Sévère cy après p. 291. additions.

TARSUS in Cilicia.

Sur un médaillon bien conſervé, pareil à celui que Vaillant a rapporté (*page* 88, *l.* 8) avec la légende ΑΔΡ. CЄΥΗΡΙΑΝΗC. ΤΑΡCΟΥ. ΜΗΤΡΟΠ. ЄΝ. ΚΟΔΡЄΙΓΑΙC, &c. qu'il a rendu par *Hadrianæ Severianæ Tarſi Metropolis in quadrigis, &c.* on lit ЄΝ. ΚΟΔΡΙΓЄC à la place de ЄΝ. ΚΟΔΡΙΓΑΙC. C'étoit un lieu où il ſe célébroit tous les ans des fêtes & des jeux publics en mémoire de la victoire que Septime-Sévere avoit

médaille expliquée par M. l'abbé Belley. Mém. de l'acad.

PLANCHE XXVIII.

remportée en ce lieu même ſur *Peſcennius Niger.*

Il a référé (*Ibid. l.* 47) à la ville de *Trapezopolis* en Phrygie, la médaille ſur laquelle il a cru voir ΤΡΑΠΕΖΟΥΠΟΛΕΩC ; mais il y a tout lieu de croire qu'il l'a mal lue, ainſi que celle de Commode, dont il a été ci-devant parlé, & qu'elles ſont l'une & l'autre de *Trapezus* dans le Pont.

JULIA DOMNA.

HADRIANI in Bithynia.

IVLIA. ΔΟΜΝΑ. C. Tête de Julia Domna. 2

℞. ΑΔΡΙΑΝΩΝ. ΠΡΟC. ΟΛΥ. Type ordinaire d'Eſculape.

Cette médaille a été rapportée, Tome III, page 210.

ANCYRA in Galatia.

ΙΟΥΛΙΑ. CΕΒΑCΤΗ. Tête comme deſſus. 1

℞. ΜΗΤΡΟΠΟΛΕΩC. ΑΝΚΥΡΑC. Un Temple repréſenté de côté.

Idem. 1

℞. ΜΗΤΡΟΠΟΛΕΩC. ΑΝΚΥΡΑC. Un aigle légionnaire entre deux enſeignes militaires.

ANCYRA in Phrygia.

PLANCHE XXVIII.

I. ΔΟΜΝΑ. CЄΒΑCΤΗ. Tête de Julia Domna. 3

℞. ΑΝΚΥΡΑΝΩΝ. Diane d'Ephêſe repréſentée en face avec ſes ſupports.

Idem. 3

℞. ΑΝΚΥΡΑΝΩΝ. Un ſerpent repréſenté avec pluſieurs plis & replis élévant la tête.

APOLLONIA in Thracia.

ΙΟΥΛΙΑ. ΔΟΜΝΑ. CЄΒ. Tête comme deſſus. 3

℞. ΑΠΟΛΛΩΝΙΗΤЄΩΝ. ЄΝ. ΠΟΝΤΩ. Trois femmes ſe tiennent les mains en danſant.

Cette médaille a été rapportée, Tome III, page 203. A SINE. P. III. p. 193.

ATTUDA in Phrygia.

ΙΟΥΛΙΑ. ΔΟΜΝΑ. CЄΒΑC. Tête comme deſſus. I

℞. . . . ΤΩΚΙΑΝΟΥ. ΑΤΤΟΥΔЄΩΝ. Cérès voilée debout, tient des épis de la droite, & une torche de la gauche.

APHRODISIAS in Caria.

ΙΟΥΛΙΑ. . . . . Tête comme deſſus. 3

PLANCHE XXVIII.

℞. ΑΦΡΟΔΙϹΙЄΩΝ. Mercure debout avec ſa bourſe & ſon caducée.

GAZA in Palæſtina.

ΙΟΥΛΙΑ. ΔΟΜΝΑ. Tête de Julia Domna. 3

℞. ЄΙω. ΓΑΖΑ. ΑΞϹ. Deux femmes debout, ſe joignent les mains.

DAMASCUS in Cœleſyria.

ΙΟΥΛΙΑ. ΑΥΓΟΥϹΤΑ. Tête comme deſſus. 2

℞. ΔΑΜΑϹΚΟΥ. ΜΗΤΡΟΠΟΛЄΩϹ. Buſte de femme tourelée dans un Temple à deux colonnes.

DOCIMIUM in Phrygia.

ΙΟΥΛΙΑ. ϹЄΒΑϹΤΗ. Tête comme deſſus. 2

℞. ΔΟΚΙΜЄΩΝ. Pallas debout, tient d'une main une haſte, & s'appuie de l'autre main ſur un bouclier poſé à terre.

EDESSA in Macedonia.

ΙΟΥΛΙΑ. ΔΟΜΝΑ. ϹЄΒ. Tête comme deſſus. 2

℞. ЄΔЄϹϹЄΩΝ. Une figure de femme caſquée, aſſiſe, eſt couronnée par une autre femme debout, qui tient une corne d'abondance de la main gauche.

PLANCHE XXVIII.

ELEUTHEROPOLIS in Palæstina.

Idem. 3

℞. Λ. CЄΠ. CЄ. ЄΛЄΥΘЄ. Une Victoire tient d'une main une couronne, & de l'autre main une branche de palmier. Dans le champ la lettre Є d'un côté, la lettre Θ de l'autre côté.

Cette médaille a été rapportée, Tome III, page 247.

THESSALI.

ΙΟΥΛΙΑ. ΔΟΜΝΑ. C. Tête de Julia Domna. 2

℞. ΚΟΙΝΟΝ. ΘЄCCΑΛΩΝ. Une Victoire dans un quadrige, tient de la droite une couronne.

Idem. 3

℞. ΚΟΙΝΟΝ. ΘЄCCΑΛΩΝ. Pallas debout tient de la droite un javelot prête à le lancer, & un bouclier de la gauche.

ΘΟΥΡΙΑΤΩΝ. médaille rapportée P. III. p. 189.

ILIUM in Troade.

ΙΟΥΛΙΑ. CЄΒΑCΤΗ. Tête comme dessus. 2

℞. ΔΙΑ. ΙΔΑΙΟΝ. ΙΛΙЄΙC. Jupiter assis, tient de la droite une haste, & de la gauche le Palladium.

PLANCHE XXVIII.

Idem. IO. ΔOMNA. ΣEBAΣTH. Tête de Julia Domna. 2

℞. ANXEIΣHΣ. AΦPOΔEITH. IΛIEΩN. Anchiſe & Vénus debout en regard ſe joignent les mains.

Cette médaille a été rapportée, Tome III, page 243.

JULIA in Phrygia.

IOΥΛIA. CЄBACTH. Tête comme deſſus. 3

℞. IOΥΛIЄΩN. Une figure de fleuve couché, tenant de la droite un roſeau, de la gauche une corne d'abondance.

CARALLIS in Iſauria.

Idem. 2

℞. KAPAΛΛIΩTΩN. Cérès debout, tient en travers des deux mains une torche allumée. T. III. p. 244.

CAPHYA in Arcadia S. 1. p. 42.

COLOPHON in Ionia.

IOΥΛIA. ΔOMNA. CЄB. Tête comme deſſus. 1

℞. ЄΠI. CTPA. TI. BΛΛ. MΥPΩNOC. TO. B. KOΛOΦΩNIΩN. Pallas debout, tient de la droite une patere, & de la gauche un bouclier avec une haſte.

COTIÆUM in Phrygia.

Planche XXVIII.

ΙΟΥΛΙΑ. CЄΒΑCΤΗ. Tête de Julia Domna. 2

℟. ΚΟΤΙΑЄΩΝ. Pallas debout tient de la droite un foudre, & s'appuie de la gauche ſur une haſte.

CYON in Caria.

ΙΟΥΛΙΑ. ΔΟΜΝΑ. C. Tête comme deſſus. 2

℟. ΚΥΙΤΩΝ. Une figure aſſiſe, de front ſur une chaiſe tournant la tête à droite, s'appuie d'une main ſur une haſte, & de l'autre ſur ſon côté.

Cette médaille a été rapportée, Tome III, page 217.

MARONEA in Thracia.

Idem. 2

℟. ΜΑΡΩΝΙΤΩΝ. Type ordinaire de la Fortune.

MEGARA in Attica.

ΙΟΥΛΙΑ. ΔΟΜΝΑ. CЄΒΑ. Tête comme deſſus. 2

℟. ΜЄΓΑΡЄΩΝ. Figure de femme tourelée, debout, tenant d'une main une pa-

PLANCHE XXVIII.

tere, & de l'autre main une corne d'abondance.

Cette médaille a été rapportée, Tome III, page 199.

METHANA in Argolide.

ΙΟΥΛΙΑ. ΔΟΜΝΑ. C. Tête de Julia Domna. 3

R/. ΜΕΘΑΝΑΙΩΝ. Pallas debout, s'appuie de la droite sur une haste, & tient de la gauche une patere.

Cette médaille a été aussi rapportée, Tome III, page 191.

MILETOPOLIS in Mysia.

MOTHONE in Messenia. M.I. p. 99.

Idem. 2

R/. .... ΗΡΙΧ. ΜΙΛΗΤΟΠΟΛΙ. Type ordinaire de la Fortune.

OTRUS in Phrygia.

ΙΟΥΛΙΑ. CΕΒΑCΤΗ. Tête comme dessus. 2

R/. ΑΛΕΞΑΝΔΡΟC. ΑΝΕΘΗ. ΟΤΡΟΗΝΩΝ. Pallas debout, tient de la droite une patere, & s'appuie de la gauche sur une haste.

Cette médaille a été rapportée, Tome III, page 253.

PALLENE

PALLENE in Achaia.

PLANCHE XXVIII.

Idem. 2

℟. ΠΑΛΛΗΝΑΙΩΝ. Pallas debout, tient de la droite un javelot prête à le lancer, & de la gauche un bouclier.

Cette médaille a été auſſi rapportée, III, page 192.

PALTOS in Syria.

PLANCHE XXIX. No. 1.

ΙΟΥ. ΔΟΜΝΑΝ. ΑΥ. ΠΑΛΤΗΝωΝ. ΣϥΒ. Tête de Julia Domna. 2

℟. ΑΥΤ. ΚΑΙ..... CEΥΗ.... Tête de Sévere couronnée de laurier.

Il ſera fait mention ci-après, au Chapitre des Epoques, de la date qui eſt marquée ſur cette médaille.

PESSINUS in Galatia.

ΙΟΥΛΙΑ. ΑΥΓΟΥCΤΑ. Tête de Julia Domna. 1

℟. ΠΕCCΙΝΟΥΝΤΙΩΝ. Une figure de femme debout ſouleve ſa robe de la main droite, & s'appuie ſur une haſte de la main gauche.

Idem. ΙΟΥΛΙΑ. ΔΟΜΝΑ. CΕΒ. Tête comme deſſus. 2

PLANCHE XXIX.

℟. ΠΕϹϹΙΝΟΥΗΤΙΩΝ. Type ordinaire de la Fortune.

SEBASTOPOLIS in Æolia.

ΙΟΥΛΙΑ. ϹΕΒΑϹΤΗ. Tête de Julia Domna. 2

℟. ϹΕΒΑϹΤΟΠΟΛΕΙΤΩΝ. Le Simulacre de Junon *Pronuba.*

Cette médaille a été rapportée, Tome III, page 256.

TIOS in Paphlagonia.

ΙΟΥΛΙΑ. ΔΟΜΝΑ. ϹΕΒ. Tête comme deſſus. 2

℟. ΤΙΑΝΩΝ. Jupiter aſſis, tient de la droite un foudre, & de la gauche une haſte. A ſes pieds eſt un aigle.

TOMI in Mœſia.

Idem. 2

℟. ΜΗΤΡΟΠ. ΠΟΝΤΟΥ. ΝΕΩΚ. Un Aigle ſur un autel entre deux enſeignes militaires. Dans le champ la lettre Δ.

Cette médaille eſt de la ville de *Tomi.* Quoique ſon nom n'y ſoit pas, elle eſt reconnoiſſable par ſes titres & par la lettre Δ. qui ſe trouve de même ſur les autres médailles de cette ville.

On ne trouve point qu'elle ait pris sur aucune autre medaille le titre de Neocore. Voyez S. II. p. 55.

TRIPOLIS in Phœnicia.

PLANCHE XXIX.

ΙΟΥΛΙΑ. CЄΒΑCΤΗ. Tête de Julia Domna. 1

℞. ΤΡΙΠΟΛΙΤΩΝ. ЄΚΦ. Temple à quatre colonnes, où l'on voit trois ſtatues.

PHILOMELIUM in Phrygia. HADRIANI in Bithynia.

FLAVIOPOLIS in Cilicia médailles rapportées S. i. p. 34.

ΙΟΥ. ΔΟΜΝΑ. CЄΒ. Tête comme deſſus.

℞. ΦΙΛΟΜΗΛΙΩΝ. ΑΔΡΙΑΝΩΝ. Type ordinaire de la Fortune. 3

Rapportées T. precedent aux additions p. 365.

HADRIANOTHERÆ in Bithynia.

Vaillant (*page* 90, *l.* 8) a lu ſur une médaille de Julia Domna ЄΠΙ. ΔΙΟΓЄΝΟΥC. ΑΡ. ΑΔΡΙΑΝΟΘΗΡΙΤ. *ſub Diogene Archonte.* Il y a dans le cabinet de l'Auteur deux autres médailles de Julia Domna, l'une en moyen, & l'autre en petit bronze, leſquelles ont toutes les deux pour légende CΤΡ. ΔΙΟΓЄΝΟΥC. ΑΔΡΙΑΝΟΘΗΡΙΤ, & pour type Sept. Sévere à cheval. Il eſt difficile de juger comment la ville d'*Hadrianotheræ* a pu avoir dans le même temps des Archontes & des Préteurs pour Magiſtrats, & comment le même Diogene a

PLANCHE XXIX.

pu être revêtu de l'une & de l'autre Magiſtrature. Vaillant dit, page 191, que cette ville avoit les Magiſtrats qu'Hadrien y avoit établis. Il a entendu ſans doute que c'étoit des Archontes dont le nom ſe trouve ſeulement ſur cette médaille, & ſur une autre de Philippe pere qu'il a rapportée.

Il a cru (*page* 91, *l.* 4) voir une époque ſur la médaille de Dioſpolis, où il a lu Λ. CЄΠ. CЄΟΥ. ΔΙΟCΠΟΛΙC. ЄΡ, *in altero* ΘΡ. mais ces prétendues ЄΡ & ΘΡ. ſont Є. Θ, & Є. Ι. Sur d'autres médailles de Caracalla frappées dans la même ville. Elles ne marquent point des dates procédantes d'une ére, mais des années du regne de Sept. Sévere, comme M. l'Abbé Belley l'a montré dans une de ſes Diſſertations.

Vaillant (*Ibid. l.* 43) eſt tombé dans la même erreur en liſant ΙΛΙЄΩΝ. ΔΟC. ſur une médaille de Julia Domna. Il en ſera parlé plus particuliérement ci-après au Chapitre des Epoques.

C'eſt encore une mépriſe de ſa part d'avoir lu ſur une autre médaille (*page* 94, *l.* 52) CΚΗΨΙΩΝ. ΛΛC. *Sceptiorum anno* 231. Les médailles de cette ville de *Scepſis* ne contiennent point d'époques, non plus que celles de *Diospolis* & d'*Ilium*. Il a pris pour AAC. & BAC; les lettres ΔAP. qui sont sur celles de Julia Domna & de Caracalla, & sur beaucoup d'autres qui ont aussi quelquefois ΔAPΔA, & même ΔAPΔANIΩN. La ville de Scepsis, qui étoit dans un canton de la Troade appellé *Dardanie*, le marquoit ainsi sur ses monnoies, pour les distinguer apparemment de celles d'une autre *Scepsis* qui étoit en Mysie. C'est une remarque qui a déja été faite, Tome II, page 58.

PLANCHE XXIX.

Il sera fait au Chapitre des Epoques des observations sur les médailles que Vaillant rapporte (*page* 95, *l.* 2 & 4) l'une avec la légende KOINON. ZHAITΩN. ЄT. MP, & l'autre avec BMP; parce qu'il dit dans ce Chapitre qu'elles ont MC, & BMC.

CARACALLA.

ACMONIA in Phrygia.

AYT. K. MA. AYP. ANTΩNЄINOC. Tête de Caracalla couronnée de laurier. 2

℞. AKMONЄΩN. Type ordinaire de la Fortune.

PLANCHE XXIX.

ACRASUS in Pamphylia.

ΑΥΤΟ. ΚΑΙ. Μ. ΑΥΡ. ΑΝΤΩΝ..... Tête de Caracalla couronnée de laurier. 1

℞. ЄΠ. CΤΡ. ΦΙΛΟΔΗΜΟΥ...... Α. Β. ΑΚΡΑCΙΩΤΩΝ. Diane ſur un char tiré par deux chevaux.

ANTHEMUSIA in Meſopotamia.

ΑΥ. Κ. Μ. ΑΥΡΗΛ. ΑΝΤωΝЄΙΝΟC. Tête comme deſſus. 3

℞. ΑΝΘЄΜΟΥCΙωΝ. Une Tête de femme voilée avec un croiſſant au-deſſus repréſentant le Génie de la ville.

Cette médaille a été rapportée, Tome précédent, page 246.

APOLLONIA in Thracia.

ΑΥ. Κ. Μ. ΑΥΡΗ. ΑΝΤΩΝЄΙ. Tête comme deſſus. 3

℞. ΑΠΟΛΛΩ. ΠΟΝΤ. Pallas debout s'appuie de la droite ſur une haſte, & de la gauche tient un bouclier poſé à terre.

Cette médaille a été rapportée, Tome III, page 203.

ARADUS Inſula.

N°. 2. ΑΥΤ. Κ. Μ. ΑΥΡ. ΑΝΤωΝΙΝΟC. Tête comme deſſus. 3

℟. ΑΡΑΔΙωΝ. Є. ΥΟΔ. Un vaſe entre deux ſphinxs.

Planche XXIX.

ASOPUS in Laconia.

ΜΑΡ. ΑΥΡΗ. ΑΝΤωΝЄΙΝΟϹ. Α. Tête de Caracalla couronnée de laurier. 2

℟. ΑϹωΠЄΙΤωΝ. Une figure de femme tourelée, debout, tient d'une main une patere, de l'autre main une corne d'abondance.

Cette médaille a été rapportée, Tome III, page 190.

APHRODISIAS in Caria.

ΑΥΤ. ΚΑΙ. ΑΥΡ. . . . . . Tête comme deſſus. 2

℟. ΑΦΡΟΔΙϹΙЄΩΝ. Une table ſur laquelle ſont deux grandes urnes avec des branches de palmier dans chacune.

BŒA in Laconia.

Μ. ΑΥΡΗ. ΑΝΤΩΝЄΙΝΟϹ. ϹЄ. Tête comme deſſus. 3

℟. ΒΟΙΑΤΩΝ. Une figure de femme tourelée, debout, tient une patere de la droite, & une corne d'abondance de la gauche.

Cette médaille a été rapportée, Tome III, page 194.

PLANCHE XXIX. N°. 3.

GADARA in Syria.

M. AYP. ANTω. KAI. CEΠT. ΓETAN. Caracalla & Géta debout, ſe donnent la main. 1

℞. ΠOM. ΓAΔAPEΩN. Temple à quatre colonnes dans lequel Jupiter aſſis de front ayant la main droite élevée, tient de la main gauche une haſte. Sur le frontiſpice du Temple la date BΞC.

Idem. . . . . ANTΩNEINOC. Tête de Caracalla couronnée de laurier. 2

℞. ΠOMΠH. ΓAΔAPEΩN. Même Temple que deſſus. Sur le frontiſpice la date HOC.

DIOSPOLIS in Palæſtina.

AYT. K. ANTΩ. . . . . . Tête comme deſſus. 3

℞. ΔIOCΠOΛ. Temple à quatre colonnes dans lequel une figure de femme tourelée, le pied droit poſé ſur un globe, tient la main droite étendue, & s'appuie ſur une haſte de la main gauche.

Idem. M. AYP. ANT. . . . . Tête de Caracalla radiée. 2

℞. Λ. C. CEY. ΔIOCΠO. ET. Θ. Tête de Sérapis avec le boiſſeau au-deſſus. *Idem*.

EPIPHANIA in Cilicia.
médaille rapportée T. I. p. x.

HERAEA in Arcadia.
T. II. pl. II. N° 8.

Idem. M. ΑΥΡ. ΑΝΤΩΝ. Tête de Caracalla couronnée de laurier. 2

PLANCHE XXIX.

R̷. CЄΠ. CЄΥΗ, ΔΙΟCΠΟ. Є. I. Tête de femme tourelée.

Il a déja été obſervé que les deux précédentes médailles ne contiennent point d'époque, mais des années de regne.

ESBUS in Palaestina.
AVT. K.I. M. AVP. ANTΩN. tête de Caracalla couronnée de laurier.
R̷. ЄCBOY. Astarte debout dans un temple a quatre colonnes . . . . 2.
S. III. p. 135.

THASUS Inſula.

ΑΥΤΟΚΡΑΤ.... Tête de Caracalla couronnée comme deſſus. 3

R̷. ΘΑCΙΩΝ. Hercule debout, tient de la droite ſa maſſue poſée à terre, & porte de la gauche les dépouilles d'un lion.

Cette médaille a été rapportée, Tome III, page 223.

THURIA in Meſſenia.

ΑΥ. Κ. Μ. ΑΥ. ΑΝΤΩΝЄΙΝΟΝ. Tête comme deſſus. 3

R̷. ΘΟΥΡΙΑΤΩΝ. Pallas debout, tient de la droite une patere, & s'appuie de la gauche ſur une haſte. Dans le champ les lettres ΛΑ.

Cette médaille a été auſſi rapportée, Tome III, page 189.

HIERAPOLIS in Phrigia.
médaille rapportée S. I. p. 137.

PLANCHE XXIX.

HIEROCÆSAREA in Lydia. COMANA in Pisidia.

ΑΥ. ΚΑΙ. Μ. ΑΥΡΗ. ΑΝΤωΝΙΝΟϹ. Tête de Caracalla couronnée de laurier. I

℞. ΙЄΡΟΚΑΙ. ΚΟΜΑΝЄω. Une Victoire sur un cippe au milieu d'un Temple à quatre colonnes, au-dessous est la date ЄΤ. ΒΟΡ.

On a pareillement rapporté cette médaille, Tome III, page 215.

ILIUM in Troade.

ΑΥΤ. ΚΑΙ. Μ. ΑΥΡ. ΑΝΤΩΝΙΝΟϹ. Tête comme dessus. I

℞. ϹΚΑΜΑΝΔΡΟϹ. ΙΛΙЄΩΝ. La figure d'un fleuve couché, tenant d'une main un roseau, & s'appuyant de l'autre main sur une urne.

ZEUGMA in Syria.

ΑΥΤ. ΚΑΙ. ΜΑΡΚ. ΑΥΡΑΙ. ΑΝΤΩΝЄΙΝΟϹ. C. Tête comme dessus. I

℞. ΖЄΥΓΜΑΤЄΩΝ. Un Temple sur le sommet d'une montagne. Au bas un capricorne.

CAESAREA in Cappadocia

médaille de Caracalla add.

CÆSAREA=PANIAS in Syria.

PLANCHE XXIX.

M. AΥP. ANTΩNЄI..... Tête de Caracalla couronnée de laurier. 2

R/. KAICAPЄIA. ΠANIAC. Une figure de femme tourelée en habit très-court, ayant le pied gauche posé sur une proue de vaisseau, tient de la droite un long gouvernail renversé, & de l'autre main une corne d'abondance. Dans le champ la date CIΔ.

Cette médaille est singuliere par sa légende & par son type. Toutes celles que Vaillant a rapportées de la même ville ont pour légende KAI. CЄB. IЄP. K. AC. ΥΠ. ΠAN. & pour type le Dieu Pan jouant de la flûte. On en a une autre de Commode, sur laquelle Jupiter est représenté assis, tenant d'une main une patere, & de l'autre main une haste avec la date PϤA.

Cesarée de Cappadoce P. III. p. 287.

COTIÆUM in Phrygia.

AΥT. K. M. AΥPH. CЄΥHPOC. ANTΩNЄINOC. CЄ. Tête comme dessus. M

R/. ЄΠI. Γ. IOΥA. KOΔPATOΥ. APX. KOTIAЄΩN. Hercule debout, appuyé de la main droite sur sa massue, porte de la main gauche une idole assise; vis-à-vis une

PLANCHE XXIX.

Amazone aussi debout, tient d'une main un bouclier, & de l'autre main une double hache.

Ce médaillon est ici rapporté particuliérement pour faire voir que la ville de *Cotiæum* prétendoit avoir été bâtie par une Amazone.

CILBIANI in Lydia.

ΑΥ. ΚΑ. Μ. ΑΥΡ. ΑΝΤΩΝΕΙΝΟϹ. Tête de Caracalla couronnée de laurier. 1

℞. ЄΠΙ. CΤ. ΑΠ. ΚΛЄΒΤΟΥ. ΝЄΙΚΆЄΩΝ. ΚΙΛΒΙΑΝΩΝ. L'Empereur à cheval, tient de la main droite un javelot prêt à le lancer contre un homme prosterné sous le cheval.

LAMPSACUS in Mysia.

ΑΥ. Κ. Μ. Α. ΑΝΤΩΝΙΝ. Tête comme dessus. 2

℞. ΛΑΝ.... ΛΑΜΨ. ΜΗΤΡΟΠ. Un Temple à quatre colonnes, au milieu duquel on voit une figure assise tenant de la droite une patere, & de la gauche une haste.

Cette médaille a été rapportée, Tome III, page 232.

CYSICUS in Mysia.

ΑΥΤ. Κ. Μ. ΑΥΡΗΛ. ΑΝΤΩΝΙΝΟϹ. ΑΥΓ. Tête couronnée de Laurier.

℞. ΑΥΡ. ΑΝΤΩΝΕΙΝΙΑΝ. ΚΥϹΙΚΗΝΩΝ. ΔΙϹ ΝΕΩΚΟΡΩΝ. un temple à huit Colonnes, avec une haute tour et un fanal à chaque côté. M.

S. III. p. 106.

LAODICEA in Phrygia.

PLANCHE XXIX.

ΑΥ. Κ. Μ. ΑΥΡ. ΑΝΤΩΝΙΝΟϹ. Tête de Caracalla couronnée de laurier. 2

℞. ΛΑΟΔΙΚΕΩΝ. ΝЄΩΚΟΡΩΝ. ΤΠΗ. Type ordinaire de la Fortune.

On ne donne ici cette médaille que parce que l'on n'en connoît qu'une autre de *Laodicée* de Phrygie qui contienne une époque. C'est le médaillon de Caracalla rapporté par Vaillant p. 103.

Vaillant place cette ville en Carie.

Ce n'est point une époque. il y a ΤΠΜ. il faut lire Των Προς Μαιανδρω. Vaillant s'est trompé en prenant la lettre M. pour un H.

LAODICEA in Syria. S. II. p. 62. observation sur la contremarque.

LAS in Laconia.

ΜΑΡ. ΑΝΤΩΝЄΙΝΟϹ. Tête comme dessus. 2

℞. ΛΑΩΝ. Type ordinaire d'Esculape.

Cette médaille a été rapportée, Tome III, page 190.

MAGNESIA in Ionia. medaillon S. II. p. 78.

MEGALOPOLIS in Arcadia.

ΜΑΡ. ΑΥ. ΑΝΤΩΝΙΝΟϹ. Tête comme dessus. 3

℞. ΜΕΓΑΛΟΠΟΛЄΙΤΩΝ. Hercule représenté en face sous la figure d'un Terme ayant les épaules couvertes des dépouilles d'un lion.

Cette médaille a été aussi rapportée, Tome III, page 189.

PLANCHE XXIX.

METHANA in Argolide.

ΑΥ. ΚΑ. Μ. ΑΥ. ΑΝΤΩ. Tête de Caracalla couronnée de laurier. 3

℟. ΜΕΘΑΝΑΙΩΝ. Vénus à demi-nue, debout en face, porte ſes deux mains à ſa tête comme pour arranger ſes cheveux.

Cette médaille a été auſſi rapportée, Tome III, page 191.

NICOMEDIA in Bithynia.

Μ. ΑΥΡΗ. ΑΝΤΩΝΕΙΝΟϹ. ΑΥΓ. Tête comme deſſus. 2

℟. ΝΙΚΟΜΗΔΕΩΝ. ΤΡΙϹ. ΝΕΩΚΟΡΩΝ. Trois Temples. Au-deſſus on lit ΔΗΜΗΤΡΙΑ.

Deux autres médailles frappées à Nicomédie. add. cy après p. 188.

Il ſera fait mention de cette médaille dans la ſuite au Chapitre des Néocorats.

PERINTHUS in Thracia.

N°. 4. ΑΥΤ. Κ. Μ. ΑΥ. ΑΝΤΩΝΕΙΝΟϹ. ΚΑΙ. Π. ϹΕΠ. ΓΕΤΑϹ. ΚΑΙ. Têtes en regard de Caracalla & de Géta. M

℟. ΠΕΡΙΝΘΙΩΝ. ΝΕΩΚΟΡΩΝ. ΑΚΤΙΑ. ΠΥΘΙΑ. ΦΙΛΑΔΕΛΦΕΙΑ. Une table ſur laquelle ſont deux urnes, & entre ces urnes des branches de palmier ; ſous la table un vaſe & des pommes.

Autre médaille de Caracalla ou d'Elagabale frappée à Perinthe. add.

PYLOS in Meſſenia.

PLANCHE XXIX.

.....ANTωNINOC. Tête de Caracalla couronnée de laurier. 3

℞. ΠΥΛΙΩΝ. Pallas debout, tient de la droite une patere, & de la gauche une haſte.

Cette médaille a été rapportée, Tome III, page 197.

RHODUS Inſula.

ANTΩNINOC. KAICAP. Tête nue de Caracalla. 3

℞. ΡΟΔΙΩΝ. Tête du Soleil radiée.

RHESÆNA in Meſopotamia.

A. K. M. A. ANT...... Tête de Caracalla couronnée de laurier. 3

℞. PHCAINHCIΩN. Une figure de femme aſſiſe ſur des roches, tient des épis de la main droite. Dans le champ la lettre Γ.

Cette médaille ne contient aucune marque que Rheſæna fût colonie.

SAMOS Inſula.

M. ΑΥΡΗ. ANTΩNЄINOC. ΠЄIOC. ΑΥΓ. Tête comme deſſus. M

℞. CAMIΩN. Temple à quatre colonnes

PLANCHE XXIX.

dans lequel est représenté le simulacre de Junon *Pronuba*, appuyée sur ses supports, tenant une patere de chaque main.

SARDES in Lydia.

SARDES. médaillon S. II. p. 78.

AYT. K. M. AY. CЄ. ANTΩNЄINOC. CЄ. Tête de Caracalla couronnée de laurier. 2

℞. ЄΠΙ. AN. POYΦOY. APX. A. TO. Γ. CAPΔIANΩN. ΔIC. NЄΩKOPΩN. Un autel sur lequel est représenté le simulacre de Proserpine en face avec un épi d'un côté, & un pavot de l'autre côté. Sur le bord inférieur de l'autel on lit KOPAIA. AKTIA.

Cette médaille a été rapportée, Tome III, page xxxix.

SEBASTE in Phrygia.

AYT. KAI. M. AYP. ANTΩNЄINOC. Tête comme dessus. M

℞. ЄΠΙ. ΛOY. AMЄΞAΛIOY. ANTΩN.... APX. CЄBACTHNΩN. Trois figures. Mercure nu au milieu, debout, tient de la main gauche par les cheveux Argus renversé à terre, & de la main droite un sabre pour lui couper la tête. De l'autre côté Pallas debout, tient une haste en travers, & de la gauche un bouclier.

Cette

Cette médaille a été rapportée, Tome III, page 255.

Planche XXIX.

SELEUCIA in Syria.

ΑΥΤ. Κ. Μ. ΑΝΤΩΝΕΙΝΟϹ. Tête de Caracalla couronnée de laurier. 2

℞. ϹΕΛΕΥΚΕΙΑϹ. ΠΙΑΙΡΙΑϹ. ΑϹ. Un foudre ſur une table.

Cette médaille a été rapportée, Tome III, page 241.

SILANDUS in Lydia.

ΑΥΤ. ΚΑΙ. Μ. ΑΥ. ΑΝΤΩΝΙΝΟϹ. Tête comme deſſus. 2

℞. ЄΠΙ. ΓΛЄΝΟΥ. ϹΙΛΑΝΔЄΩΝ. Type ordinaire de Bacchus, tenant un pot & un thyrſe, avec une panthere à ſes pieds.

SCEPSIS in Troade.

Idem. 1

℞. ϹΚΗΨΙΩΝ. ΔΑΡΔΑ. Buſte d'une femme, ornée du diadême & d'une tour, tient une patere de la main droite.

TABÆ in Caria.

ΑΥΤΟΚ. ΚΑΙ. Μ. ΑΥ. ΑΝ.... Tête comme deſſus. M

PLANCHE XXIX.

℞. APX. APTЄMIΔΩPOC. TABHNΩN. N. Deux figures debout en regard, l'une de Diane tirant de la main droite une fleche de ſon carquois, & tenant un arc de la main gauche; l'autre figure eſt le Dieu Lunus qui tient d'une main une patere, & de l'autre main une haſte.

Ce médaillon a été rapporté, Tome III, page 217.

TOMI. in Ponto. S. II. p. 55. MHT. KY.

TARSUS in Cilicia medaille de Caracalla et de Geta add. R. III. p. 237

TAVIUM in Galatia.

AY. MAP. AYP. ANTΩNINOC. Tête radiée de Caracalla. 3

℞. CЄ. TP. TAOYIANΩN. Un ſerpent ſur un autel.

PHILADELPHIA in Lydia.

N°. 5.

AYT. K. M. AYP. CЄ. ANTΩNЄINOC. Tête couronnée de laurier. M

℞. ЄΠI. KA. KAΠITΩNOC. APX. A. TO. B. ΦIΛAΔЄΛΦЄΩN. NЄΩKOPΩN. L'Empereur à cheval lance un javelot contre un homme proſterné ſous le cheval.

Nota. Vaillant a lu ſur un pareil médaillon ЄΠI. M. AYP. au lieu de ЄΠI. KA.

PHLIUS in Arcadia.

PLANCHE XXIX.

M. ΑΥΡΗ. ΑΝΤωΝΙΝΟC. Tête couronnée de laurier. 2

℞. ΦΛΙΑCΙΩΝ. Type ordinaire d'Efculape.

PSOPHIS in Arcadia.

M. ΑΥΡΗΛΙΟC. ΑΝΤΩΝЄΙΝΟC. Tête comme deffus. 2

℞. ΨΩΦЄΙΔΙΩΝ. Type ordinaire de la Fortune.

Les deux médailles précédentes ont été rapportées, Tome III, page 197 & 198.

Vaillant (*page* 98, *l.* 47) a attribué à la ville d'*Attalie* en Pamphylie, la médaille qui a pour légende ЄΠΙ. CΤΡ. ΜЄΝЄΚΡΑΤΟΥΣ. ΑΤΤΑΛЄΩΝ. ΝЄΩΚ. Elle eft de l'Attalie de Lydie, ainfi qu'on l'a déja remarqué.

Sur la médaille (*page* 101, *l.* 14) ΖΗΛΙΤΩΝ. ΤΟΥ. ΠΟΝΤΟΥ. ΒΜC. *anno* 242. Il paroît que cette date eft fautive, comme il fera marqué ci-après au Chapitre des époques.

MAGNESIA in Ionia.

Au lieu de ΓΡ. ΦΙΛΟΜΗΛΟΥ. Β. ΜΑΓΝΗ-

PLANCHE XXIX.

ΤΩΝ. qu'il y a (*page* 104, *l.* 21) ſur la médaille rapportée par Vaillant; ſur une autre en grand bronze de Caracalla on lit ЄΠΙ. Γ. ΦΙΛΟΜΕΝΟΥ. Β. ΜΑΓΝΗΤΩΝ. autour d'un Temple à quatre colonnes, au milieu duquel eſt le ſimulacre de Diane d'Ephêſe.

Il a négligé (*page* 117, *l.* 30) de faire mention des lettres ΛΑ. qui devoient être ſur la médaille ΘΟΥΡΙΑΤΩΝ, & il les a pareillement omiſes ſur toutes les autres médailles de cette ville de Meſſénie. Ces lettres ΛΑ. marquoient que les Lacédémoniens la poſſédoient alors, ainſi qu'il a été obſervé, Tome III, page 189.

PLAUTILLA.

ADANA in Ciliciâ. médaillon rapporté t. II. pl. III. n° 10.

ÆGINA Inſula.

ΦΟΥΛ. ΠΛΑΥΤΙΛΛΑ. Tête de Plautille. 2

℟. ΑΙΓЄΙΝΗΤΩΝ. Neptune debout, tient un dauphin de la droite, & s'appuie ſur un trident de la gauche.

Cette médaille a été rapportée, Tome III, page 223.

ÆGÆ in Achaia.

ΦΟΥΛΒΙΑ. ΠΛΑΥΤΙΛΛΑ. Tête comme deſſus. 3

℞. ΑΙΓΕΙΕΩΝ. Jupiter aſſis, tient de la droite un aigle, & de la gauche une haſte. Planche XXIX.

Cette médaille a été rapportée dans le Volume précédent, page 102.

ARGOS in Argolide.

ΦΟΥΛΒΙΑΝ. ΠΛΑΥΤΙΛΛΑΝ. C. Tête de Plautille. 3

℞. ΑΡΓΕΙΩΝ. Une figure de femme debout, les bras étendus, tient des épis de la droite, & des pavots de la gauche.

ASINE in Meſſenia.

ΦΟΥΛ. ΠΛΑΥΤΙΛΛΑ. CEB. Tête comme deſſus. 3

℞. ACINAIΩN. Apollon en habit long, debout, tient d'une main une branche de laurier, & de l'autre main une lyre poſée ſur une colonne.

Cette médaille a été rapportée, Tome III, page 192.

CAPHYA in Arcadia.

. . . . . . ΠΛΑΥΤΙΛΛΑ. Tête comme deſſus. 3

℞. ΚΑΦΥΙΑΤΩΝ. Une figure de femme debout devant un autel, tient de la droite

MOTHONE in Laconia
T. 11. pl. 11. n° 9.

PLANCHE XXIX.

une patere, & de la gauche une corne d'abondance.

Cette médaille a été auſſi rapportée, Tome III, page 196.

PAUTALIA in Thracia.

N°. 6. ΦΟΥΛ. ΠΛΑΥΤΙΛΛΑ. CEBACTH. Tête de Plautille. 1

℞. ΗΓΕ. CIKI. ΚΑΛ..... ΟΥΛ. ΠΑΥΤΑΛΙΑC. Une Victoire debout ſur un globe, tient de la droite une couronne, & de la gauche une branche de palmier.

Idem. Sur une autre ſemblable une femme debout, tient de la droite une patere, & de la gauche une haſte. 1

PHIALA in Arcadia.

ΠΛΑΥΤΙΛΛΑ. CEBACT. Tête comme deſſus. 3

℞. ΦΙΑΛΕΩΝ. Une figure nue juſqu'à la ceinture, eſt aſſiſe ſur un rocher, tenant d'une main un rameau ſur ſon épaule, & de l'autre main un pot panché d'où il ſemble qu'il coule une liqueur.

Cette médaille a été rapportée, Tome III, page 196.

TOMI. in Ponto.
medaille rapportée S. II. p. 57.

GETA.

PLANCHE XXIX.

HADRIANI in Bithynia.

Π. CΕΠ. ΓΕΤΑC. K. Tête nue de Géta. 2

R̸. ΑΔΡΙΑΝΕΩΝ. Sérapis assis avec le boisseau sur la tête, tient une haste de la main gauche, la main droite abaissée.

APOLLONIA ad Rhyndacum in Mysia.

ΑΥΤ. ΚΑΙ. CΕΠΤΙ. ΓΕΤΑC. ΑΥΓΟΥC. Tête de Géta couronnée de laurier. M N°. 7.

R̸. ΑΠΟΛΛΩΝΙΑΤΩΝ. ΠΡΟC. ΡΥΝΔΑ-ΚΩ. Temple à quatre colonnes, dans lequel Apollon debout tient la main droite élevée, & la main gauche appuyée sur une colonne.

ARIASSUS in Pamphylia.

ΠΟ. CΕ. ΓΕΤΑC. Tête nue de Géta. 3

R̸. ΑΡΙΑCCΕΩΝ. Temple à deux colonnes. Une figure à demi-nue tenant d'une main une couronne, & de l'autre main une haste, y est représentée sur un cippe.

Cette médaille a été rapportée, Tome III, page 244.

PLANCHE XXIX.

ASINE in Meſſenia.

ϹЄΠΤΙΜΙΟϹ..... Tête nue de Géta. 3

℞. ACINAIΩN. La ſtatue d'Eſculape poſée ſur une baſe.

Cette médaille a été auſſi rapportée, Tome III, page 193.

BAGE in Lydia.

KAI. ΠΟ. CЄΠ. ΓЄΤΑC. CЄB. Tête de Géta couronnée de laurier. 2

℞. ЄΠΙ. ΑCΚΛΗΠΙΑΔΟΥ. ΠΑΥΑΙΠ. ΑΡΧ. Dans le champ A. B, à l'exergue ΒΑΓΗΩΝ. Pallas debout s'appuie de la droite ſur une haſte, & tient de la gauche un bouclier poſé à terre.

BOEA in Arcadia. médaille de Geta. additions.

Cette médaille a été rapportée, Tome III, page 214.

GYTHIUM in Laconia.

ΛΟΥ. CЄΠ. ΓЄΤΑC. ΚΑ. Tête nue de Géta. 3

℞. ΓΥΘЄΑΤΩΝ. Hercule ſe repoſant appuyé ſur ſa maſſue couverte d'une peau de lion, & poſée ſur une pierre.

Idem. ΛΟΥ. Π. ΓЄΤΑC. Tête comme deſſus. 3

℞.

℞. ΓΥΘΕΑΤΩΝ. Une figure d'homme nu, debout, tenant une petite idole de la droite, & une hafte de la gauche. PLANCHE XXIX.

Les deux médailles précédentes ont été rapportées, Tome III, page 195.

DIUM in Cœlefyria.

Π. CΕΠ. ΓΕΤΑC. Tête nue de Géta. 2

℞. ΔΕΙΗΝωΝ. ΕΟC. Une figure de femme repréfentée de front avec un boiffeau fur la tête, entre deux bœufs couchés à fes pieds, tient d'une main une efpece de fceptre furmonté d'un aigle, & de la main gauche une Victoire.

M. l'Abbé Belley a rapporté cette médaille dans une de fes Differtations, Tome XXVIII des Mémoires de l'Académie.

DAMASCUS in Cœlefyria.

ΑΥΤ.ΚΑΙC. ΓΕΤΑC. Tête comme deffus. 3

℞. ΔΑΜΑCΚΟΥ. ΜΗΤΡΟΠΟΛΕΩC. Une figure de femme tourelée, affife fur des roches, tient de la droite des épis, & de la gauche une corne d'abondance.

ETENNA in Pamphylia.

ΠΟΥ. CΕ. ΓΕΤΑC. Κ. Tête nue de Géta. 2

PLANCHE XXIX.

℟. ЄΤЄΝΝЄωΝ. Deux figures d'hommes nus qui luttent l'un contre l'autre.

Cette médaille a été rapportée, Tome III, page 222.

THESSALONICA in Macedonia.

.... ΓЄΤΑC. ΚΑ. Tête comme deſſus. 2

℟. ΘЄCCΑΛΟΝΙΚЄΩΝ. Type ordinaire de la Victoire.

Idem. Π. CЄ. ΓЄΤΑC. ΚΑΙCΑΡ. Tête comme deſſus. 3

℟. ΚΑΒЄΙΡΟC. Une figure d'homme en habit court, tient de la main droite élevée un marteau, & de la main gauche une enclume, comme le penſent la plupart des Antiquaires.

THVRIA in Meſsenia. medaille de Gela. add.

ILIUM in Troade.

Π. CЄΠ. ΑΔΡ. ΓЄΤΑC. ΚΑ. Tête nue & fort jeune. 2

℟. ΙΛΙΕΩΝ. Buſte de Minerve caſquée.

Cette médaille qui a été rapportée, Tome III, page xiij, eſt eſtimée pouvoir repréſenter un fils de Caracalla, lequel étoit appellé *Hadrien* ſuivant une inſcription publiée par le P. Frœlich.

CIBYRA in Phrygia.

PLANCHE XXIX.

Λ. CЄΠ. ΓЄΤΑC. Κ.. Tête nue de Géta. 3

℞. ΚΙΒΥΡΑΤΩΝ. Un vaſe d'oſier.

LAS in Laconia.

ΛΟΥ. CЄΠ. ΓЄΤΑC. ΚΑΙ. Tête comme deſſus. 3

℞. ΛΑΩΝ. Pallas debout, tient de la droite un dard comme ſi elle alloit le lancer. Elle ſoutient de la gauche un bouclier poſé à terre.

Cette médaille a été rapportée, Tome III, page 190.

MEGARA in Attica.

ΛΟΥ. CЄΠΤ. ΓЄΤΑ. ΚΑ. Tête comme deſſus. 3

℞. ΜЄΓΑΡЄΩΝ. Cérès debout, tient de chaque main un flambeau allumé, vis-à-vis une ſtatue figurée en terme entouré de bandelettes.

MESSENA in Meſſenia.

ΠΟΥ. CЄΠ. ΓЄΤΑC. CЄΒΑ. Tête comme deſſus. 2

℞. ΜЄCCΗΝΙΩΝ. Type ordinaire d'Eſculape.

MOTHONE in Messenia
M. I. p. 99.

PLANCHE XXIX.

Les deux médailles précédentes ont été rapportées, Tome III, page 198 & 199.

PETRA in Arabia.

Λ. CЄΠ. ΓЄΤΑC. Tête de Géta couronnée de laurier. 2

℞. ΑΔΡ. ΠЄΤΡΑ. ΜΗΤ. Temple à deux colonnes dans lequel est une figure de femme assise, qui tient de la droite une Victoire, & de la gauche une corne d'abondance.

SEBASTE in Phrygia.

Π. CЄΠ. ΓЄΤΑC. ΚΑΙ. Tête nue de Géta. 2

℞. CЄΖΑCΤΗΝΩΝ. (sic) Le Dieu Lunus debout, le pied gauche posé sur un globe, tient de la droite une haste, & de la gauche un monticule, ou une pomme de pin.

Cette médaille a été rapportée, Tome III, page 255.

SCYTHOPOLIS in Syriæ decapolitana.

CЄΠ....... Tête comme dessus. 3

℞. CΚΥΘΟΠ...... ΔΝC. Une figure de femme debout, s'appuie sur une haste de la main droite. On voit à ses pieds la figure d'un homme nageant qui repréſente un fleuve.

Planche XXIX.

M. l'Abbé Belley a fait uſage de cette médaille dans une de ſes Diſſertations, Tome XXVI des Mémoires de l'Académie.

TRIPOLIS in Phœnicia.

Π. CЄΠΤΙΜΙ. ΓЄΤΑC. ΚΑΙCΑΡ. Tête nue de Géta. 2

ΤΡΙΠΟΛ...... Caſtor & Pollux debout en regard; une étoile ſur la tête de chacun, & un croiſſant entre eux deux.

NEOCÆSAREA in Ponto.

Il eſt douteux que la médaille rapportée par Vaillant (*page* 118, *l.* 23) avec la légende ΚΟΙΝΟΝ. ΝЄΟΚΑΙC. ΜΗΤ. ΕΤ. ΡΜΒ. *commune Neocæſarienſium, &c.* ait été bien lue. Sur une pareille toute ſemblable la légende eſt ΚΟΙΝ. ΠΟ. ΝЄΟΚΑΙC. ΜΗΤΡΟ, & ſignifie la communauté du Pont, dont la ville de *Néocéſarée* étoit la Métropole.

PLANCHE XXIX.

MACRINUS.

CAPITOLIAS in Syria trans-Jordanem.

AΥ. M. ΟΠЄ. CЄ. MAKPINOC. C. Tête de Macrin couronnée de laurier. 2

℞. KAΠITΩ. . . . . . . Temple à ſix colonnes, au milieu duquel eſt repréſenté une femme tourelée, debout, ayant un pied poſé ſur une proue de navire. Elle tient de la droite une tête humaine, & de la gauche une haſte.

CORICUS in Cilicia.
medaille de Macrin, cy après p. 261.

DAMASCUS in Cœlesyria.
AYT. K. M. ΟΠ. MAKPINOC. CEB. tête de Macrin couronnée de laurier.
℞. DAMAC. Deux temples au dessus l'un de l'autre. a l'un des cotés un autel au pied d'un large Escalier qui est en dehors, et par lequel on montoit au temple Superieur. a l'autre coté un arbre et une portion de montagne a laquelle les temples sont adherens . . . . 2.

LEUCAS in Cœleſyria.

AΥ. M. ΟΠЄΛ. MAKPЄINOC. CЄ. Tête comme deſſus. 1

℞. ΛЄΥΚΑΔΙΩΝ. ΔNC. Une figure en habit court ſur un quadrige, étend la main droite, & tient un globe de la main gauche.

M. l'Abbé Belley a rapporté cette médaille dans une de ſes Diſſertations.

SARDES in Lydia.

AΥΤ. M. ΟΠЄΛ. CЄΟΥ. MAKPINOC. Tête comme deſſus. 2

℞. CAPΔIANΩN. NЄΩKOPΩN. Type ordinaire de la Victoire.

SELEUCIA in Syria.
AY[illegible] K. M. ΟΠ. CEY. MAKPINOC. AYΓ. tete de Macrin comme dessus.
℞. CEΛEYKEΩN. AY. K. A. un enfant couché sur un lit en forme de siege et trois figures de femmes qui l'entourent en dansant, et qui tiennent chacune au dessus de lui un tambour d'une main et une baguette de l'autre main. 1. de 1768. . . . . 1.

SIDE in Pamphylia.

PLANCHE XXIX.

K. M. OП. CЄΥH. MAKPINOC. C. Tête de Macrin couronnée de laurier. 2

℞. CIΔHTΩN. Pallas debout, tient de la droite une patere, & de la gauche une corne d'abondance renverſée avec une haſte en travers.

Il y a lieu de croire qu'il y avoit KAI. AΦHCTHC. au lieu de KAI. AI. ΦHCTOΥ. ſur la médaille de Macrin que Vaillant a rapportée avec la légende ЄΠΙ. AΥP. ΦPONTΩNOC. KAI. AI. ΦHCTOΥ. BΥZANTIΩN. C'eſt une obſervation qui a déja été faite dans le Volume précédent, en donnant deux médailles de Sévere-Alexandre ſur leſquelles on lit AΦHCTHΣ.

Sur une autre médaille de Macrin, il a lu ЄΠΙ. ΔHMHTPIANOΥ. APXIЄPЄΩC. KOTIAЄΩN. On en a une ſemblable avec la légende ЄΠΙ. ΔHMHTPIANOΥ. KЄΛЄPOC. APX. KOTIAЄΩN. Les lettres APX. ſur cette médaille peuvent également ſignifier Archonte & Pontife. Les Magiſtrats de *Cotiæum* étoient Archontes, & cette magiſtrature pouvoit être exercée par des Pontifes. Il ſe peut bien cependant que le

PLANCHE XXIX.

Pontife Démétrianus ne ſoit nommé ſur ces médailles qu'en qualité d'Eponyme, les Magiſtrats ne faiſant pas toujours mettre leurs noms ſur les monnoies pour faire plus d'honneur à ceux que le Sénat éliſoit chaque année pour Eponymes. On trouve encore un Pontife nommé ſans autre qualité ſur les deux médailles ſuivantes de cette ville.

COTIÆUM in Phrygia.

M. ΙΟΥΛΙΟΥ. ΦΙΛΙΠΠΟΥ. ΑΥΓ. Tête radiée de Philippe pere. 2

℞. ΕΠΙ. ΙΟΥ. ΠΟΝΤΙΚΟΥ. ΑΡΧΙΕΡΕΩϹ. ΚΟΤΙΑΕΩΝ. Cybelle ſur un char tiré par deux lions.

Idem. M. ΩΤΑΚΙΛ. ϹΕΥΗΡΑ. ϹΕ. Tête d'Otacilla Sévéra. 2

℞. ΕΠΙ. Γ. ΙΟΥ. ΠΟΝΤΙΚΟΥ. ΑΡΧΙΕΡΕ. ΚΟΤΙΑΕΩΝ. Le type ordinaire de la Fortune.

DIADUMENIANUS.

THESSALONICA in Macedonia.

M. ΟΠΕΛ. ΑΝΤΩΝΕΙΝΟϹ. ΔΙΑΔΟΥΜΕΝΙΑΝΟϹ. ΚΑΙ. Tête nue de Diaduménien. 2

℞.

℞. ΘΕϹϹΑΛΟΝΙΚΕΩΝ. Type ordinaire de la Victoire.

PLANCHE XXIX.

THYATIRA in Lydia.

ΑΥΤ. Κ. Μ. ΟΠ. ΑΝΤ. ΔΙΑΔΟΥΜΕΝΙΑΝΟϹ. ϹΕΒ. Tête de Diaduménien couronnée de laurier. M

℞. ΕΠΙ. ϹΤΡ. Μ. ΑΥΡ. ΔΙΑΔ. . . . . . ΘΥΑΤΕΙΡΗΝΩΝ. Trois figures debout; au milieu Apollon nu tient de la droite une branche de laurier, & de la gauche une double hache. A droite, Macrin s'appuie de la main gauche ſur une haſte, & tient de la main droite une patere au-deſſus d'un autel qui eſt entre lui & Apollon. A gauche, Diaduménien s'appuyant d'une main ſur une haſte, ſemble tendre l'autre vers Apollon.

Ce médaillon a été rapporté dans le Volume précédent, page 100.

ILIUM in Troade.

ΔΙΑΔΟΥΜΕ. . . . Tête nue de Diaduménien. 3

℞. ΙΛΙΕΩΝ. Pallas debout étend la main droite, & tient une haſte de la main gauche.

PLANCHE XXIX.

GERMANICIA CÆSAREA in Syria.

K. M. OΠ. ΔΙΑΔΟΥΜƐΝΙΑΝΟC. Tête nue de Diaduménien. 3

℞. KAICAPƐIAC. ΓƐPMANIKHC. Vénus debout éleve la main droite au-dessus de sa tête, & porte la gauche sur son côté.

CIBYRA in Phrygia.

M. OΠ. ANTωNINOC. ΔI. KA. Buste de Diaduménien tête nue. 2

℞. KIBYPATΩN. Type ordinaire de la Fortune.

SAGALASSUS in Pisidia.

M. OΠƐΛ. ANTΩNƐINOC. ΔIAΔOYMƐ-NIANOC. KAICAP. Tête nue. 1

℞. ΛAKƐΔAIM. CAΓAΛACCƐΩN. Une figure d'homme en habit militaire tenant de la droite une patere, est couronné par une Victoire qui est derriere lui.

Cette médaille a été rapportée, Tome III, page 219.

MACEDONIA.

N°. 8. AY. KƐ. MA. OΠ. AN. ΔIAΔOYMƐNIA-NOC. Tête couronnée de laurier. 2

℞. KOI. MAKƐΔONΩN. NƐΩKOPΩ. Diaduménien à cheval, tient la main droite élevée & étendue.

PLANCHE XXIX.

ELAGABALUS.

ÆGIUM in Achaia.

M. ΑΥΡΗ. ΑΝΤωΝΙΝΟC. Tête d'Elagabale couronnée de laurier. 2

℞. ΑΙΓΙЄΩΝ. Jupiter debout tient de la droite un aigle, & de la gauche une haste en travers.

AMPHIPOLIS in Macedonia.

ΑΥ. Κ. Μ. ΑΥΡ. ΑΝΤΩΝΙΝΟC. C. Tête comme dessus. 3

℞. ΑΜΦΙΠΟΛΙΤΩΝ. Une figure de femme tourelée assise devant un autel, tient de la main droite une patere.

ACMONIA in Phrygia.

Α. Κ. Μ. ΑΥ. ΑΝΤΩΝΙΝΟC. Tête comme dessus. 2

℞. ЄΠΙ. ΦΛ. ΠΡЄΙCΚΟΥ. ΑΚΜΟΝЄΩΝ. Jupiter assis, tient de la droite une patere, & de la gauche une haste.

ARADUS in Syria.

ΑΥΤ. Κ. Μ. ΑΥΡ. ΑΝΤωΝΙΝΟC. Tête comme dessus. 2

℞. ΑΡΑΔΙωΝ. Є. ΖΟΥ. Un Cyprès fort

PLANCHE XXIX.

EPHESVS in Ionia. medaillon S.II. p. 78. ΠΡΩΤΩΝ. ΠΑΣΩΝ. ΚΑΙ. ΜΕΓΙC.

élevé entre un taureau & un lion. A côté de chacun d'eux, on voit une enſeigne militaire.

ISAURUS in Iſauria.

AΥ. K. M. AΥ. ANTΩNINOC. Tête d'Elagabale couronnée de laurier. 2

℟. MHTPOΠOΛEΩC. ICAΥPΩN. Deux figures debout. L'une paroît être Apollon nu qui joint ſa main droite à celle d'Elagabale en habit militaire, lequel s'appuie de la gauche ſur une haſte. Apollon tient de la même main abaiſſée une branche de laurier.

Cette médaille a été rapportée, Tome II, page 139.

CALLATIA in Mœſia.

Idem. 2

℟. KAΛΛATIANΩN. Une porte de ville. Au-deſſus la lettre Є.

CYRRHUS in Syria.

Idem. 1

℟. KΥPPHCTΩN. ΔIOC. KATAIBATOΥ. Jupiter aſſis dans un Temple à quatre colonnes, tient de la droite un foudre, & de la gauche une hafte. Un aigle eft à fes pieds.

PLANCHE XXIX.

MILETOPOLIS in Myfia.

ΑΥΤ. ΚΑΙ. ΜΑΡ. ΑΝΤΩΝЄΙΝΟC. Tête d'Elagabale couronnée de laurier. 2

℞. ЄΠΙ. C. ΦΙΛΙΠΠΟΥ. ΜЄΙΛΗΤΟΠΟΛΙΤΩΝ. Type ordinaire de la fortune.

MYRINA in Æolia.

ΑΥΤΟΚΡΑ. ΚΑΙ. Μ. ΑΥΡΗΛΙΟC. ΑΝΤΩΝЄΙΝΟC. Tête comme deffus. I

℞. ЄΠΙ. CΤΡ..... ΟCΤΟΥ. ΤΟΥ. ΑΤΤΑΛΟΥ. ΜΥΡЄΙΝΑΙΩΝ. La Fortune & Bacchus debout en regard avec leurs attributs ordinaires.

SELEUCIA in Syria.

ΑΥΤ. Κ. Μ. Α. ΑΝΤΩΝЄΙΝΟC. Tête comme deffus. 2

℞. CЄΛЄΥΚЄΩΝ. Le Soleil fur un quadrige, tient d'une main un fouet, & de l'autre main un globe.

SIDE in Pamphylia.

ΑΥΤ. ΚΑΙ. Μ. ΑΥΡ. ΑΝΤΩΝЄΙΝ. Tête comme deffus. 2

℞. CΙΔΗΤΩΝ. Une figure de femme

PERINTHUS in Thracia.
médaille d'Elagabale avec le prenom de CEYHPOC. . . . p. 289.

PELLA in Syria.
M. AY. K. . . ANTΩNINOC. tête d'Elagabale couronnée de laurier.
℞. ΠΕΛΛΑ. . . temple a quatre colonnes au milieu duquel est une figure nuë debout tenant de la droite quelque chose qu'on ne peut bien distinguer et de la gauche une espece d'arc . . — . . 2.
lettre de 1768.

SARDES in Lydia.
Deux medaillons S. 11. p. 79.

PLANCHE XXIX.

casquée debout, paroît tenir de la droite des fruits au-dessus d'un vase à anses, & de la gauche une branche de palmier.

TRALLES in Lydia.

N°. 9. ΑΥΤ. Κ. Μ. ΑΥΡ. ΑΝΤΩΝΕΙΝΟϹ. Tête d'Elagabale couronnée de laurier. M

℞. ΕΠ. ΓΡ. . . . . ΙΔΟΥ. ΤΡΑΛΛΙΑΝΩΝ. ΝΕΩΚΟΡΩΝ. ΤΩΝ. ϹΕΒΑϹΤΩΝ. Une table sur laquelle sont trois couronnes. On lit dans l'une ΟΛΥΜΠΙΑ, dans celle du milieu ΑΥΓΟΥϹΤΕΙΑ, & dans la troisieme ΠΥΘΙΑ.

TRAPEZUS in Ponto.

ΑΥ. Κ. Μ. ΑΥ. ΑΝΤωΝΕ. Tête comme dessus. 2

℞. ΤΡΑΠΕΖΟΥΝ. ΕΤ. ΡΝΕ. Le Dieu Lunus à cheval, au-devant duquel est un autel d'où s'éleve de la flamme.

Cette médaille a été rapportée, Tome III, page 204.

HYPÆPA in Lydia.

ΑΥ. ΚΑΙ. Μ. ΑΥ. ΑΝΤΩΝΕΙΝΟϹ. Tête comme dessus. M.

℞. ΕΠΙ. ΚΗΡΙΝΘΟΥ. Δ. ϹΤΡΑΤ. Α. ΥΠΑΙΠΗΝΩΝ. Junon *Pronuba*, ou Diane

autre médaillon frappé dans la même ville. S. 11. p. 80. contremarque.

Cette Medaille est Relative à la Page 190.

Perſique debout en face. A ſon côté la Fortune auſſi debout tenant de la droite des épis & un gouvernail de vaiſſeau. Au-deſſus, entre les deux figures, les ſignes du Soleil & de la Lune. Au bas, derriere la Fortune, un vaſe rempli de fruits.

PLANCHE XXIX.

R. ΑΥΤ. Κ. Μ. Α. ΑΝΤ. Tête d'Elagabale radiée. 3

R. S. C. (K, A) dans un cercle au milieu d'une couronne.

Il y a beaucoup de médailles ſemblables communes qui ont avec S. C. les lettres Δ. Є. dont chacun fait la ſignification; mais on ignore ce que ſignifient les lettres Κ. Α. qui ſont ſur celle-ci. Peut-être ſont-elles miſes pour Κοινὸν Ἀντιοχέων.

MARCIANOPOLIS in Thracia.

Vaillant (*page* 128, *l.* 26) a lu ſur une médaille d'Elagabale ΥΠ. CЄΡ. ΤΑΤΙΑΝΟΥ. ΜΑΡΚΙΑΝΟΠΟΛΙΤΩΝ. *ſub Servio Tatiano.* Une autre du même Empereur a pour légende ΥΠ. CЄΡΓ. ΤΑΤΙΑΝΟΥ. ainſi ce Magiſtrat s'appelloit *Sergius*, non pas *Servius.*

Sur une autre médaille il a lu (*page* 129, *l.* 23) ΡΑΦΑΝΕΩΤΩΝ. Sur toutes

PLANCHE XXIX.

celles que l'on a de cette ville on lit ΡΕΦΑΝΕΩΝ & ΡΕΦΑΝΕΩΤΩΝ. Elles ont toutes le même type. Vaillant n'en rapporte que sous Elagabale ; on en a une semblable de Sévere-Alexandre.

TRIPOLIS in Syria. T. III. p. 259.

La médaille qu'il a donnée (*page* 130, *l.* 11) avec la légende ΤΥΡ. ΙΕΡ. ΑΣ. ΝΑΥΑΡΧ. ΒΛΦ. a été aussi mal lue. Elle est de la ville de *Tripolis* de Phénicie, comme il sera marqué ci-après au Chapitre des Villes qui marquoient des époques sur leurs monnoies.

JULIA PAULA.

ANAZARBUS in Cilicia.

I. ΚΟΡ. ΠΑΥΛΑ. ΣΕΒ. Tête de Julia Paula. 1

℞. ΜΗΤΡΟΠΟΛΕΩΣ. ΕΝΔ. ΑΝΑΖΑΡΒ. ΕΤ. ΗΑΣ. Un char tiré par deux bœufs, sur lequel est une figure de femme qui les conduit, & dont la tête est entourée d'un voile. Dans le champ en haut Α. Μ. Κ, en bas sous les bœufs Γ. Β.

Cette médaille a été rapportée, Tome III, page 242.

ANTANDROS

ANTANDROS in Myſia.

PLANCHE XXIX.

ΚΟΡΝΗΛΙΑ. ΠΑΥΛΑ. Tête de Julia Paula. 3

℟. ΑΝΤΑΝΔΡΙΩΝ. Type ordinaire d'Eſculape.

GAZA in Palæſtina.

ΚΟΡΝ. ΠΑΥΛΑ. Tête comme deſſus. 3

℟. ΓΑΖΑ. ΠC. Une figure en habit court devant un grand arbre, tend la main vers un bœuf ou taureau qui eſt à ſes pieds.

CORCYRA Inſula.

.....ΠΑΥΛΑ. CEBAC. Tête comme deſſus. 2

℟. ΚΟΡΚΥΡΑΙΩΝ. Pégaſe volant.

CHALCEDON in Bithynia.

ΙΟΥΛ. ΚΟΡΝ. ΠΑΥΛ..... Tête comme deſſus. 2

℟. ΚΑΛΧΑΔΟΝΙΩΝ. Une figure de femme aſſiſe ſur un cheval marin.

Cette médaille a été rapportée dans le précédent Volume, page 103.

PLANCHE XXX. N°. 1.

PERINTHUS in Thracia.

ΙΟΥΛΙΑ. ΚΟΡΝΗΛ. ΠΑΥΛΑ. Tête comme deſſus. 2

PLANCHE XXX.

℞. ΓΕΡΙΝΘΙΩΝ. ΔΙϹ. ΝΕΩΚΟΡϹΝ. Une figure de femme debout devant un autel, tient une patere de la droite, & une corne d'abondance de la gauche.

TRIPOLIS in Phœnicia.

ΙΟΥΛΙΑ. ΠΑΥΛΑ. ϹΕΒΑϹΤΗ. Tête de Julia Paula. 1

℞. ΤΡΙΠΟΛΙΤΩΝ. ΒΛΦ. Temple à quatre colonnes dans le milieu duquel eſt un autel, & à chaque côté une figure debout.

ANTIOCHIA ad Orontem. M. I. p. 103

AQUILIA SEVERA.

GABALA in Syria.

ΙΟΥ. ΑΚΟΥΛΙΑ. ϹΕΟΥΗΡΑ. Tête d'Aquilia Severa. 2

℞. ΓΑΒΑΛΕΩΝ. ϹΞΗ. Figure de femme tourelée, aſſiſe, tient de la droite un vaſe à anſes, & de la gauche une haſte.

CÆSAREA ad Panium in Syria.

..... ϹΕΥΗΡΗ. Tête comme deſſus. 2

℞. ΚΑΙϹ. ΠΑ. ϹΕ. .... ϹΚΓ. Le Dieu Pan appuyé ſur un tronc d'arbre, joue de la flûte : à ſes pieds un cerf ou une chevre.

JULIA SOÆMIAS.

PLANCHE XXX.

APHRODISIAS in Caria.

IOΥΛΙΑ. ϹΟΑΙΜΙΑϹ. Tête de Julia Soæmias. 1 N°. 2.

℟. ΑΦΡΟΔΕΙϹΙΕΩΝ. Iſis ou Vénus debout, ayant à ſes pieds, d'un côté une petite figure aſſiſe, & de l'autre côté un vaſe ou corbeille contenant quelque choſe qu'on ne peut bien diſtinguer; elle tient de la droite une fleur ſuivant les apparences.

CORCYRA Inſula.

IOΥΛΙΑ. ϹΟΑΙΜΙΑϹ. ϹЄΒ. Tête comme deſſus. 2

℟. ΚΟΡΚΥΡΑ.... Un navire naviguant, avec des rameurs.

SMYRNA in Ionia.

IOΥΛΙΑ. ϹΟΑΙΜΙΑϹ. Tête comme deſſus. 2

℟. ϹΜΥΡΝΑΙΩΝ. Γ. ΝЄΩΚΟΡΩΝ. Un Temple à quatre colonnes dans lequel eſt le ſimulacre de la Fortune avec ſes attributs ordinaires.

PLANCHE XXX.

JULIA MÆSA.

LAODICEA in Phrygia.

N°. 3. ΙΟΥΛΙΑ. ΜΑΙϹΑ. ϹЄ. Tête de Julia Mæſa. 3

R/. ΛΑΟΔΙΚЄΩΝ. ΝЄΩΚΟΡΩΝ. ΔΟΓΜΑ. ϹΥΝΚΛΗΤ. Pallas aſſiſe, tient de la droite une Victoire, & la gauche eſt appuyée ſur un bouclier poſé à terre.

SARDES in Lydia.

Idem. 3

R/. ϹΑΡΔΙΑΝΩΝ. ΤΡΙϹ. ΝЄΩΚΟΡΩΝ. Le Dieu Lunus debout, tient de la droite un globe, & de la gauche une haſte.

ΙΟΥΛ. ϹΟΑΙΜΙΑϹ. ϹЄΒ. g. b.
R/. L. A. pallas debout tenant de la droite une victoire, de la gauche une haste, a ses pieds un autel M. I. pl. XXIV. N°. 9.

SEV. ALEXANDER.

ABA in Caria.
ΑΥΤ. Κ. Μ. ΑΥΡ. ϹЄ. ΑΛЄΞΑΝΔΡΟϹ.
tête de Severe alexandre couronnée de laurier.
R/. ΑΒЄΩΝ. le dieu Lunus debout. 1.
S. III. p. 134.

HADRIANOPOLIS in Bithynia.

ΑΥΤ. Κ. Μ. ΑΥ. ϹЄ. ΑΛЄΞΑΝΔΡΟϹ. Tête de Sév. Alexandre couronnée de laurier. 1

R/. ϹЄ. ΑΛЄΞ. ΑΔΡΙΑΝΟΠΟΛ. ΑΡΧ. ΔΙΟΦΑΝΤΟΥ. Type ordinaire de la Victoire.

Cette médaille a été rapportée, Tome III, page 210.

ΒΥΖΑΝΤΙΩΝ.
ЄΠ. ΦΡΟΝΤΩΝΟϹ. ΚΑΙ. ΑΦΡΙϹΤΗϹ.
deux médailles grand bronze avec divers types.
M. I. p. 58.

ETENNA in Pamphylia.

PLANCHE XXX.

.....CЄΥΗ. ΑΛЄΞΑΝΔ.... Tête de Sévere-Alexandre couronnée de laurier. 1

℞. ЄΤЄΝΝЄΩΝ. Un grand panier rempli de fruits. D'un côté on voit une figure ſur un cippe, appuyée d'une main ſur une maſſue, & tenant de l'autre main une eſpece de ſerpette. De l'autre côté une autre figure poſée pareillement ſur un cippe, appuie ſa droite ſur un bouclier, & tient de la gauche une corbeille qui ſemble être auſſi remplie de fruits.

Cette médaille eſt rapportée, T. III, p. 222.

GERMANICIA CÆSAREA in Syria.

M. ΑΥΡ. CЄΥΗ. ΑΛЄΞΑΝΔΡΟC. ΑΥΓ. Tête comme deſſus. 2 N°. 4.

℞. ΚΑΙCΑΡЄΙΑC. ΓЄΡΜΑΝΙΚΗC. Un type inconnu qu'on pourroit prendre pour une enſeigne militaire, ou pour une fontaine ornée de figures. A droite une corne d'abondance. A gauche un capricorne ou un oiſeau ſur une perche.

THYATIRA in Lydia.

ΑΥΤΟΚΡ. Κ. Μ. ΑΥΡ. CЄΒΗΡΟC. ΑΛЄΞΑΝΔΡΟC. Tête comme deſſus. M N°. 5.

PLANCHE XXX.

℞. ЄΠΙ. CTP. AΥP. KЄNTAΥPOΥ. ΔΙΟ. ΘΥΑΤЄΙΡΗΝΩΝ. Le Soleil en face, la tête entourée de rayons, debout ſur un arc-en-ciel, tient la droite étendue, & a un globe dans la gauche. Sous l'arc, on voit trois lions, & plus bas de chaque côté une tête de bœuf.

CALLATIA in Mœſia.

M. AΥP. CЄΥ. AΛЄΞANΔPOC. AΥΓ. Tête de Sévere-Alexandre couronnée de laurier. 2

KYZICUS in mysia. L. II. pl. III. n° 11.

℞. KAΛΛATIANΩN. Hygée avec ſes attributs. Dans le champ la lettre E.

CYME in Æolia.

N°. 6. M. AΥP. AΛЄΞANΔPOC. KAI. Tête nue de Sévere-Alexandre. 1

℞. ЄΠΙ. CTP. M. AΥP. AΛЄΞANΔPȣ. ЄΥΤΥΧΙΑΝΟΥ. Jupiter aſſis, tient de la droite un aigle, & de la gauche une haſte. A l'exergue KΥMAIΩN.

MAGNESIA in Lydia.

A. K. M. AΥP. CЄΥ. AΛЄΞANΔPOC. Tête couronnée de laurier. 1

℞. ЄΠΙ. CTPA. AΥP. ЄPAΞЄINOΥ. autour

d'une couronne dans laquelle est écrit ЄN-ΜΟΝΙΔЄΙΑ. ΜΑΓΝΗΤΩΝ. CΙΠΥΛΟΥ.

PLANCHE XXX.

Cette médaille a été rapportée, Tome III, page xxv.

MIDÆUM in Phrygia.

M. ΑΥΡ. CЄΥ. ΑΛЄΞΑΝΔΡΟC. ΑΥΓ. Tête couronnée de laurier. 2

R/. ΜΙΔΑЄΩΝ. Hercule appuyé sur sa massue, porte le petit Telephe que regarde une biche qui est à ses pieds.

NEAPOLIS in Samaria.

ΑΥ. Κ. CЄ. ΑΛЄΞΑΝ. CЄΒ. Tête comme dessus. 3

R/. ΦΛ. ΝЄΑCΠΟΛ......CΥ. Le mont Garizim avec un Temple sur son sommet.

Nicopolis in Syria. médaille rapportée S. 1. p. 88.

ORTHOSIAS in Phœnicia.

M. ΑΥΡ. ΑΛЄΞΑΝΔΡΟC. ΚΑΙCΑΡ. Tête de Sévere-Alexandre couronnée de laurier. 2

R/. ΟΡΘΩCΙЄΩΝ. ΓΛΦ. Un Temple à quatre colonnes avec un escalier de chaque côté. Dans le Temple, Astarte debout, le pied gauche posé sur un globe, tient de la droite une haste, & de la gauche une

PLANCHE XXX.

corne d'abondance. Du même côté gauche, une Victoire placée ſur une colonne, lui met une couronne ſur la tête. Un autel eſt devant le Temple entre les deux eſcaliers.

Idem. Une autre ſemblable avec la date BΛΓ. 2

La premiere de ces deux médailles a été rapportée, Tome III, page 245.

PRUSA in Bithynia ad Hippum fluvium.

M. ΑΥΡ. CЄΥ. ΑΛЄΞΑΝΔΡΟC. ΑΥΓ. Tête de Sévere-Alexandre couronnée de laurier. 2

℞. ΠΡΟΥCΙЄΩΝ. Tête avec un peu de barbe, couronnée de laurier.

SELEVCIA in Cilicia.

Deux medailles de Severe Alexandre add. cy après. p. 864.
Voyez aussi S. 11. p. 57.

SCEPSIS in Troade.

M. ΑΥΡ. ΑΛЄΞΑΝΔΡΟC. Tête de Sévere-Alexandre comme deſſus. 1

℞. CΚΗΨΙΩΝ. ΔΑΡΔΑΝΙΩΝ. Buſte d'un homme barbu couronné de pampres avec un vaſe au-deſſus de ſa tête, tenant de la main droite un autre vaſe.

Idem. ΑΥ. Κ. Μ. ΑΥ. CЄ. ΑΛЄΞΑΝΔΡΟC. Tête comme deſſus. 2

℞.

℞. CKHΨΙΩΝ. ΔΑΡΔΑ. Bacchus nu, debout, tient de la droite un pot, & de la gauche un thyrſe. A ſes pieds une panthere. PLANCHE XXX.

SYEDRA in Pamphylia.

A. K. M. ΑΥΡ. CЄΟΥΗ. ΑΛЄΞΑΝΔΡΟC. Tête de Sévere-Alexandre couronnée de laurier. I

℞. CΥЄΔΡЄΩΝ. au milieu d'une couronne.

La médaille de Sévere-Alexandre que Vaillant a donnée avec la légende ΑΥΤΟΜΑΛΗΣ. ΜΗΤΡΟΠΟΛЄΩC. ΛΥΒΙΚΗC. eſt eſtimée fauſſe par les raiſons qui en ont été alléguées, Tome III, page 173.

JULIA MAMÆA.

ANAZARBUS in Cilicia.

ΙΟΥ. ΜΑΜΑΙΑΝ. CЄΒ. Tête de Mamée. 2

℞. ΑΝΑ. ЄΝΔΟΞ. ΜΗΤ. Γ. Β. Temple à dix colonnes.

DIOSHIERITÆ in Lydia.

ΙΟΥΛΙΑ. ΜΑΜЄΑ. CЄΒ. Tête comme deſſus. 2 N°. 7.

PLANCHE XXX.

℞. ЄΠΙ. CTPA. M. OPΔ. CATOPNЄINOϒ. ΔIOCIЄPЄITΩN. Jupiter aſſis, tient de la droite une patere, de la gauche une haſte.

SIDE in Pamphylia.

IOϒΛIA. MAMЄA. C. Tête de Mamée. 1

℞. CIΔHTΩN. Pallas debout, porte la main droite ſur un trophée, & tient une haſte de la main gauche. Dans le champ eſt une urne avec deux branches de palmier.

TOMI in Mœſia.

IOϒΛIA. MAMAIA. CЄB. Tête comme deſſus. 3

℞. TOMЄ. ΠONT. Type ordinaire de la Fortune.

TRALLES in Lydia.

IOϒΛIA. MAMAIA. Tête comme deſſus. 3

℞. TPAΛΛIANΩN. Une corne d'abondance.

PHOCEA in Ionia.

IOϒ. MAMЄA. CЄBACTH. Tête comme deſſus. 2

℞. ЄΠ. C. M. A.....NOΥ. TO. B. ΦΩKAI. Une proue de navire ſur laquelle ſont les bonnets des Dioſcures.

PLANCHE XXX.

PHILADELPHIA in Lydia.

ΙΟΥΛΙΑ. ΜΑΜЄΑ. ϹЄΒ. Tête de Mamée. 2

℞. ЄΠΙ. ΙΟΥ. ΑΡΙϹΤΟΜΟΥ. ΑΡΧ.... Α. ΦΙΛΑΔЄΛΦЄΩΝ. ΝЄΩΚΟ. Temple à deux colonnes dans lequel une figure de femme debout, tient de la droite une pomme, ayant la gauche appuyée ſur ſon côté.

MAXIMINUS.

ACMONIA in Phrygia.

ΑΥΤ. Κ. Γ. ΟΥΗ.. ΜΑΞΙΜЄΙΝΟϹ. Tête de Maximin couronnée de laurier. 2

℞. ΑΚΜΟΝЄΩΝ. Figure de femme tourelée, aſſiſe, tenant de la droite une patere. A ſes pieds un animal qui la regarde.

ANAZARBVS in Cilicie médaille avec une Epoque S. II. pl. vij.

HALICARNASSUS in Caria.

ΑΥΤ. ΚΑΙϹ. Γ. ΙΟΥ. ΒΗΡΟϹ. ΜΑΞΙΜЄΙΝΟϹ. Tête comme deſſus. M

℞. ЄΠΙ. Κ...ΡΟΥΦΟΥ. ЄΥΤΥΧΟΥϹ. ΑΛΙΚΑΡΝΑϹϹЄΩΝ. Une femme debout, tient

A a ij

PLANCHE XXX.

de la droite une torche allumée. Au-devant eſt un grand cippe ſur lequel on voit une cuiraſſe.

THEMISONIUM in Phrygia.

N°. 8. ΑΥ.Κ.Γ.ΙΟΥ.ΟΥΗΡ.ΜΑΞΙΜΕΙΝΟϹ. Tête de Maximin couronnée de laurier. M

℞. ΘΕΜΙϹΩΝΕΩΝ. Trois figures nues debout. Au milieu Hercule avec ſa maſſue & une peau de lion. A droite, Caſtor tenant un cheval par la bride. A gauche, Mercure avec ſa bourſe dans une main, tient de l'autre main un caducée en travers ſur ſon épaule.

CIBYRA in Phrygia.

ΑΥ. Κ. Γ. ΙΟ. ΥΗ. ΜΑΞΙΜΕΙΝΟϹ. ϹΕΒ. Κ. Γ. ΙΟ. ΥΗ. ΜΑΞΙΜΟϹ. ΚΑΙϹΑΡ. Tête de Maximin couronnée de laurier, en regard de celle de Maxime nue. I

℞. ΚΑΙϹΑΡΕωΝ. ΚΙΒΥΡΑΤωΝ. Ν. ΕΤΟΥϹ. ΒΙϹ. Une figure de femme debout, tient de la droite une longue torche, & de la gauche un panier ſur ſa tête.

M. l'Abbé Belley a rapporté cette médaille dans une de ſes Diſſertations, Tome XXIV. des Mémoires de l'Académie.

LAS in Laconia.

PLANCHE XXX.

Γ. ΙΟΥ. ΟΥΗΡ. ΜΑΞΙΜЄΙΝΟϹ. ϹЄΒ. Tête de Maximin couronnée de laurier. 2

℞. ΛΑωΝ. Une tête de femme tourelée ayant devant elle un ſceptre, & au-deſſous trois monticules.

Cette médaille a été rapportée, Tome III, page 190.

PRUSA in Bithynia ad Olympum montem.

Γ. ΙΟΥ. ΟΥΗ. ΜΑΞΙΜЄΙΝΟϹ. ΑΥΓ. Tête de Maximin comme deſſus. 2

℞. ΠΡΟΥϹΑЄΩΝ. Type ordinaire de la Fortune.

SARDES in Lydia.

ΑΥΤ. Κ. Γ. ΙΟΥ. ΟΥΗ. ΜΑΞΙΜЄΙΝΟϹ. ϹЄΒ. Tête comme deſſus. M

℞. ЄΠΙ. ϹЄΠΤ. ΜΑϹ. . . . . ΑΡΧ. ϹΑΡΔΙΑΝΩΝ. ΔΙϹ. ΝЄΩΚΟΡΩΝ. Le ſimulacre de Proſerpine entre deux petits Temples à quatre colonnes, au-deſſus de chacun deſquels eſt une couronne.

SIDE in Pamphylia.

ΑΥΤ. Κ. Γ. . . . ΟΥΗ. ΜΑΞΙΜ. Tête comme deſſus. 2

PLANCHE XXX.

℟. CIΔHTΩN. Type ordinaire de l Fortune.

SCEPSIS in Troade.

N°. 9. AΥT. Γ. IOΥ. OΥ. MAΞIMЄINOC. Têt de Maximin couronnée de laurier.

℟. CKHΨIΩN. ΔAPΔANIΩN. Bacchu debout avec ſon pot & ſon thyrſe, & un panthere à ſes pieds.

SMYRNA in Ionia.

A. K. MAΞIMЄINOC. K. MAΞIMOC. KAI Têtes en regard de Maximin & de Maxi me. 2 &

TARSUS in Ciliciâ. médaillon. S. II. p. 81.

℟. CMΥPNAIΩN. Γ. NЄΩKOPΩN. Her cule debout, tient de la droite un vaſe, & de la gauche ſa maſſue élevée.

MAXIMUS.

APOLLONIA in Ionia.

Γ. IO. Υ. MAΞIMOC. Tête nue de Maxi me.

℟. AΠOΛΛΩNIATΩN. Le Dieu Par tient en marchant un bouc par les corne de la main droite, & porte un bâton paſto ral de la main gauche. (*Voyez* Planche XXIX, Numéro 10).

1.
Æ
2.
ΙΟΥΛΙΑ ΣΟΑΙΜΙΑΣ
Æ
ΑΦΡΟΔΕ ΙΣΙΕΩΝ
3.
Æ
4.
Æ
5.
ΑΥΤ.ΚΑΙ.Μ.ΑΥΡ.ΣΕΒΗΡΟΣ.ΑΛΕΞΑΝΔΡΟΣ
Æ
ΘΥΑΤΕΙΡΗΝΩΝ
6.
Μ.ΑΥΡ.ΑΛΕΞΑΝΔΡΟΣ.ΚΑΙ
Æ
ΚΥΜΑΙΩΝ
7.
ΙΟΥΛΙΑ ΜΑΜΕΑ ΣΕΒ
Æ
8.
Æ
9.
Æ

THESSALONICA in Macedonia.

PLANCHE XXX.

Γ. ΙΟΥ. ΟΥΗΡ. ΜΑΞΙΜΟϹ. ΚЄ. (*sic*) Tête nue de Maxime. 2

R/. ΘЄϹϹΑΛΟΝΙΚЄΩΝ. Un Cabire tient de la droite une enclume, comme l'on croit, & de la gauche un marteau. A ſes pieds on voit de chaque côté une branche de palmier dans un vaſe.

Idem. Autre médaille avec la même légende & le type de la Victoire. 2

CIBYRA in Phrygia.

Γ. ΙΟ. ΥΗ. ΜΑΞΙΜΟϹ. Κ. Tête comme deſſus. 3

R/. ΚΙΒΥΡΑΤΩΝ. Mercure avec ſa bourſe & ſon caducée.

COTIÆUM in Phrygia.

Γ. ΙΟΥ. ΟΥΗ. ΜΑΞΙΜΟϹ. Κ. Tête comme deſſus. 2

R/. ЄΠΙ. ΠΑΙ. ЄΡΜΑΦΙΛΟΥ. ΑΡΧ. Β. ΚΟΤΙΑЄΩΝ. Le type de la Fortune.

Idem. 2

R/. Même légende. Une figure nue, debout, tient de la droite un flambeau allumé.

PLANCHE XXX.

PEDNELISSUS in Pisidia.

Γ. ΙΟ. ΥΗ. ΜΑΞΙΜΟC. Tête nue de Maxime. 3

R̸. ΠΕΔΝΗΛΙCCΕΩΝ. Une figure de femme assise, tient de la droite une patere, de la gauche une haste.

Cette médaille a été rapportée, Tome III, page 254.

TIOS in Paphlagonia.

Γ. ΙΟΥ. ΟΥΗ. ΜΑΞΙΜΟC. Tête comme dessus. 2

R̸. ΤΙΑΝΩΝ. Neptune debout, tient de la droite un trident. A ses pieds, derriere lui, est une proue de navire.

PLANCHE XXXI. N°. 1.

TOMI in Mœsia.

Γ. ΙΟΥΛ. ΟΥΗΡ. ΜΑΞΙΜΟC. ΚΑΙC. ΓΕΡ. Tête comme dessus. 2

R̸. ΜΗΤΡΟΠ. ΠΟΝΤΟΥ. ΤΟΜΕΩΣ. Castor & Pollux nus jusqu'à la ceinture, ayant chacun une étoile au-dessus de la tête, sont assis à côté l'un de l'autre tenant également une patere de la main droite. Dans le champ est la lettre Δ.

BALBINUS.

BALBINUS.

Planche XXXI.

TARSUS in Cilicia.

ΑΥΤ. ΚΑΙϹ. ΚΑΙΛΙ. ΒΑΛΒЄΙΝΟϹ. ϹЄΒ. Tête de Balbin couronnée de laurier. M

℞. ΤΑΡϹΟΥ. ΜΗΤΡΟΠΟΛ. Α. Μ. Κ. Β. Γ. L'Empereur à cheval lance un dard contre un lion qui eſt ſous le cheval.

Idem. Un autre médaillon avec les mêmes légendes, dont le type eſt Pallas aſſiſe, qui tient de la droite une Victoire, & de la gauche une haſte. M

PUPIENUS.

MILETUS in Ionia.

ΑΥΤ. Κ. Μ. ΚΛ. ΠΟΥΠΙΗΝΟϹ. Κ. ΑΥΤ. Κ. ΚΑΙ. ΒΑΛΒΕΙΝΟϹ. Κ. ΑΝ. ΓΟΡΔΙΑΝΟϹ. ΚΑΙϹΑΡ. Têtes couronnées de Pupien à droite, de Balbin à gauche, & au milieu celle de Gordien jeune ſans couronne. M

℞. ΕΠΙ. ΑΡΧ. ϹΕΚΟΥΝΔ. ΜΙΛΗϹΙΩΝ. (ſic) ΝΕΟΚΟΡΩΝ. Temple à quatre colonnes, au milieu duquel Apollon nu, debout, eſt poſé ſur un cippe, tenant de la droite un cerf. A ſes pieds, ſur le bord du cippe, eſt

PLANCHE XXXI.

un petit autel d'où il s'éleve de la flamme. De chaque côté du Temple on voit une figure tenant un flambeau allumé, comme pour y mettre le feu.

Ce médaillon a été rapporté, Tome III, page 237.

GORDIANUS *Pius.*

ADRAMYTIUM in Mysia.

AYT. K. M. ANT. ΓΟΡΔΙΑΝΟC. Tête de Gordien couronnée de laurier. 2

R/. Є. CTP. ΑΠΟΛΙΝΑΡΙΟΥ. ΑΔΡΑΜΥΤΗΝΩΝ. Figure de femme tourelée, debout, tenant une patere de la droite, & une corne d'abondance de la gauche.

ATɅIA in Phrygia. médaille de Gordien. add.

APOLLONIA in Thracia.

M. ANT. ΓΟΡΔΙΑΝΟC. Tête comme dessus. 2

R/. ΑΠΟΛΛΩΝΙΑΤΩΝ. Π. Type ordinaire d'Esculape.

Cette médaille a été rapportée, Tome III, page 203.

Idem. M. ANT. ΓΟΡΔΙΑΝΟC. AYΓ. Tête comme dessus. M

℞. ΑΠΟΛΛΩΝΙ...... Hercule nu, debout, traîne de la droite le chien Cerbere, & porte de la gauche ſa maſſue élevée avec une peau de lion. Vis-à-vis eſt un cippe ſur lequel on voit la ſtatue de quelque Déeſſe.

PLANCHE XXXI.

ASPENDUS in Pamphylia.

N°. 2.

ΑΥ. ΚΑΙ. ΜΑ.. ΑΝ. ΓΟΡΔΙΑΝΟΝ. CЄ. Tête de Gordien couronnée de laurier. 1

℞. ΑCΠЄΝΔΙΩΝ. Trois figures de femmes grouppées debout, ayant chacune un boiſſeau ſur la tête, tiennent dans leurs mains des ſerpents & des torches allumées.

BRUZUS in Phrygia.

ΑΥΤ. Κ. Μ. ΑΝΤΩ. ΓΟΡΔΙΑΝΟC. Tête comme deſſus. 2

℞. ΒΡΟΥΖΗΝΩΝ. Eſculape & Hygée debout en regard avec leurs attributs.

DALDIA in Lydia.

ΑΥΤ. Κ. Μ. ΑΝΤ. ΓΟΡΔΙΑΝΟC. Tête comme deſſus. M

℞. ЄΠ. Α. ΑΥΡ. ΗΦΑΙCΤΙΩΝΟC. ΑΡΧ. Α. ΤΟ. Δ. ΔΑΛΔΙΑΝΩΝ. Au milieu ſont repréſentées trois figures de femmes nues,

PLANCHE XXXI.

ſavoir, Diane & deux Nymphes qui ſe baignent dans un baſſin, où tombe l'eau d'une fontaine qui eſt au-deſſus à côté d'un arbre. Plus haut, à droite, on voit un Temple à quatre colonnes dans lequel une femme aſſiſe paroît tenir de la droite une couronne. Au bas, d'un côté, eſt un cerf courant qui regarde derriere lui, & de l'autre côté Actéon nu qui tend la main droite vers Diane dans le bain, & qui tient de la gauche un arc ſelon les apparences.

Ce médaillon a été rapporté par M. le Comte de Caylus dans le Tome IV de ſes Antiquités.

ILIUM in Troade.

N°. 3. AYT. KAI. M. ANT. ΓΟΡΔΙΑΝΟϹ. ϹЄΒ. Tête nue de Gordien.

℞. ΙΛΙЄΩΝ. Une figure caſquée eſt repréſentée debout ſur un cippe tenant de la droite en travers une haſte terminée en forme de croix, & de la gauche une idole qui ſemble être Eſculape. Au-devant, eſt un bœuf qui paroît plier les genoux, & être conduit par un homme qui eſt derriere. Au-deſſus, on voit une eſpece d'arbre & un édifice qu'on ne peut gueres bien diſtinguer.

PLANCHE XXXI.

JULIOPOLIS in Bithynia.

M. ANT. ΓΟΡΔΙΑΝΟϹ. ΑΥΓ. Tête de Gordien couronnée de laurier. 3

℞. ΙΟΥΛΙΟΠΟΛΕΙΤΩΝ. Un aigle légionaire entre deux enſeignes militaires.

CIBYRA in Phrygia.

ΑΥ. Κ. Μ. ΑΝ. ΓΟΡΔΙΑΝΟϹ. Tête comme deſſus. 2

℞. ΚΑΙϹΑΡΕΩΝ. ΚΙΒΥΡΑΤΩΝ. Le Dieu Lunus avec le bonnet Phrygien & le croiſſant à ſes épaules, éleve la main droite comme pour tirer une fleche de ſon carquois, & tient un arc de la main gauche.

CIUS in Bithynia.

M. ANT. ΓΟΡΔΙΑΝΟϹ. ΑΥΓ. Tête comme deſſus. 3

℞. ΚΙΑΝΩΝ. Quatre enſeignes militaires.

LIMYRA in Lycia.

ΑΥ. Κ. Μ. ΑΥ. ΑΝ. ΓΟΡΔΙΑΝΟϹ. Tête comme deſſus. 1

PLANCHE XXXI.

℞. ΛΙΜΥΡΕωΝ. ΡΗΓΜΑ. Un bœuf buvant au bas d'une fontaine.

Cette médaille a été rapportée, Tome III, page 219.

LIMYRUS Fluvius.

ΑΥ. Κ. ΜΑΡ. ΑΝ. ΓΟΡΔΙΑΝΟΝ. Tête de Gordien couronnée de laurier. 2

℞. ΛΙΜΥΡΟϹ. La figure d'un fleuve assis tenant d'une main un roseau, de l'autre main une corne d'abondance.

Cette médaille a été aussi rapportée, Tome III, page xxij.

LYSIAS in Phrygia. medaille de Gordien. add. cy après. T. III. p. 251.

MESAMBRIA in Thracia.

ΑΥΤ. Κ. Μ. ΑΝΤ. ΓΟΡΔΙΑΝΟϹ. ΑΥΓ. ϹΑΒ. ΤΡΑΝΚΥΛΛΕΙΝΑ. Têtes en regard de Gordien & de Tranquilline. 2

℞. ΜΕϹΑΜΒΡΙΑΝΩΝ. Apollon en habit long, debout, tient de la droite une branche de laurier, & de la gauche une lyre posée sur un trépied.

MIDÆUM in Phrygia.

Μ. ΑΝΤ. ΓΟΡΔΙΑΝΟϹ. ΑΥΓ. Tête comme dessus. 2

℞. ΜΙΔΑΕΩΝ. ΤΟΝ. ΚΤΙϹΤΗΝ. Une

tête d'homme avec de la barbe, & un bonnet Phrygien, repréſentant le Roi Midas.

PLANCHE XXXI.

Cette médaille a été rapportée dans le Recueil des Médailles de Rois.

NACOLEA in Phrygia.

M. ANT. ΓΟΡΔΙΑ..... Tête de Gordien couronnée de laurier. 2

℞. ΝΑΚΟΛΕΩΝ. Une figure de femme aſſiſe, tient de la droite trois épis, de la gauche une corne d'abondance.

Cette médaille a été rapportée, Tome III, page 212.

PERINTHUS in Thracia.

ΑΥΤ. Κ. Μ. ΑΝΤ. ΓΟΡΔΙΑΝΟϹ. ΑΥΓ. Tête comme deſſus. M

N°. 4.

℞. ΠΕΡΙΝΘΙΩΝ. ΔΙϹ. ΝΕΩΚΟΡΩΝ. Hercule nu, debout, tient de la droite ſa maſſue poſée à terre, & de la gauche les dépouilles d'un lion, & des pommes qu'il a cueillies d'un arbre qui eſt devant lui, chargé de pareilles pommes, & entouré d'un ſerpent.

Deux autres medaillons de la même ville sous Gordien. 541. p. 89.

SAMOS & ALEXANDRIA. medaille de Gordien add. p. 308.

SEBASTE in Cilicia.

Idem. M

PLANCHE XXXI.

SELEVCIA in Cilicia. Gordien et Tranquilline. médaillon S. 11. p. 82. autre médaillon de Gordien seul. S. 11. p. 84. ...

℞. CЄBACTH. IЄP. AC. AYT. NAYAPXIC Figure d'homme, nue, ayant une eſpece de chapeau ſur la tête, tient de la droite une Victoire, de la gauche une haſte.

SCYTHOPOLIS in decapolitana Syriæ.

A. K. M. ANT. ΓΟΡΔΙΑ..... Tête de Gordien couronnée de laurier. 2

℞. NYC. CKYΘΟΠΟΛЄΙΤΩΝ. IЄPA. ACY au milieu d'une couronne.

TARSUS in Cilicia.

N°. 5. AYT. K. M. AN. ΓΟΡΔΙΑΝΟC. CЄB. Π. Π Tête de Gordien radiée. M

℞. TAPCOY. ΜΗΤΡΟΠΟΛЄΩC. Une petite couronne au milieu d'une grande. Sept têtes d'hommes & de femmes ſont poſées autour de la petite ſéparées également les unes des autres. Sept autres têtes ſont pareillement placées autour de la grande, où la tête ſupérieure eſt couronnée de laurier, & deux Victoires qui ſont debout à ſes côtés, lui préſentent chacune une couronne de la main droite, & portent une palme de la main gauche. Entre les têtes poſées ſur la grande couronne, ſont les lettres

lettres A. M. K ; & au bas, ſous la grande couronne, deux autres lettres, ſavoir Γ. B.

PLANCHE XXXI.

TRAJANOPOLIS in Phrygia.

AYT. K. M. ANT. ΓΟΡΔΙΑΝΟϹ. Tête de Gordien couronnée de laurier. 1

℞. ΑΛΕΞΑΝΔΡΟϹ. ΑΡΧ. Α. ΤΡΑΙΑΝΟΠΟΛΕΙΤΩΝ. Dans le champ ΦΙΛΟ. Une Amazone à cheval tenant ſa bride d'une main, & une double hache ſur ſon épaule de l'autre main.

Cette médaille a été rapportée, Tome III, page 257.

ELÆA in Eolide médaille citée cy après p. 281.

PHILOMELIUM in Phrygia.

AYT. K. M. ANTΩN. ΓΟΡΔΙΑΝΟϹ. Tête comme deſſus. 2

℞. ЄΠΙ. ΝΟΒ. ΑΛЄΞΑΝ. . . . . ЄΟΥ. ΦΙΛΟΜΗΛЄΩΝ. La figure d'un fleuve couché, tient de la droite une corne d'abondance, & eſt appuyée de la gauche ſur une urne renverſée.

PHASELIS in Lycia.

AYT. K. MAP. ANT. ΓΟΡΔΙΑΝΟϹ. CЄ. Tête comme deſſus. 1

PLANCHE XXXI.

℟. ΦACHAITΩN. Pallas debout tenant de la main gauche un bouclier poſé à terre, s'appuie de la main droite ſur une haſte entourée par le bas d'un ſerpent.

Cette médaille a été rapportée, Tome III, page 219.

On a une médaille pareille à celle de Gordien que Vaillant (*page* 151, *l.* 7) a donnée avec la légende ΘЄCCAΛONIKH. NЄΩKOPOC, & une autre ſur laquelle on lit ΘЄCCAΛONIKH. NЄΩKOPA, autour d'une tête de femme tourelée. On ne connoît que celle-là où le terme de NЄΩKOPA ſoit employé.

Il a lu (*Ibid. l.* 41) KΛAYΔIOCЄΛЄYKЄΩN. ſur une autre du même Empereur, & il a rendu cette légende par *Claudiopolitarum Seleucenſium, ſubauditur Concordia.* Il ſera fait mention ci-après de cette médaille, qu'on ne croit point contenir le nom de deux villes, celle de *Séleucie* ayant pris, ſelon les apparences, le titre de *Claudia* en l'honneur de l'Empereur Claude.

La médaille qu'il donne (*page* 154, *l.* 27) avec la légende NYCC. KYΘO. IЄPAC, a été mal lue. Elle eſt de Scythopolis comme on l'a vu par une médaille à peu-près ſemblable qui a été ci-devant rapportée.

PLANCHE XXXI.

On regarde comme douteuſe celle qu'il donne (*page* 157, *l.* 41) avec la légende ΤΡΑΛΛΙΑΝΩΝ. Ζϥ. *anno* 97. Il en ſera fait mention ci-après en parlant des Médailles de Villes qui ont des époques.

TRANQUILLINA.

ANAZARBUS in Cilicia.

CΑΒΕΙΝΙΑ. ΤΡΑΝΚΥΛΛΕΙΝΑ. ΑΥΓ. Tête de Tranquilline avec un croiſſant à ſes épaules. I

℞. ΑΝΑΖΑΡΒΟΥ. ΕΝΔΟΞ. ΜΗΤΡΟΠ. ΕΤ. ΑΞC. Tête de Sérapis couverte d'un boiſſeau. Dans le champ Γ. Β.

Cette médaille a été rapportée, Tome III, page 242.

APHRODISIAS in Caria.

ΦΡΟ. CΑΒΙ. ΤΡΑΝΚΥΛΛΕΙΝΑ. C. Tête comme deſſus ſans croiſſant. I N°. 6.

℞. ΑΦΡΟΔΕΙCΙΕΩΝ. Apollon debout, tient de la droite une branche de ~~Palmier~~, laurier & de la gauche une lyre poſée ſur un tré-

PLANCHE XXXI.

pied entouré d'un ferpent. Derriere eft un arbre, & à fes pieds un Gryphon.

EDESSA in Macedonia.

CABEINIA. TPANKYΛΛEINA. AYΓ. Tête de Tranquilline fans croiffant. 2

R/. EΔECCAIΩN. Une figure de femme cafquée, affife, eft couronnée par une Victoire.

THESSALONICA in Macedonia.

ΘECCAΛONIKH. Tête de femme qu'on croit repréfenter Tranquilline. 3

R/. ΘECCAΛONIKEΩN. au milieu d'une couronne.

CIBYRA in Phrygia.

ΦP. TPANKYΛΛEINA. CEB. Tête de Tranquilline. 2

R/. KIBYPATΩN. ΘIC. Une Victoire marchant, tient de la droite une couronne, & de la gauche une palme. Dans le champ une urne.

Cette médaille a été rapportée par M. l'Abbé Belley, Tome XXIV des Mémoires de l'Académie.

CORYDALLA in Lycia.

PLANCHE XXXI.

CABЄINIAN. TPANKΥΛΛЄINAN. C. Tête de Tranquilline. 1

R/. KωPΥΔΑΛΛωN. L'Empereur à cheval tenant de la droite une lance.

Cette médaille a été ci-devant rapportée, Tome III, page 248.

PHILIPPUS *ſenior.*

PRUSA in Bithynia ad Olympium montem.

M. ΙΟΥΛΙΟC. ΦΙΛΙΠΠΟC. CЄB. Tête de Philippe pere radiée. 2 N°. 7.

R/. ΠΡΟΥCΑЄΩN. Figure nue debout, tenant de la droite une haſte, la gauche appuyée ſur ſon côté.

EUMENIA in Lydia.

Sur une médaille de Philippe frappée à *Eumenia*, Vaillant a lu (*page* 161, *l.* 37) ЄΠ. ΦΑ. ΦΙCΙΚΟΥ. ΑΡΧΙЄΡЄ, &c. *ſub Flavio Phiſico.* On a un médaillon ſemblable avec la légende ЄΠΙ. ΦΛΑ. ΦΙΛΙΚΟΥ. *ſub Flavio Philico.* Cependant il a encore lu ΦΙCΙΚΟΥ. ſur une médaille d'Otacile de la même ville.

rapportée S. II. p. 85.

SELEVCIA in Cilicia. médaillon S. II. p. 85.

On regarde comme douteuſe celle (*pa-*

PLANCHE XXXI.

ge 162, l. 20) où il a lu KHBHCCEΩN ; il eſt douteux en effet qu'il y ait eu une ville de ce nom en Lycie, & l'on penſe qu'il peut avoir lu ſur cette médaille, & ſur celle qui la précede KHBHCCEΩN. au lieu de KIΔΥΗCCEΩN. *Cidyeſſus* étoit une ville de Phrygie qui avoit des Magiſtrats, & l'on n'en trouve point qui ſoient nommés ſur les médailles des villes de Lycie, comme il y en a ſur celles en queſtion.

Vaillant (*page* 164, *l.* 3) place ici le médaillon qui a pour légende CTP. ΚΑΠΙΤΩΛΕΙΝΟΥ. ΧΙΩΝ. CMΥΡΝΑΙΩΝ. ΟΜΟΝΟΙΑ, comme s'il étoit de la ville de *Chio*, ſuivant l'opinion qu'il avoit que quand il y a deux noms de villes ſur des médailles, elles avoient été frappées dans la premiere des deux qui y ſont nommées. Mais on eſtime que c'étoit préciſément le contraire. En pareil cas, la ville qui faiſoit frapper la médaille pour marquer ſon union avec l'autre ville, y mettoit ordinairement le nom de cette ville le premier pour lui faire honneur. D'ailleurs puiſque le Préteur Capitolinus, dont on trouve le nom au commencement de la légende en queſtion, étoit

Magiſtrat de *Smyrne*, comme Vaillant en convient lui-même, page 207; il ſemble que c'eſt une preuve que le médaillon a été frappé à *Smyrne*, & non à *Chio*.

PLANCHE XXXI.

OTACILIA SEVERA.

APAMEA in Phrygia.

ΜΑΡΚ. ΩΤΑΚΙΛΙΑ. CΕΒΗΡΑ. CΕΒ. Tête d'Otacilie. I

℞. Ε. ΑΛΕΞΑΝΔΡΟΥ. Β. ΑΡΧΙ. ΑΠΑΜΕΩΝ. Une figure nue, debout, tient de la droite une patere, de la gauche une haſte.

GORDUS JULIA in Lydia.

Ν°. 8.

Μ. ΩΤΑΚ. CΕΒΗΡΑ. CΕ. Tête comme deſſus. I

℞. ΕΠΙ. ΑΥΡ. ΝΕΙΚΟΡΙΑΚΟΥ. ΙΟΥ. ΓΟΡΔΗΝΩΝ. Le ſimulacre de Proſerpine.

THESSALONICA in Macedonia.

ΩΤΑΚΙΛΙΑ. CΕΒΗΡΑ. ΑΥ. Tête comme deſſus. 2

℞. ΘΕCCΑΛΟΝΙΚΕΩΝ. ΠΥΘΙΑ. Une figure debout, qui tient de la droite le ſimulacre d'un Cabire, & de la gauche une branche de palmier. A ſes pieds une urne ſur une table.

HIERAPOLIS et SARDES. medailles d'Otacilie add. cy apres p. 295.

PLANCHE XXXI.

PERGA in Pamphylia.

ΜΑΡΚΙΑ. ΩΤΑΚ. CЄΥΗΡΑ. CЄ. Tête d'Otacilie. 2

℞. ΠЄΡΓΑΙΑC. ΑΡΤЄΜΙΔΟC. ΑCΥΛΟΥ. Diane Pergée dans un Temple à deux colonnes. A droite, près de ſa tête, le ſigne du Soleil; à gauche, le ſigne de la Lune. Au-deſſous, une colombe poſée de chaque côté ſur une baſe. Sur le périſtyle, un aigle à ailes éployées.

SÆTTENI in Lydia.

SARDES in Lydia. médailles d'Otacilie. add.

Μ. ΩΤΑΚ. CЄΒΗΡΑ. CЄΒ. Tête comme deſſus. 3

℞. CΑΙΤΤΗΝΩΝ. ЄΡΜΟC. La figure d'un fleuve couché, tenant de la droite un roſeau, la gauche appuyée ſur une urne renverſée.

SELEUCIA in Cilicia.

ΩΤΑΚΙΛ. CЄΥΗΡΑΝ. ЄΥC. CЄΒΑ. Tête comme deſſus. 1

℞. CЄΛЄΥΚЄΩΝ. . . . ΚΑΛΥΚΑΔ. ЄΛЄΥΘЄΡΑC. Une Victoire debout, marchant, tient de la droite une couronne, de la gauche une branche de palmier.

HYRCANIS

PLANCHE XXXI.

HYRCANIS in Lydia.

M. ΩΤΑΚΙΛΙΑ. CEOΥΗΡΑ. CE. Tête d'Otacilie. 1

℞. ΕΠ. CT. ΦΡΑΥ. ΕΡΜΟΓΕΝΟΥ. Β. CTEΦ. ΥΡΚΑΝΩΝ. Une figure d'homme nu jusqu'à la ceinture, assis à terre au pied d'un arbre, porte la main droite sur son genou, & la main gauche au-dessus de sa tête, s'appuyant du coude sur un bouclier.

Cette médaille a été rapportée, Tome III, page 216.

PHILIPPUS *junior.*

ATTALIA in Lydia.

M. ΙΟΥ. CEΟΥΗ. ΦΙΛΙΠΠ. ΚΑΙCΑΡ. Tête nue de Philippe fils. 3

℞. ΑΤΤΑΛΕΩΝ. Type ordinaire de Cybele assise entre deux lions.

DIOCÆSAREA in Cilicia.

ΙΟΥΛΙΟC. ΦΙΛΙΠ. ΚΑ. CEB. Tête comme dessus. 1

℞. ΑΔΡΙΑΝΩ. ΔΙΟΚΑΙCΑΡΕΩΝ. ΜΗΤ. ΚΕΝΝΑΤΩ. Un foudre sur une table.

PLANCHE XXXI.

La médaille précédente a été rapportée, Tome III, page 246.

THESSALONICA in Macedonia.

M. ΙΟΥΛΙΟC. ΦΙΛΙΠΠΟC. K. Tête radiée de Philippe fils. 2

℞. ΘΕCCΑΛΟΝΙΚΕΩΝ. ΝΕ. ΠΥΘΙΑ. Temple à deux colonnes dans lequel Apollon debout, porte de la main droite un Cabire, & de la main gauche une branche de laurier. Au-devant, on voit des pommes ſur un trépied.

THYATIRA in Lydia.

A. K. MAP. ΙΟΥ. ΦΙΛΙΠΠΟC. Tête couronnée de laurier. M

℞. Ε. ΑΡΧΙΜΗΔΟΥ. ΘΥΑΤΕΙΡΗΝΩΝ. Une figure nue, debout, a ſa main droite appuyée ſur ſon côté, & ſa main gauche ſur une colonne. Vis-à-vis eſt une figure de femme tourelée, qui tient de la droite une patere, & de la gauche une haſte.

HIERAPOLIS in Phrygia.

M. ΙΟΥΛ. ΦΙΛΙΠΠΟC. ΚΑΙ. Tête nue. 1

℞. ΙΕΡΑΠΟΛΕΙΤΩΝ. Le ſimulacre de Diane d'Epheſe repréſentée en face avec ſes ſupports, & des cerfs à ſes pieds.

PLANCHE XXXI.

CADI in Phrygia.

ΑΥΤ. Κ. Μ. ΙΟΥ. ΦΙΛΙΠΠΟϹ. Tête couronnée de laurier. 2

R/. ΚΑΔΟΗΝΩΝ. Le type ordinaire de Diane chaſſereſſe.

COLOPHON in Ionia.

Μ. ΙΟΥ. ΦΙΛΙΠΠΟϹ. Κ. Tête nue. 3

R/. ΚΟΛΟΦΩΝΙΩΝ. Un bélier debout.

PERGA in Pamphylia.

ΑΥ. Κ. Μ. ΙΟΥ. ϹЄΟΥ. ΦΙΛΙΠΠΟϹ. Ϲ. Tête couronnée. 2

R/. ΠЄΡΓΑΙΩΝ. Une figure nue juſqu'à la ceinture, aſſiſe ſur une roche où elle s'appuie de la main droite, ſemble tenir de la main gauche une eſpece de tambour ſur ſon genou.

Idem. Une autre médaille avec les mêmes légendes, a pour type au revers une Victoire debout, tenant une couronne & une palme. 2

L'une de ces médailles a été rapportée, & l'autre citée, Tome III, page xix.

PLANCHE XXXI.

SÆTTENI in Lydia.

M. ΙΟΥ. ΦΙΛΙΠΠΟC. Tête nue. 3

℟. CAITTHNΩN. Pallas debout, tient de la droite une patere, & de la gauche une haſte.

TOMI in Mœſia.

M. ΙΟΥ ΦΙΛΙΠΠΟC. ΚΑΙCΑΡ. ΑΥΓ. Têtes en regard de Philippe fils, & de Sérapis portant un boiſſeau ſur la ſienne. 2

℟. ΜΗΤΡΟ. ΠΟΝΤΟΥ. ΤΟΜΕΩC. Type ordinaire de Cybele aſſiſe entre deux lions.

TRAJANUS DECIUS.

LAMPSACUS in Myſia.

ΑΥ. Γ. ΚΟΙ (ſic) ΤΡΑΙΑΝ. ΔΕΚΙΟC. Tête de Trajan-Dece couronnée de laurier. 2

℟. ΛΑΜΨΑΚΗΝΩΝ. ΕΠΙ. CΕΚΟΥΝΔΟ. Bacchus barbu en habit long, debout ſur un cippe, tient de la droite un pot, & de la gauche un thyrſe. A ſes pieds eſt un autel.

BOSTRA in Arabia.
médailles de Trajan Dece. add.

ETRUSCILLA.

PLANCHE XXXI.

PERGAMUS in Myſia.

ЄΡЄΝ. ЄΤΡΟΥCΚΙΛΛΑ. CЄΒ. Tête d'Etruſcille. 1 N°. 9.

℞. ЄΠΙ. ΓΟΜΦ. ΓΛΥΚΩΝΟC. ΠЄΡΓΑΜΗΝΩΝ. Mercure nu, debout, tient de la main droite un bélier par les pieds antérieurs, & porte un caducée de la main gauche. Au-devant, une tête de bélier poſée ſur une colonne.

TARSUS in Cilicia.

ΑΝΝΙΑΝ. ΑΙΤΡΟΥCΚΙΛΛΑΝ. CЄΒ. Tête comme deſſus. 1

℞. ΤΑΡCΟΥ. ΜΗΤΡΟΠΟΛЄΩC. Α. Μ. Κ. Γ. Β. Une figure de femme debout, tend les mains à deux chiens qui ſautent à ſes côtés.

Idem. ΑΝΝΙΑΝ. ΑΙΤΡΟΥCΚΙΛΛΑΝ. C. Tête comme deſſus. 2

℞. ΤΑΡCΟΥ. ΜΗΤΡΟΠΟΛЄΩC. Α. Μ. Κ. Γ. Β. Bacchus nu, debout, tient de la droite un pot, de la gauche un thyrſe. A ſes pieds une panthere.

Les deux médailles précédentes ont étê citées, Tome III, page xix, où l'on a

HYPÆPA. in Lydia.
Médaille avec une Contremarque.
S. II. p. 91.

PLANCHE XXXI.

observé que sur des médailles d'Etruscille frappées en Egypte, cette Impératrice est aussi appellée *Cupressenia.*

Q. HERENNIUS.

THESSALONICA in Macedonia.

N°. 10. AY. KOYINTOC. EPEN. MECI. ETPOYC. Tête nue de Q. Herennius. I

℞. ΘECCAΛONIK...... MHT. B. NEΩK. Une figure debout tient, à ce qu'il paroît, une patere de la main droite. Au-dessus & au-dessous est une urne de chaque côté, avec des branches de laurier dans chacune.

Il sera fait mention ci-après de cette médaille au Chapitre des Villes Néocores.

Vaillant (*page* 171, *l.* 42 & 43) a lu CAΛEITΩN. au revers de deux médailles de Q. Herennius, & il les a attribuées à la ville de *Sala* en Lydie. Outre ces deux-ci, il en a rapporté une autre de Caracalla avec la même légende qu'il a aussi référée à la même ville; mais il y a lieu de juger qu'au lieu de CAΛEITΩN, il y a EΛAEITΩN sur ces médailles, & qu'elles sont par conséquent de la ville d'*Elæa* en Æolie, comme

Mel. de Med. Tom. II. Pl. XXXI. Pag. 214.

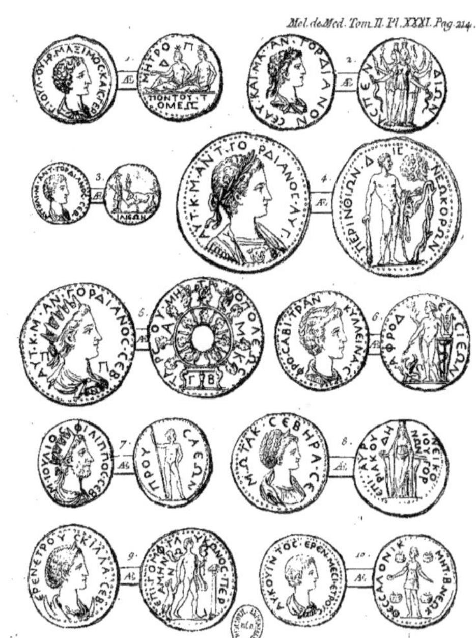

on l'a déja remarqué, Tome III, p. 213.

PLANCHE XXXI.

HOSTILIANUS.

METROPOLIS in Phrygia.

..... ΚΥΙΝΤΟϹ. ΚΑ.... Tête nue d'Hoſtilien. 3

℞. ΜΗΤΡΟΠΟΛΕΙΤΩΝ. ΦΡΥΓ. Cinq épis liés enſemble. T. III. p. 230.

TREB. GALLUS.

BYZANTIUM in Thracia. NICÆA in Bithynia.

ΑΥΤ. Κ. Γ. ΟΥΙΒ. ΓΑΛΛΟϹ. ΑΥΓ. Tête de Trébonien-Galle couronnée de laurier. 2

℞. ЄΠΙ. ΠΑΥ..... ΟΜΟΝΟΙΑ. ΒΥΖΑΝΤΙΩΝ. ΝΙΚΑЄΩΝ. Deux phares entre leſquels eſt un autel avec du feu deſſus.

COLYBRASSOS in Cilicia.

ΑΥΤΟΚΡΑ. ΚΑΙ. ΓΑΙ. ΟΥ. ΤΡЄ. ΓΑΛΛΟΝ. ϹЄ. Tête comme deſſus. 2

℞. ΚΟΛΥΒΡΑϹϹЄΩΝ. Pallas debout, tient de la droite une patere, & de la gauche une haſte en travers.

Cette médaille a été rapportée, Tome III, page 249.

HERMOCAPELIA in Lydia.
Médaillon. S. II. p. 86.

PLANCHE XXXI.

NEAPOLIS in Palæstina.

ΑΥ. Κ. Γ. ΟΥΙΒ. ΤΡΕΒ ΓΑΛΛΟC. Tête de Trébonien-Galle couronnée de laurier. 2

℞. ΦΛ. ΝΕΑCΠΟΛΕωC. ΕΠΙCΗΜΟΥ. ΝΕωΚΟΡΟΥ. Au-dessus de cette légende le mont Garizim est représenté avec un Temple en forme de tour, entre les signes du Soleil & de la Lune ; le tout au milieu d'une couronne.

Cette médaille a été rapportée, Tome III, page x.

VOLUSIANUS.

ANAZARBUS in Cilicia L. II. pl. III. n° 13.
BLAUNDOS in Phrygia L. II. p. III. n° 14.

BYZANTIUM in Thracia.

ΑΥΤ. Κ. Γ. ΒΕΙΒ. ΟΥΟΛΟCCΙΑΝΟC. Α. Tête de Volusien couronnée de laurier. 2

℞. ΕΠΙ. ΙCΑΥΡΙΚΟΥ. ΒΥΖΑΝΤΙΩΝ. Un dauphin entre deux Pélamides.

PLANCHE XXXII. N°. 1.

NEAPOLIS in Palæstina.

......ΟΥΙ. ΤΡΕΒ. ΟΥΟΛΟΥCΙΑ. Tête comme dessus. 2

℞. ΦΛ. ΝΕΑCΠΟΛΕΩC. Un aigle à ailes éployées, qui semble porter un grand car-

cartouche

cartouche qui est au-dessus, & sur lequel on lit ЄΠΙCΗΜΟΥ. ΝЄΩΚΟΡΟΥ.

PLANCHE XXXII.

SAGALASSUS in Pisidia.

.... Γ. ΟΥ. ΟΥΟΛΟΥCΙΑΝΟC. Tête de Volusien couronnée de laurier. 3

℟. CΑΓΑΛΑCCЄΩΝ. Type d'une Victoire qui marche.

VALERIANUS *senior.*

HADRIANI in Bithynia.

ΑΥΤ. Κ. ΠΟ. ΛΙΚ. ΟΥΑΛЄΡΙΑΝΟC. CЄΒ. Tête de Valérien couronnée de laurier. I

℟. ЄΠΙ. ΑΝΤ. ΑΛЄΞΑΝ.:.. ΑΡΧ. ΑΔΡΙΑΝΩΝ. Type ordinaire de la Fortune.

ATTALIA in Pamphylia.

ΑΥ. Κ. ΠΟΥ. ΛΙ. ΟΥΑΛЄΡΙΑΝΟC. CЄΒΑC. Tête comme dessus. M

℟. ΑΤΤΑΛЄΩΝ. Pallas debout, tient de la droite une Victoire, & de la gauche une haste.

AUGUSTA in Cilicia.

..... Π. ΛΙΚ. ΟΥΑΛЄΡΙΑΝΟC. CЄΒ. Tête comme dessus. I

PLANCHE XXXII.

R/. ΑΥΓΟΥϹΤΑΝΩΝ. ΑΜϹ. Pallas debout appuie ſa droite ſur un bouclier poſé à terre, & tient de la gauche une haſte.

M. l'Abbé Belley a rapporté cette médaille, Tome XXVI des Mémoires de l'Académie.

GERMANICIA CÆSAREA in Syria.

ΠΟΥ. ΛΙΚ. ΟΥΑΛЄΡΙΑΝΟϹ. ϹЄΒ. Tête de Valérien couronnée de laurier. 2

R/. ΚΑΙϹΑΡЄΙΑϹ. ΓЄΡΜΑΝΙΚΗϹ. Un vaiſſeau navigant à voile & à rames. Au-deſſous une chevre couchée.

EPHESVS in Ionia. médaille avec une contremarque? S. II. ff. 91.

HIERAPOLIS in Phrygia. EPHESUS in Ionia.

Π. Λ. ΟΥΑΛЄΡΙΑΝΟϹ. Tête comme deſſus. 1

R/. ΙЄΡΑΠΟΛ. ЄΦЄϹΙΩΝ. ΝЄΩΚΟΡΩΝ. ΟΜΟΝΥΑ (sic). Une femme tourelée, debout, tient de la main gauche une eſpece de ſceptre, & tend la main droite vers le ſimulacre de Diane repréſentée de face avec ſes ſupports, & des cerfs à ſes pieds.

NEOCÆSAREA in Ponto.

ΑΥ. Κ. ΠΟ. ΛΙΚ. ΟΥΑΛЄΡΙΑΝΟϹ. Tête de Valérien radiée. 2

℞. MHT. NЄOKAICAPIAC. autour d'une couronne. Au-deſſous la date PϤB. PLANCHE XXXII.

Juſqu'ici on n'avoit point vu de médailles frappées dans cette ville depuis Gordien.

SAGALASSUS in Piſidia.

AΥ. K. Π. A. OΥAΛЄPIANOC. Tête de Valérien couronnée de laurier. Au-devant la lettre I. M

℞. PΩMAIΩN. CAΓAΛACCAIΩN. ΠPΩTHC. ΠICIΔΩN. KAI. ΦIΛHC. CΥNMAXOΥ. Il y a un grand I au milieu de cette légende qui forme pluſieurs demi-cercles les uns dans les autres. Au-deſſous ſont deux mains jointes.

Ce médaillon eſt rapporté, T. III, p. v.

SARDES in Lydia.

AΥT. K. Π. A. OΥAΛЄPIANOC. C. Tête radiée de Valérien. I N°. 2.

℞. CAPΔIANΩN. Γ. NЄΩKOPΩN. Dans une couronne, autour de laquelle on lit ЄΠI. ΔOM. POΥΦOΥ. ACIAPX. K. ΥIOΥ. T. ACI. APX. A.

Cette médaille a été citée par M. l'Abbé Belley dans ſa Diſſertation ſur la ville de *Sardes.*

SYEDRA in Pamphylia.

PLANCHE XXXII.

ΑΥΤ. ΚΑΙ. ΠΟ. ΛΙΚ. ΟΥΑΛΕΡΙΑΝΟϹ. Tête de Valérien couronnée de laurier, au-devant de laquelle sont les lettres ΙΑ. 1

R/. ϹЄΜΝΗϹ. ЄΝΔΟΞΟΤЄΡΑϹ. ϹΥЄΔΡЄΩΝ. au milieu d'une couronne.

Cette médaille a été rapportée, Tome III, page viij.

NYSA in Caria.

Vaillant (*page* 178, *l.* 17) n'a lu que ЄΠΙ. ΓΡ. ΖΩΤΙΚΟΥ. sur une médaille de Valérien frappé à *Nysa* en Carie. On en a une semblable avec la légende ЄΠΙ. ΓΡ. ΖΩΤΙΚΟΥ. ΦΙΛΑΡΓ.

TARSUS in Cilicia. Médaille de Valerien. add.

GALLIENUS.

ADRAMYTIUM in Mysia

ΑΥΤ. Κ. ΓΑΛΛΗΝΟϹ. (sic) ϹЄ. Tête de Gallien couronnée de laurier. 2

R/. ЄΠ. ΗΡΜΑ...... ΑΔΡΑΜΥΤΗΝΩΝ. Type ordinaire de la Victoire.

ÆGÆ in Cilicia.

Π. ΛΙΚ. ΓΑΛΛΙΗΝΟϹ. Tête comme dessus. 2

R/. ΑΙΓЄΑΙΩΝ. ΝЄΩΚΟΡΩΝ. Une urne dans laquelle sont deux branches de palmier. Au-dessous ЄΤ. ΤЄ.

Idem. . . . . . ΓΑΛΛΙΗΝΟϹ. ϹЄΒ. Tête de Gallien radiée. 2

PLANCHE XXXII.

℟. ΑΙΓΑΙΩΝ. ΝЄωΚΟ. ΝΑΥΑΡΧΙ. Є. Τ. Figure de femme assise tenant de la droite une patere, de la gauche une haste.

ANCYRA in Galatia.

ΠΟΥ. ΛΙ. ΕΓ. ΓΑΛΛΙΗΝΟϹ. ϹЄΒ. Tête radiée comme dessus. 1

℟. ΑΝΚΥΡΑϹ. ΜΗΤΡΟΠΟΛЄΩϹ. Β. Ν. Une figure d'homme marchant, tient de la main droite une proue de vaisseau avec une voile, & de la main gauche une ancre.

AMPHIPOLIS in Macedonia.

ΑΥΤ. ΠΟ. ΛΙΚΙΝ. ΕΓ. ΓΑΛΛΙΗ. . . . . Tête comme dessus. 2

℟. ΑΜΦΙΠΟΛЄΙΤΩΝ. Une figure de femme assise, tient de la droite une idole, de la gauche une haste.

ARGOS in Cilicia.

ΠΟ. ΛΙΚ. ΓΑΛΛΙΗΝΟΝ. Tête de Gallien couronnée de laurier. 2

℟. ΑΡΓЄΙΩΝ. autour d'une couronne de laurier, au milieu de laquelle sont les lettres ΙЄ.

PLANCHE XXXII.

La médaille précédente a été rapportée dans le premier de ces deux Volumes, page 22.

BARGASA in Caria.

N°. 3. ΑΥ. Κ. ΠΟ. ΛΙ. ΓΑΛΛΙΗΝΟϹ. Tête de Gallien radiée. 2

℟. . . . . ΑΝΟϹ. ΒΑΡΓΑϹΗΝΩΝ. Une figure équeſtre.

THESSALI.

ΑΥΤ. Κ. ΠΟ. ΛΙ. ΓΑΛΛΙΗΝΟϹ. Tête comme deſſus. 2

℟. ΚΟΙΝΩΝ. ΘЄϹϹΑΛΩΝ. Pallas debout, tient de la droite élevée un javelot, prête à le lancer, & porte de la gauche un bouclier. Dans le champ la lettre Δ.

THESSALONICA. Deux médailles de grand bronze S. IV. p. 17.

HERACLEA in Caria vel *in Ponto.*

Α. Κ. Π. ΛΙ. ΓΑΛΛΙΗΝΟϹ. ϹЄΒ. Tête de Gallien couronnée de laurier. 2

℟. ΗΡΑΚΛЄ. . . . . ΝЄΩΚΟΡΩ. Une grande urne poſée ſur une eſpece de table, avec deux branches de palmier.

Vaillant ne rapporte qu'une médaille où une ville du nom d'Héraclée ſoit qualifiée de Néocore, & il l'attribue à l'Héraclée de Carie. Celle-ci ſembleroit par ſa fabrique être plutôt de l'Héraclée du Pont.

CADI in Phrygia.

PLANCHE XXXII.

ΑΥΤ. Κ. ΠΟΥ. ΛΙΚ. ΓΑΛΛΙΗΝΟϹ. Tête de Gallien couronnée de laurier. 2

℞. ΚΑΔΟΗΝΩΝ. Neptune debout tient ſur ſa main droite un dauphin, & de ſa main gauche un ſceptre.

autre medaille rapportée S. 1. p. 39.

CIUS in Bithynia.

ΠΟΥ. ΛΙ. ΕΓ. ΓΑΛΛΙΗΝΟϹ. Tête radiée. 2

℞. ΚΙΑΝΩΝ. Hercule s'appuie ſur ſa maſſue poſée ſur une roche. Dans le champ, on voit un carquois.

CRETIA FLAVIOPOLIS in Bithynia.

ΠΟ. ΛΙΚ. ΓΑΛΛΙΗΝΟϹ. ϹЄΒ. Buſte de Gallien dont la tête eſt couronnée de laurier. Il tient une haſte en travers de la main gauche. 2 — N°. 4.

℞. ΚΡΗΤΙΑ. ΦΛΑΟΥΙΟΠΟΛΙϹ. Tête de femme voilée & tourelée derriere laquelle eſt la lettre B.

METROPOLIS in Ionia.

ΑΥΤ. Κ. ΠΟ. ΛΙΚΙ. ΓΑΛΛΙΗΝΟϹ. Tête de Gallien couronnée de laurier.

℞. ΜΗΤΡΟΠΟΛΙΤΩΝ. ΤΩΝ. ЄΝ. ΙΩΝΙΑ. Femme tourelée, debout, tenant de la

PLANCHE XXXII.

droite le ſimulacre de Mars, de la gauche une corne d'abondance.

MAGNESIA in Lydia.

ΛΙΚΙΝ. ΓΑΛΛΙΗΝΟC. Tête de Gallien couronnée de laurier. 2

℞. ЄΠΙ. CΤΡ. ΑΥΡ. ΦΡΟΝΤΩΝΟC. ΜΑ-ΓΝΗΤΩΝ. CΙ. Une grande urne où ſont deux branches de palmier. Sur le milieu de l'urne, on lit ЄΝΜΟΝΙΔЄΙΑ.

METROPOLIS in Phrygia médaille rapportée S. II. p. 91. contremarque.

Cette médaille a été rapportée, Tome III, page 246, où l'on a obſervé que pareille médaille a été mal lue par Vaillant.

NICÆA in Bithynia.

N°. 5. ΠΟΥΒ. ΛΙ. ΓΑΛΛ. . . . ΑΥ. Tête radiée. 2

℞. ΑΓΩΝЄϹ ΙΕΡΟΙ. ΝΙΚΑΙΕΩΝ. Trois urnes. Dans celle du milieu, des branches de palmier & des pommes; dans les deux autres, des branches de palmier ſeulement.

PARLAIS in Lycaonia.

. . . . . ΓΑ. . . . ΝΟC. ΙΑ. Buſte de Gallien repréſenté avec une couronne de laurier & une cuiraſſe. 3

℞. ΠΑΔΛΑΙЄωΝ. Une eſpece de table ou d'autel,

PERGAMUS et EPHESUS médaillon S. p. 86. autre médaillon de Pergame même page 86.

d'autel, ſur lequel eſt une grande urne. Au-deſſous, quelque choſe qui reſſemble aux corbeilles myſtérieuſes, appellées *ciſtæ.* PLANCHE XXXII.

Il a été fait mention de cette médaille, Tome I, page xvij, & ſuivantes.

PRYMNESSUS in Phrygia.

ΑΥΤ. ΚΑΙ. Π. ΛΙΚ. ΓΑΛΛΙΗΝΟϹ. ϹЄΒ. Tête couronnée de laurier. M N°. 6.

℟. ΠΡΥΜΝΗϹϹЄΩΝ. Une figure de femme aſſiſe tenant de la main droite une balance, & appuyée de la main gauche ſur une haſte. Au-deſſous, de chaque côté du ſiege, eſt une figure ailée qui paroît le tenir des deux mains, comme pour l'enlever. A l'exergue, des cupidons ſur des dauphins.

SIDE ATTALEA in Pamphylia.

ΑΥΤ. Κ. ΠΟ. ΛΙ. ΓΑΛΛΙΗΝΟϹ. ϹЄ. Tête comme deſſus, au-devant de laquelle eſt la lettre Є. N°. 7.

℟. ϹΙΔΗΤΩΝ. ΑΤΤΑΛЄΩΝ. ΟΜΟΝΟ... Pallas debout, joint ſa main droite avec celle de la Victoire qui eſt auſſi debout en regard. Au bas, eſt un griffon qui poſe un pied ſur une roue.

Planche XXXII. N°. 8.

SYNNAS in Phrygia.

ΑΥΤ. ΚΑΙ. Π. ΛΙΚ. ΓΑΛΛΙΗΝΟϹ. C. Tête couronnée de laurier, au-devant de laquelle ſont les lettres ЄB.

℞. CΥΝΝΑΔЄΩΝ. Un Temple à deux colonnes, au milieu duquel eſt un grand vaſe ou panier rempli d'épis, & un long rameau de chaque côté du vaſe.

TABÆ in Caria.

ΑΥΤΟΚ. ΠΟΠ. Λ. ΓΑΛΛΙΗΝΟϹ. Tête comme deſſus. Au-devant la lettre B. 1

℞. ΑΡΧ. ΟΙϹΟΝΟϹ. ΤΑΒΗΝΩΝ. Type ordinaire de la Fortune.

Idem. ΑΥΤ. ΚΑΙ. ΠΟ. ΛΙ. ΓΑΛΛΙΗΝΟϹ. Tête radiée de Gallien. Au-devant la lettre B. M

℞. ЄΠΙ. ΑΡΧ. ΜΑΡ. ΑΥΡ. ΔΟΜЄϹΤΙΧΟΥ. Γ. ΤΑΒΗΝΩΝ. Diane chaſſereſſe, debout, en regard d'un homme en habit court, qui tient d'une main une patere, & de l'autre main une haſte.

Voyez ce médaillon, T. III, p. 217.

SALONINA.

ANTIOCHIA in Caria.

ΙΟΥ. ΚΟΡΝ. ϹΑΛΩΝΙΝ. Tête de Salonine. 2

℞. ANTIOXEΩN. La figure d'un fleuve représenté à l'ordinaire.

PLANCHE XXXII.

ARGOS in Cilicia.

KOPN. CAΛΩNINA. Tête de Salonine. 3

℞. APΓEIΩN. Un Paon. Dans le champ, la lettre Z.

Cette médaille a été rapportée dans le précédent Volume, page 22.

ASPENDUS in Pamphylia

N°. 9.

KOPNHΛIA. CAΛΩNINA. Tête comme dessus. Au-devant la lettre I. 1

℞. ACΠENΔIΩN. autour d'une couronne, sur laquelle on voit une tête posée entre chacune des lettres qui composent cette légende. Au milieu de la couronne, on lit ΘEMIΔOC. TO. E.

APHRODISIAS in Caria.

KOP. CAΛΩNINA. Tête comme dessus. 2

℞. AΦPOΔEICIEΩN. Type ordinaire de la Fortune.

Idem. IOY. KOP. CAΛΩNINA. Tête comme dessus. 3

℞. AΦPOΔEICIEΩN. Mercure debout

PLANCHE XXXII.

avec sa bourse & son caducée.

Idem. ΠΟ. ΑΙ. ΚΟΡ. CΑΛΩΝΙΝΑ. ΑΥ. Tête de Salonine. 3

℞. ΑΦΡΟΔЄΙCΙЄΩΝ. Mercure marchant, traîne un bélier par les cornes d'une main, & tient de l'autre un caducée.

Les deux médailles précédentes ont été rapportées, Tome III, page xvij.

BARGASA in Caria.

ΠΟ. ΑΙ. Κ. CΑΛΩΝΙΝΑ. ΑΥΓ. Tête comme dessus. 3

℞. ΒΑΡΓΑCΗΝΩΝ. Type ordinaire d'Esculape.

HERACLEA in Ponto. médaille rapportée S. 1. p. XI

ILIUM in Troade.

CΑΛΩΝΙΝΑ. CЄ. Tête comme dessus. 3

℞. ΙΛΙЄΩΝ. Buste de Pallas; au-devant deux serpents.

NICÆA in Bithynia.

ΚΟΡΝ. CΑΛΩΝΙΝΑ. CЄΒ. Tête comme dessus. 2

℞. ΝΙΚΑΙЄΩΝ. Type ordinaire de la Victoire.

PERGA in Pamphylia.

ΚΟΡΝΗΛΙΑ. CΑΛΩΝΙΝΑ. tête de Salonine au devant la lettre 1.

℞. ΠΕΡΓΑΙΩΝ. ΝΕΩΚΟΡΩΝ. la fortune dans un temple à deux colonnes . . . . 1.

SIDE in Pamphylia.

Idem. la lettre Є incuse au devant de la tête de Salonine.

℞. CΙΔΗΤΩΝ. ΝΕΩΚΟΡΩΝ. une figure de femme debout tenant une patère de la droite au milieu d'un temple à deux colonnes. . . 1.

S. IV. p. 13.

SALONINUS.

PLANCHE XXXII.

COLYBRASSOS in Cilicia.

ΠΟΥ. ΛΙΚ. ΚΟΡ. ΟΥΑΛΕΡΙΑΝΟϹ. ΚΑΙ. ϹΕΒ. Tête nue de Salonin. Au-deſſous, un aigle à ailes éployées; dans le champ, les lettres I A. 1

℞. ΚΟΛΥΒΡΑϹϹΕΩΝ. ΓΥΜΝΑϹΙΑΡΧΙΑ. Un Temple à quatre colonnes, dans lequel eſt une table où l'on voit trois urnes.

Cette médaille a été rapportée, Tome III, page 123.

Idem. Même tête avec les lettre IA. au-devant. 1

℞. ΚΟΛΥΒΡΑϹϹΕΩΝ. Jupiter debout, tenant un foudre de la droite, & une haſte de la gauche, dans un Temple à quatre colonnes.

Cette médaille a été auſſi rapportée, Tome III, page 249.

LAERTE in Cilicia.

ΠΟΥ. ΛΙΚ. ΚΟΡ. ΟΥΑΛΕΡΙΑΝΟΝ. ΚΑΙϹ. Ϲ. Tête nue de Salonin, devant laquelle eſt la lettre Γ. 3

℞. ΛΑΕΡΤΕΙΤΩΝ. Bacchus nu, debout,

PLANCHE XXXII.

tenant de la droite un pot, & de la gauche un thyrſe. A ſes pieds, une panthere.

Cette médaille a été pareillement rapportée, Tome III, page 252.

VALERIANUS *junior.*

NICÆA in Bithynia.

Γ. Π. ΛΙΚ. ΟΥΑΛΕΡΙΑΝΟϹ. Tête radiée de Valérien jeune. 2

R/. ΔΙΟΝΥϹΙΑ. ΠΥΘΙΑ. ΝΙΚΑΙΕΩΝ. Une table ſur laquelle ſont trois urnes. On voit deux branches de laurier dans celle du milieu, & une ſeulement dans chacune des deux autres. cette médaille a été rapportée T. III. pl. XXVIII.

METROPOLIS in Phrygia.

N°. 10. ΑΥΤ. Κ......ΟΥΑΛΕΡΙΑΝΟϹ. Tête comme deſſus. 2

R/. ΜΗΤΡΟΠΟΛΕΙΤΩΝ. Une figure de femme tourelée, aſſiſe, tient de la main droite le ſimulacre de Cérès qui a dans ſes mains des épis, & une longue torche. A l'exergue, un poiſſon.

CORNELIA SUPERA.

PLANCHE XXXII.

JULIA in Phrygia.

ΓAI. KOP. COΥΠЄPHN. CЄ. Tête de Cornelia Supera. 2 N°. 11.

℟. APX. TO. B. ΦIΛOTЄIMΩ. IOΥΛIЄΩN. Le type de Cybele aſſiſe entre deux lions.

Cette médaille qui eſt d'une parfaite conſervation, fait connoître que celle qui a été rapportée par Vaillant, étoit défectueuſe, y ayant lu ΦIΛOICIMA. au revers, au lieu de ΦIΛOTЄIMΩ, & ΓN. KOP. du côté de la tête, au lieu de ΓAI. KOP. Supera s'appelloit *Caia Cornelia*, & non pas *Gnea Cornelia*. Au ſurplus, on penſe que cette Princeſſe étoit femme ~~de Trébonien-Galle~~ d'Emilien, non pas de Valérien jeune. On en connoît une médaille de la ville d'Aegae en Cilicie avec une époque qui le démontre.

MACRIANUS *junior.*

NICÆA in Bithynia.

TI. ΦOΥΛ. IOΥ. MAKPIANOC. CЄB. Tête radiée de Macrien. 2 N°. 12.

℟. NIKAIЄΩN. Le type repréſente un

PLANCHE XXXII.

camp Prétorien avec une porte devant, & une autre derriere.

On a une pareille médaille de Quiétus, frere de Macrien. Vaillant n'en a rapporté aucune de ces deux Princes.

Medailles de Claude le Gothique oubliées. Voyez additions cy après p. 375. ΠΡΟϹΤΑΝΝΕΩΝ. deux.

CHAPITRE

1.
Æ
2.
Æ
CAPΔIA
NΩN·Γ·
NEΩKO
PΩN
3.
Æ
4.
Æ
5.
Æ
NIKAIE
ΩN
6.
Æ
7.
Æ
OMONO
8.
Æ
CYN
NAΔE
ΩN
9.
Æ
ΘE
MIΔOC
TO·E
10.
Æ
11.
Æ
12.
Æ
NIKAIEΩN

CHAPITRE

INTITULÉ :

URBES ET EARUM POPULI.

ΑΒΑCCΗΝΩΝ *in Phrygia.* (*Page* 191 *). On a observé ci-devant que cette médaille paroît douteuse.

ΑΓΧΙΑΛΕΩΝ *in Cilicia.* On a aussi remarqué que des médailles attribuées à cette ville par Vaillant, sont de l'*Anchiale* de Thrace.

ΑΔΡΑΜΗΝΩΝ *in Cœlesyria.* Ces médailles sont, suivant les apparences, de la ville d'*Adraa* en Arabie, ainsi qu'on l'a ci-devant marqué.

ΑΔΡΙΑΝΩΝ. ΠΡΟΣ. ΟΛΥΜΠΟΝ. *in Bithynia.* Il a été rapporté une seconde médaille de cette ville, Tome III, page 210. Elle est de Julia Domna.

ΑΔΡΙΑΝΟΘΗΡΕΙΤΩΝ *in Bithynia.* Les Magistrats que Vaillant dit avoir été établis dans cette ville par Hadrien, étoient des Archontes suivant les médailles qu'il rapporte. On a remarqué ci-devant qu'elle a aussi été gouvernée par des Préteurs.

* *Nota.* La citation de ces Pages, ainsi que celles citées dans la suite de ce Volume, sont relatives à l'Ouvrage de Vaillant.

ΑΙΓΕΙΑΤΩΝ *in Ætolia.* (*Page* 192). Il eſt douteux que la médaille de Plautille ſoit de cette ville qui n'eſt gueres connue.

ΑΙΓΕΙΝΗΤΩΝ *Inſula.* On a une ſeconde médaille Impériale de cette Iſle. Elle eſt de Plautille, & c'eſt peut-être le lieu où la précédente médaille a été frappée.

ΑΛΗCΕΙΤΩΝ *in Elide.* Vaillant a rapporté auſſi ſous Antonin une médaille avec une pareille légende. On doute qu'elles ſoient des peuples auxquels il les attribue, & l'on penſe qu'il peut avoir lu ΑΛΗCΕΙΤΩΝ au lieu d'ΑΜΑCΕΙΤΩΝ.

ΑΛΙΗΝΩΝ *in Phrygia.* Il a été rapporté ci-devant une autre médaille Impériale de cette ville ſous Gordien, & une autonome, Tome II, page 28.

ΑΜΟΡΙΑΝΩΝ *in Phrygia.* Cette ville avoit des Magiſtrats ſuivant une médaille de Veſpaſien qui a été ci-devant rapportée.

ΑΜΦΙΠΟΛΙΤΩΝ *in Syria.* Toutes les médailles que Vaillant a attribuées à cette ville, ſont de l'*Amphipolis* de Macédoine, ainſi qu'il a été obſervé, Tome II, page 183.

VAILLANT a oublié (*Page* 193). de faire

mention de la ville d'*Antiochia ad Sarum* en Cilicie, dont il a rapporté une médaille de Marc-Aurele, page 49.

ΑΠΟΛΛΩΝΙΑΤΩΝ *in Ionia juxta Ephesum.*

ΑΠΟΛΛΩΝΙЄΩΝ *in Ionia.* On n'a point connoissance qu'il y ait eu deux villes du nom d'*Apollonie* en Ionie.

ΑΡΙΑCCЄΩΝ *in Pamphylia.* Il a été rapporté une seconde médaille de cette ville, Tome III, page 244.

ΑCΙΝΑΙΩΝ *in Laconia.* On a aussi rapporté (*Tome III, page* 193) deux autres médailles de cette ville, l'une de Plautille, l'autre de Géta.

ΑΤΤΑΙΤΩΝ *in Laconica.* On croit que toutes les médailles qui ont cette légende, sont de la ville d'*Attæa* en Phrygie, comme on l'a ci-devant marqué, en rapportant une médaille autonome de cette ville, Tome II, page 21, & d'autres Impériales, Tome III, page 211. Dans le présent Volume, on en donne une autre sous Sept. Sévere avec un nom de Préteur.

ΑΤΤΑΛЄΩΝ *in Pamphylia.* Vaillant ne fait point mention ici de l'*Attalie* de Lydie, dont il a cependant donné, page 81, deux médailles de Septime-Sévere, comme étant de cette ville, ſans qu'il en ait dit la raiſon, comme on l'a ci-devant remarqué, en rapportant une médaille d'Hadrien qui y a été frappée.

ΑΥΤΟΜΑΛΗC *in Libya.* (*Page* 194). Médaille mal lue, ou fauſſe, ainſi qu'il a été marqué, Tome III, page 173.

ΒΑΓΗΝΩΝ *in Lydia.* On a rapporté une ſeconde médaille de cette ville, Tome III, page 214, & une troiſieme dans le préſent Recueil, ſous Néron.

ΒΑΛΑΝΕΩΝ *in Syria.* Ce n'eſt point la tête d'Auguſte qui eſt ſur cette médaille, mais celle de Marc-Antoine, ainſi qu'on l'a déja obſervé. Elle contient d'ailleurs une époque dont Vaillant n'a point fait mention.

ΒΟCΤΡΑ *in Arabia.* Cette ville a auſſi marqué des époques ſur quelques-unes de ſes médailles, dont il ſera parlé ci-après.

ΒΡΟΥΖΗΝΩΝ *in Phrygia.* Il a été remarqué ci-devant que cette ville avoit des Magiſtrats qui ſont nommés ſur des médailles de Septime-Sévere & de Caracalla, que Vaillant ne connoiſſoit pas.

ΒΥΖΑΝΤΙΩΝ *in Thracia.* Il dit ici que les Empereurs Trajan & Caracalla ſont nommés en qualité d'Archontes ſur des médailles de cette ville, qu'il a rapportées, pages 27 & 99. Il y en a auſſi ſur leſquelles on voit des noms de femmes, que l'on eſtime que le Sénat avoit faites *Eponymes* par extraordinaire, pour leur faire honneur, comme on l'a marqué ci-devant, en rapportant deux médailles de Sév. Alexandre qui ont pour légende ЄΠ. ΦΡΟΝΤΩΝΟϹ. ΚΑΙ. ΑΦΗϹΤΗϹ. ΒΥΖΑΝΤΙΩΝ.

ΓΑΔΑΡΑ *in Syria.* Il y a lieu de juger que pluſieurs des médailles que Vaillant a attribuées à cette ville, ſont d'une autre ville de même nom qui étoit en Paleſtine, ainſi qu'on l'a obſervé, Tome III, page xl.

ΓЄΡΜΑΝΙΚΟΠΟΛЄΩϹ *in Iſauria.* (*Page* 195). Ces médailles ſont de la ville de *Germanicopolis* qui étoit en Paphlagonie, dont on a d'autres médailles qui contiennent des époques, leſquelles ont été rapportées, Tome II, page 255.

ΔΑΛΔΙΑΝΩΝ *in Lydia.* Cette ville qui avoit pour Magiſtrats des Archontes ſous Gordien, avoit été gouvernée auparavant par des Préteurs, comme il paroît par une médaille d'Hadrien, qui a pour légende au revers ЄΠΙ. ΗΡΑΚΛЄΙΔΟΥ. CΤΡ. ΔΑΛΔΙΑΝΩΝ, laquelle a été ci-devant rapportée, Planche XXVI, N°. 6.

ΔΙΟΚΑΙCΑΡЄΙΑC. ΑΥΤΟΝΟΜΟΥ *in Cappadocia.* Cette médaille eſt de la ville de *Diocéſarée* en Galilée, comme on l'a déja obſervé.

ΔΙΟCΠΟΛΙC *in Palæſtina.* On a auſſi remarqué ci-devant que les lettres numérales qui ſont ſur les médailles de cette ville, ne marquent point des dates procédant d'une ere, mais ſeulement des années de regne des Empereurs.

ΕΠΙΦΑΝΕΩΝ *in Cilicia.* (*Page* 196). On a un ſecond médaillon de cette ville qui repréſente d'un côté la tête de Sept. Sévere, & de l'autre côté celle de Julia Domna avec la date ΞC. 260. Il a été rapporté par M. l'Abbé Belley, dans une de ſes Diſſertations, Tome XXVI des Mémoires de l'Académie.

ΕΡΜΟΚΑΠΗΛΙΤΩΝ *in Lydia.* Il n'y a point de noms de Magiſtrats ſur les deux médailles de cette ville, dont Vaillant fait mention. On voit celui d'un Préteur ſur une autre médaille de Sept. Sévere, qui a été rapportée, Tome III, page 214.

ΘΑΣΙΩΝ *Insula.* (*Page* 197). Il a été rapporté aussi une seconde médaille Impériale de cette Isle, Tome III, page 223; elle est de Caracalla. Vaillant ne fait point ici mention de deux médailles de Domitien qu'il a attribuées à la même Isle, parce qu'elles ont les lettres ΘΑ. après des noms de Magistrats. Il pensoit peut-être avec raison que ces deux lettres pouvoient avoir une autre signification.

ΘЄCCAΛΟΙ *Provincia.* Il ne parle point des Magistrats qui sont nommés sur quelques médailles de ces peuples. C'est apparemment parce qu'il ne connoissoit point celles d'Auguste & de Livie, qui ont été rapportées, Tome III, page 200; & qui contiennent des noms de Préteurs.

ΚΑΙCΑΡЄΩΝ *in Palæstina.* La médaille d'Auguste que Vaillant attribue (*Page* 198) à *Césarée* de Palestine, doit être plutôt de *Césarée* de Bithynie, ainsi qu'une autre de Néron, par rapport aux noms de Magistrats qu'elles contiennent, ainsi qu'il a été déja observé.

Il n'est pas certain que cette médaille soit de Césarée de Bithynie. Ce n'est point un nom de magistrat qui est sur celle de Neron, mais celui de Jupiter qu'on y appelle ΛΑΦΑCΙΟC.

ΚΑΝΟΘΑΙΩΝ *in Decapolitana Syriæ.* Il a été remarqué ci-devant que l'on a aussi une médaille de Claude frappée dans cette ville avec la légende ΚΑΝΑΤΗΝΩΝ. ΒΙΡ.

ΚΕΛΕΝΔΡΗΝΩΝ *in Cilicia.* On doute que cette médaille ait été bien lue, la légende des médailles autonomes de cette ville étant ΚΕΛΕΝΔΕΡΙΤΩΝ, non pas ΚΕΛΕΝΔΡΗΝΩΝ.

ΚΗΒΗϹϹΕΩΝ *in Lycia.* Il est encore plus douteux qu'il y ait ΚΗΒΗϹϹΕΩΝ. sur les deux médailles que Vaillant rapporte de cette prétendue ville de Lycie; on présume que leur légende est plutôt ΚΙΔΥΗϹϹΕΩΝ, ainsi qu'il a été marqué, Tome III, page 248.

ΚΙΒΥΡΑΤΩΝ *in Phrygia.* Il ne connoissoit point sans doute de médailles de cette ville avec des époques, puisqu'il n'en a point fait mention. On en trouve sur une médaille de Maximin, & sur une autre de Tranquilline, dont il sera parlé ci-après.

ΚΡΗΤΙΑ. ΦΛΑΟΥΙΟΠΟΛΙϹ *in Bithynia.* (*Page* 199). On a une autre médaille de cette ville avec pareille légende. Elle est de Gallien, & représente au revers une tête de femme tourelée & voilée avec la lettre Β. derriere. Celles qui ont pour légende. ΚΡΗΤΙΕΩΝ. ΦΛΑΟΥΙΟΠΟΛΙΤΩΝ, sont moins rares.

ΛΑΚΕΔΑΙΜΟΝΙΩΝ *in Peloponneso.* Vaillant dit ici qu'il faut observer que les médailles qu'il a rapportées

rapportées de cette ville, ont été frappées *cum voce* CTP, *id eſt Prætoris.* Cependant de toutes celles qui ſont dans ſon Recueil, il n'y en a qu'une qui eſt de Commode, où l'on trouve un nom de Préteur; encore cette médaille qui marque une union ou concorde entre *Lacédémone* & *Smyrne*, a-t-elle été frappée dans cette derniere ville, la figure principale du type, qui s'appuie d'une main ſur un bouclier d'Amazone, déſignant la ville de Smyrne. Au ſurplus, s'il y a quelques exemples de médailles de villes du Péloponnêſe qui contiennent des noms de Préteurs, ils ſont bien rares.

ΛΑΟΔΙΚЄΩΝ *in Caria : Habebant ſcribas.* Cette ville étoit en Phrygie. On trouve des noms de Préteurs ſur quelques-unes de ſes médailles; entre autres ſur un médaillon de Sabine, dont il a été fait mention ci-devant page 71.

ΛΑΡΑΝΔЄΩΝ *in Lycaonia.* (*Page* 200). Il y a lieu de juger par le type de cette médaille que Vaillant y a lu ΛΑΡΑΝΔЄΩΝ au lieu d'ΛΑΛΑΒΑΝΔЄΩΝ.

ΛΥΚΙΩΝ *Provincia.* Cette médaille eſt auſſi douteuſe. Il ne l'a point décrite parmi celles d'Antonin, où elle devroit être.

ΜΑΝΤΑΛΗΝΩΝ *in Phrygia*. Médaille également ſuſpecte.

ΜΗΤΡΟΠΟΛЄΩC *in Iſauria*. (*Page* 201). Cette médaille ne ſe trouve point parmi celles de Fauſtine que Vaillant a rapportées. On en a une d'Elagabale avec la légende ΜΗΤΡΟΠΟΛЄΩC. ICAΥΡΩΝ. qu'on peut voir dans le Tome II, page 139.

ΜΟΚΟΚΑΙЄΩΝ *in Phrygia*. La premiere lettre Μ manque dans cette médaille que l'on a vue.

ΝΑΚΟΛЄΩΝ *in Phrygia*. On connoît d'autres médailles de cette ville, que celle dont Vaillant fait ici mention. Il en a été rapporté trois, Tome III, page 212, leſquelles ſont de Domitien & de Gordien.

ΝЄΟΚΑΙCΑΡЄΩΝ *in Ponto*. On ne trouve point de noms de Magiſtrats ſur les médailles de cette ville que Vaillant a publiées. On en voit ſur les deux de Caligula, qui ont été ci-devant rapportées, page 23 du préſent Volume.

ΝΙΚΗΦΩΡΙΩΝ *in Meſopotamia*. (*Page* 202). Médaille ſuſpecte.

ΝΙΚΟΜΗΔЄΩΝ *in Bithynia*. Cette ville n'a pas

eu toujours des Préteurs pour Magiſtrats. La médaille ſuivante de Commode fait voir qu'elle a été auſſi gouvernée par des Archontes.

ΑΥ. Κ. Λ. ΑΥΡ. ΚΟΜΜΟΔΟC. Tête de Commode couronnée de laurier. 1

℞. ЄΠ. Λ. ΑΡΤЄΜΙΔΩΡΟΥ. ΑΡΧ. ΝΙΚΟΜΗΔЄΩΝ. Diane ſur un char tiré par deux cerfs.

ΠΑΘΜΟC *Inſula.* Cette médaille a été mal lue. Elle eſt de la ville de *Rabathmoma* en Arabie, ainſi qu'il a été marqué ci-devant, page 128.

ΠΑΛΤΗΝΩΝ *in Syria.* On a rapporté ci-devant, Pl. XXVIII, N°. 1, une autre médaille de cette ville; elle eſt de Julia Domna.

ΠЄΡΓΑΜΗΝΩΝ *in Aſia.* Vaillant dit (*Page* 203). que cette ville a eu des Préteurs pour Magiſtrats; mais elle a eu auſſi des Archontes, comme le fait voir une médaille d'Auguſte ci-devant rapportée, page 13.

ΠΙΤΑΝΑΙΩΝ *in Myſia.* Il a été auſſi rapporté, Tome III, page 213, une ſeconde médaille de cette ville. Elle eſt de Fauſtine jeune.

ΠΡΥΜΝΗCCЄΩΝ *in Phrygia.* Cette ville avoit des Magiſtrats dont le nom étoit marqué quelquefois ſur ſes monnoies, comme il paroît par une médaille de Néron ci-devant rapportée, pag. 33.

PAMAΘHNΩN *in Palæſtina.* (*Page* 204). Selon les apparences, il y avoit KANATHNΩN ſur cette médaille, qui par conſéquent aura été mal lue.

PAΦANEΩTΩN *in Syria.* On a déja remarqué qu'il y a PЄΦANЄΩN & PЄΦANЄΩTΩN ſur toutes les médailles que l'on a de cette ville.

CAЄTΩN *in Lydia.* Il a été auſſi obſervé que cette médaille a été mal lue, & qu'elle eſt de la ville de *Samoſate.*

CAΛITΩN *in Lydia.* Les médailles que Vaillant réfere à cette ville, ſont, ſelon les apparences, de celle d'*Elæa* en Ionie, comme on l'a marqué, Tome III, page 213.

CIΦNIΩN *Inſula.* (*Page* 205). Cette médaille paroît douteuſe.

CKHΨIΩN *in Troade : Hi æram ſignarunt.* On a obſervé ci-devant que les médailles de cette ville ne contiennent point d'époque, comme Vaillant l'a cru.

Nota. Il a oublié de faire ici mention de la ville de *Silandus* en Lydie, dont il avoit décrit une médaille ſous Commode. Il a été rapporté d'autres médailles Impériales de cette ville, Tome III, page 215 ; & une autonome, Tome II, page 110.

CMΥΡΝΑΙΩΝ *in Ionia. Prætores habuerunt.* Il y a des médailles de *Smyrne* qui, ſous les premiers Empereurs, contiennent des noms de Proconſuls, non comme Magiſtrats particuliers de cette ville, mais en qualité d'Eponymes. On trouve auſſi ſur quelques autres un nom d'Aſiarque ſeul, ſoit qu'il fût en même temps Préteur, ou ſimplement Eponyme.

ΤΑΒΗΝΩΝ *in finibus Piſidarum.* Les médailles de cette ville rapportées par Vaillant, ne contiennent point de noms de Magiſtrats. On en trouve ſur des médaillons de Caracalla & de Gallien, Tome III, page 218.

ΤΑΝΑΓΡΑΙΩΝ *in Bœotia.* Il à été rapporté une ſeconde médaille Impériale de cette ville, Tome III, page 199.

ΤΡΑΠΕΖΟΥΠΟΛΕΩC *in Phrygia.* (*Page* 206). On a déja obſervé que les médailles que Vaillant a attribuées à cette ville, ſont de *Trapezus* dans le Pont.

ΤΥΡΟΥ *in Phœnicia.* Cette médaille a été mal

lue. Elle eſt de la ville de *Tripolis.*

ΦΙΛΙΠΠΟΠΟΛΕΙΤΩΝ *in Thracia.* (*Page* 207). L'Abbé Mazolini juge que cette ville étoit celle appellée *Cæſarea Philippi* en Paleſtine; mais on croit qu'il ſe trompe.

ΦΛΙΑCΙΩΝ *in Peloponneſo.* Cette ville étoit en Arcadie. Il en a été rapporté une ſeconde médaille, Tome III, page 197. Elle eſt de Caracalla.

ΧΙΩΝ *Inſula.* Il eſt plus que douteux que cette médaille ait été frappée à *Chio*, ainſi qu'on l'a ci-devant obſervé.

ΨΩΦΕΙΔΙΩΝ *in Arcadia.* On a auſſi rapporté une ſeconde médaille de cette ville, Tome III, page 198. Elle eſt pareillement de Caracalla.

VILLES

Dont VAILLANT *n'a point rapporté de* MÉDAILLES, *& qui ſe trouvent dans le cabinet de l'Auteur.*

ABEΩN. ABA in Caria. medailles de Marc Aurele et de Severe Alexandre.

ABILA. LEUCADE au delà du Jourdain. Medaille de faustine jeune.

ΑΒΙΛΗΝΩΝ *in Cœleſyria.* Médailles de L. Vérus & de Commode, rapportées par M. l'Abbé Belley, Tome XXVIII des Mémoires de l'Académie.

ΑΔΡΙΑΝΟΠΟΛΙΤΩΝ *in Bithynia.* Médailles d'Hadrien & de Sévere-Alexandre rapportées, Tome III, page 210.

ΑΘΡΙΒ *in Ægypto.* Médaille d'Hadrien rapportée par M. l'Abbé Belley, Mémoires de l'Académie, Tome XXVIII.

ΑΙΓΙΕΩΝ *in Achaia.* Médaille de Plautille ci-devant rapportée, Pl. I, N° 8. du précédent Volume. Autres de Commode et d'Elagabale.

ΑΙΛ. ΚΑΠ. *in Palæstina.* Médaille de Septime-Sêvere, Tome III, page 250.

ΑΙΝΙΩΝ. ΕΝ. ΘΡΑΚΗ. Médaille d'Hadrien, Tome III, page 208.

ΑΝΘΕΜΟΥϹΙΩΝ *in Mesopotamia.* Médaille de Caracalla rapportée, page 346 du précédent Volume.

ΑΝΤΑΙΟ *in Ægypto.* Médaille d'Hadrien rapportée par M. l'Abbé Belley, Mémoires de l'Académie, Tome XXVIII.

ΑΠΟΛΛΩΝΙΕΡΕΙΤΩΝ *in Lydia.* Médaille de Tibere, Tome III, page 214.

ΑΠΟΛΛΩΝΙΗΤΕΩΝ. ΕΝ. ΠΟΝΤΩ. Médailles de Septime-Sévere, de Julia Domna, de Caracalla & de Gordien, Tome III, page 203.

ΑΡΑΒΙΑ *in Ægypto.* Médaille d'Hadrien : *Voyez* Mémoires de l'Académie, Tome XXVIII.

ΑΡΓΕΙΩΝ *in Cilicia.* Médailles de Gallien & de Salonine rapportées page 22 du Volume précédent.

ΑΣΤΥΠΑΛΑΙΕΩΝ *Insula.* Médaille de Tibere, Tome III, page 34.

ΑΣΩΠΕΙΤΩΝ *in Achaia.* Médailles de Sept. Sévere & de Caracalla, Tome III, page 190.

ΑΤΤΑΙΤΩΝ *in Phrygia.* Médailles de Trajan & de Commode, Tome III, page 211.

ΑΦΡΟΔΕΙΤΟΠΟΛΙΤΗΣ *in Ægypto.* Médaille de Trajan: Mémoires de l'Académie, To. XXVIII.

ΒΟΥΒΑΣ *in Ægypto.* Médaille d'Hadrien: Mémoires de l'Académie, Tome XXVIII.

ΓΑΔΑΡΕΩΝ *in Palæstina.* Médaille de Marc-Aurele, Tome III, page xl.

ΔΕΙΗΝΩΝ *in Cœlesyria.* Médaille de Géta: Mémoires de l'Académie, Tome XXVIII.

ΔΙΟΚΑΙΣΑΡΕΩΝ. ΜΗΤ. ΚΕΝΝΑΤΩ *in Cilicia.* Médaille de Philippe fils, Tome III, page 246.

ΔΙΟΠΟΛΕΙΤΗΣ *in Ægypto.* Médaille d'Antonin: Tome XXVIII des Mémoires de l'Académie.

EPIDAVRVS in Argolide médaille d'Antonin

ΕΛΕΥΘΕΡΟΠΟΛΙΤΩΝ *in Cœlesyria.* Médaille de Julia Domna, Tome III, page 247.

ΕΡΜΩΝΘ *in Ægypto.* Médaille d'Hadrien: Mémoires de l'Académie, Tome XXVIII.

ΕΤΕΝΝΕΩΝ

ETЄNNEΩN *in Pamphylia.* Médailles de Géta & de Sévere-Alexandre, Tome III, page 222.

ZAΥΘHC *in Meſopotamia.* Médaille de Trajan, Tome III, page 252.

HPAEA in Arcadia médaille de Caracalla.

INΔЄI *in Caria.* Médaille de Trajan, page 9 du Volume précédent.

KAICAPЄIAC. ΛIBANOΥ *in Cœleſyria.* Médailles d'Antonin & de Marc-Aurele ci-devant décrites, pages 79 & 89. M. l'Abbé Belley en a fait uſage dans une de ſes Diſſertations.

KAICAPЄΩN. ΠPOC. TΩ. ANAZAPBΩ *in Cilicia.* Médaille d'Antonin rapportée ci-dev. p. 80.

KAPPHNΩN *in Meſopotamia.* Médailles de L. Vérus, & de Septime-Sévere ci-devant rapportées, pages 100 & 119.

KIΔΥHCCЄΩN *in Phrygia.* Médailles de Domitien, Tome III, page 248.

KIΔPAHNΩN in finibus Lydiae et Phrygiae. médaille de Marc Aurele ..... 9.

KΛAΥΔЄIKONIЄΩN *in Lycaonia.* Médaille de Néron, Tome II, page 141.

KOΛΥBPACCЄΩN *in Cilicia.* Médailles de Trébonien-Galle & de Salonin, Tome III, pages xxvij & 249.

KOPOΠICCЄΩN *in Lycaonia.* Médaille d'Hadrien, Tome III, page 249.

KΥΙTΩN *in Caria.* Médaille de Julia Domna, Tome III, page 217.

ΚΩΡΥΔΑΛΛΩΝ *in Lycia.* Médaille de Tranquilline, Tome III, page 248.

ΛΑΩΝ *in Laconica.* Médailles de Caracalla, de Géta & de Macrin, Tome III, page 190.

ΛΑΕΡΤΕΙΤΩΝ *in Cilicia.* Médailles d'Antonin & de Salonin, Tome III, page 252.

ΛΕΥΚΑΔΙΩΝ *in Acarnania.* Médaille de Commode, page 96 du Volume précédent.

ΛΗΤΟΠΟΛΙΤΩΝ *in Ægypto.* Médaille d'Hadrien rapportée par M. l'Abbé Belley, Tome XXVIII des Mémoires de l'Académie.

ΛΥΣΙΑΔΕΩΝ *in Phrygia.* Médaille de Gordien, Tome III, page 251.

ΜΑΛΛΩΤΩΝ *in Cilicia.* Médaille d'Antonin citée, T. II, p. 170, décrite, p. 81 du préf. Vol.

ΜΕΓΑΛΟΠΟΛΙΤΩΝ *in Arcadia.* Médailles de Septime-Sévere & de Caracalla, Tome III, page 189.

ΜΕΓΙΑΙΤΩΝ *in Mesopotamia.* Médaille de Trajan, page 20 du Volume précédent.

ΜΕΘΑΝΑΙΩΝ *in Argolide.* Médailles de Julia Domna & de Caracalla, Tome III, p. 191.

ΜΗΛΙΩΝ *Insula.* Médaille de Nerva, Tome III, page 224.

ΜΗΤΡΟΠΟΛΕΩΣ ΙΣΑΥΡΩΝ. Médaille d'Elagabale, Tome II, page 139.

ΜΟΘΩΝΑΙΩΝ *in Messenia.* Médailles de Julia

Domna & de Géta, page 99 du Volume précédent.

ΜΥΚΟΝΙΩΝ *Insula.* Médaille d'Auguste, Tome III, page 224.

ΝΑΥΚΡΑΤΙC *in Ægypto.* Médaille de Marc-Aurele, Mémoires de l'Académie, Tome XXVIII.

ΝЄΡΩΝΙЄΩΝ *in Samaria.* Médaille de Néron citée, page 36 du présent Volume.

NICOPOLIS in Seleucide. médaille de Sev. Alexandre.

ΝΙΚΟΠΟΛЄΩC *in Palæstina.* Médaille de Faustine mere, rapportée par M. l'Abbé Belley dans ses Dissertations, décrite ci-devant, page 84.

ΝΥΣΑ. CΚΥΘΟΠΟΛΙC *in Decapolitana Syriæ.* Médailles de Néron, de Géta & de Gordien rapportées par M. l'Abbé Belley, Tome XXVI des Mémoires de l'Académie.

ΞΟΙΤΩΝ *in Ægypto.* Médaille d'Hadrien non rapportée. Elle a pour légende au revers ΞΟΙΤ. L. ΙΑ, & pour type Sérapis debout avec le boisseau sur la tête, tenant de la droite un oiseau.

ΟΤΡΟΗΝΩΝ *in Phrygia.* Médaille de Julia Domna, Tome III, page 253. Autre de Geta.

ΠΑΓΑΙΩΝ *in Attica.* Médaille de Commode, Tome III, page 253.

ΠΑΛΛΗΝΑΙΩΝ *in Achaia.* Médaille de Julia Domna, Tome III, page 192.

ΠΑΡΛΑΙΩΝ *in Lycaonia.* Médaille de Gallien, Tome I, page xvij.

ΠΕΔΝΗΛΙCCΕΩΝ *in Pisidia.* Médaille de Maxime, Tome III, page 254.

ΠΕΛΛΑΙΩΝ *in Macedonia.* Médaille d'Octavie, sœur d'Auguste, Tome I, page 186.

ΓΑΛ. ΤΟΛΙC. ΠΕCCΙΝΟΥΝΤΙΩΝ *in Galatia.* Médaille de Marc-Aurele, Tome III, page 209.

ΠΟΛΥΡΗΝΙΩΝ *in Creta.* Médaille de Trajan, Tome III, page 223.

ΠΡΟCΤΑΝΝΕΩΝ *in Pisidia.* Médailles de Claude le Gothique, Tome III, page 254.

ΡΗCΑΙΝΗCΙΩΝ *in Mesopotamia.* Médaille de Caracalla rapportée *, page 151 du présent Volume. Non Colonie.

CΑΛΗΝΩΝ *in Phrygia.* Médailles d'Antonin, de Marc-Aurele & de Septime-Sévere, Tome III, page 212.

CΕΒΑCΤΗΝΩΝ *in Phrygia.* Médailles de Caracalla, de Géta & de Gordien, Tome III, page 255.

CΕΒΑCΤΗΝΩΝ. ΤΕΚΤΟCΑΓΩΝ *in Galatia.* Médailles de Tite & de Domitien, Tome III, page 209.

* Vaillant n'a point rapporté de Médailles de la ville de *Rhesæna*, si ce n'est de celles qu'elle a fait frapper avec le titre de Colonie. Quoiqu'elle eût été faite Colonie par Septime-Sévere, celle-ci de Caracalla n'en contient aucune marque.

CHAPITRE

INTITULÉ:

URBES METROPOLES.

ΑΝΚΥΡΑ *in Galatia.*

IL EST à obſerver que Vaillant (*Page* 208) juge que la ville d'*Ancyre* en Galatie, a été faite Métropole par Hadrien, ſans rien dire de la médaille de Néron qu'il a rapportée, page 16, avec la légende ANKΥPAC. MHTPO. Il faut que cette médaille ait été mal lue, si la ville d'*Ancyre* n'a été faite effectivement Métropole que sous Hadrien.

ΑΥΤΟΜΑΛΑ *in Lybia.*

Il y a toute apparence que la médaille de Sévere-Alexandre dont il est ici question, est fausse, ou qu'elle a été mal lue, la ville d'*Automala*, qui étoit dans la Cyrénaïque, & non en Libye, n'ayant pu être Métropole, ainsi qu'on l'a remarqué, Tome III, page 173.

HPAKΛEIA *fortè in Macedonia.*

Vaillant, après avoir marqué, pages 150 & 196, que les médailles de Trajan & de Gordien qu'il a rapportées avec la légende HPAKΛEΩTAN. MHTPOΠOΛITAN, étoient de la ville d'*Héraclée* en Thrace, observe ici avec raison qu'elles ne peuvent être de cette ville, parce que du temps de Trajan, elle s'appelloit *Périnthe*, dont le nom ne fut changé en celui d'*Héraclée* que long-temps après. Il y avoit eu d'autres villes du nom d'*Héraclée* en Thrace; mais il ne paroît pas qu'aucune ait été assez considérable pour avoir été faite Métropole. D'ailleurs la terminaison Dorique de HPAKΛEΩTAN. MHTPOΠOΛITAN, qui se trouve sur les deux médailles en question, doit les faire référer à quelqu'une des villes de même nom, où ce dialecte étoit la langue qu'on y parloit. C'est une recherche qu'on laisse à faire à ceux qui voudront bien s'en donner la peine.

TOMOC in Mœsia.

Selon le même Antiquaire (*Page* 209) la lettre Δ. que l'on voit sur les médailles de *Tomi*, signifie que cette ville étoit la quatrieme Métropole du Pont, quoiqu'il eût donné, comme il le marque, la signification de Δευτέρας à cette lettre, qu'il avoit cru voir sur une médaille de la ville de *Carrhæ* en Mésopotamie, dont il a été fait mention, Tome II, page xiv. Ces différentes interprétations, non plus que les quatre Métropoles qu'il suppose dans le Pont, ne sont pas admissibles. Une médaille de Plautille qui est dans le cabinet de l'Auteur avec la légende TOMЄΩC MHT. ΠΟΝΤΟΥ. Γ. suffiroit seule pour les faire rejetter, quand on n'auroit pas d'autres raisons à y opposer. On a déja remarqué que la vraie signification de ces sortes de lettres sur des médailles de plusieurs villes de Mœsie & de Thrace, n'a pas encore été découverte.

MÉDAILLES sur lesquelles on trouve le titre de Métropole qui a été pris par des Villes dont Vaillant n'a pas fait mention.

ΔΙΟΚΑΙСΑΡЄΩΝ. ΜΗΤ. ΚЄΝΝΑΤΩ. Médaille de Philippe fils rapportée, Tome III, page 246.

ΜΗΤΡΟΠΟΛЄΩС. ΙСΑΥΡΩΝ *. Médaille d'Elagabale rapportée, Tome II, page 139.

ΚΟΡΟΠΙССЄΩΝ. ΜΗΤΡΟ. Médaille d'Hadrien rapportée, Tome III, page 249.

ΛΑΜΨ. ΜΗΤΡΟΠ. Médaille de Caracalla rapportée, Tome III, page 232.

ΔΙΟΚΑΙΣΑΡΕΙΑΣ in Galilea. med.[e] d'antonin et de Caracalla. ΚΙΒΥΡΑΤΩΝ. medaille de Maximin, cy devant rapportee p. 188. ΝΙCΙΒΙ. in mesopotamia. de Gordien et de Tranquilline.

* On trouve que Vaillant a rapporté une médaille de Géta, qui a pour légende ΜΗΤΡΟΠΟΛΕΩC. ΙCΑΥΡΩΝ, mais dont il n'a point fait mention dans ce Chapitre.

CHAPITRE

INTITULÉ:

URBES PRIMATU INSIGNES.

AMACIA *in Ponto.*

ON NE conçoit pas comment Vaillant (*Page* 210) a pu dire que la ville d'*Amasie* n'avoit obtenu que sous le regne de Commode le titre de *premiere*

premiere du Pont, après avoir rapporté, p. 59, une médaille de Faustine jeune, avec la légende ΑΜΑΣΙΑ. ΠΡ. ΠΟΝΤΟΥ. Ce titre lui fut accordé au moins sous le regne de Marc-Aurele, puisque Faustine étoit morte quand Commode parvint à l'Empire.

ΕΦΕϹΟϹ *in Ionia.*

Il recule aussi dans l'article suivant le temps où *Ephêse* a pris le titre de *premiere d'Asie*, en disant, comme il fait, qu'elle ne commença à s'en décorer sur ses médailles que sous Septime-Sévere. Il en avoit cependant rapporté une de Marc-Aurele avec la légende ЄΦЄϹΙΩΝ. ΔΙϹ. ΝЄΩΚΟΡΩΝ. ΠΡΩΤΩΝ. ΑϹΙΑϹ.

ϹΜΥΡΝΑ *in Ionia.*

Il se contredit encore en marquant ici que *Smyrne* avoit obtenu de Caracalla le titre de *premiere d'Asie*, après avoir rapporté, page 74, une médaille de Commode avec la légende ϹΜΥΡΝΑΙΩΝ. ΠΡΩΤΩΝ. ΑϹΙΑϹ. Β. ΝЄΩΚΟΡΩΝ, & ajouté à cette légende, *Smyrnæi, ut primi dicerentur, sub Commodo obtinuerunt.*

Il ne parle point de la ville de *Sagalassus* qui a pris le titre de *premiere de Pisidie* sur une médaille de Valérien, qui a été rapportée au commencement du Tome III.

CHAPITRE
INTITULÉ :
URBES SACRÆ.

ΒΥΒΛΟϹ *in Phœnicia.* ΝΙϹΟΠΟΛΙϹ *in Epiro.*

IL Y A eu très-peu de villes qui aïent pris ſur leurs médailles le titre ſeul de *ſacrées*. Des trois villes dont Vaillant fait mention (*Page* 211) les deux premieres ſeulement ; ſavoir, *Byblos* & *Nicopolis* d'Epire, ont cru apparemment ſe diſtinguer aſſez par ce titre, ſans en rechercher, ni en prendre d'autres.

ΝΥΣΣΗ. ΚΥΘΟΠΟΛΙϹ. ΙΕΡΑ *in Caria.* *C'eſt* ΝΥΣΑ. ΣΚΥΘΟΠΟΛΙϹ *in Decapolitana Syriæ.*

A l'égard de la prétendue ville de *Cythopolis* que Vaillant joint aux deux précédentes, la médaille qu'il rapporte a été mal lue, ainſi qu'on l'a ci-devant obſervé ; la légende de celles qui ſont bien conſervées étant ΝΥϹ. ϹΚΥΘΟ. ΙЄΡ. ΑϹ. Il a penſé que ΙЄΡΑϹ. ſur cette médaille qu'il a décrite, page 154, n'étoit qu'un mot ; mais ces lettres y en forment deux, ainſi que ſur beaucoup d'autres médailles ; ſavoir, ΙЄΡΑ, & ΑϹΥΛΟϹ.

Quelques autres villes ont pris le titre ſeul de

Sur une médaille d'Antonin la Ville d'Epidaure en Argolide a pris le titre de Sacrée. S. IV. p. 96.

ſacrées ſur leurs monnoies particulieres, telles que *Germe* en Myſie, *Olba* en Cilicie, *Demetrias* & *Lariſſa* en Theſſalie, *Sidon* en Phœnicie.

CHAPITRE

INTITULÉ:

URBES ASYLO GAUDENTES.

ΚΑΙΣΑΡΕΙΑ *in Palæſtina.*

Il y a eu auſſi très-peu de villes qui aient pris le titre ſeul d'ΑΣΥΛΟΥ ſur leurs médailles. A celles dont Vaillant fait mention (*Page* 211) il auroit dû joindre la ville de *Céſarée* en Paleſtine, dont il avoit rapporté une médaille ſous Caligula avec la légende ΚΑΙΣΑΡΕΙΑΣ. ΑΣΥΛΟΥ. ΑΓΡΙΠΠΑ. ΒΑΣΙΛΕΥ. On peut y ajouter auſſi la ville d'*Euſebia* appellée enſuite *Céſarée*, capitale de Cappadoce, qui a pris ce titre ſur une médaille rapportée, Tome II, page 5.

CHAPITRE

INTITULÉ :

URBES LEGIBUS SUIS UTENTES.

ΔΙΟΚΑΙΣΑΡΕΙΑ ΑΥΤΟΝΟΜΟΣ *in Cappadocia, sed potius in Galilæa.*

LA MÉDAILLE de *Diocésarée* que Vaillant cite (*Page* 212) est d'Antonin, & la seule des villes de ce nom, où le titre d'*Autonome* soit marqué. Il l'attribue à la *Diocésarée* de Cappadoce par préférence aux *Diocésarées* de Phrygie & de Cilicie, ne connoissant, dit-il, que ces trois villes qui eussent été ainsi appellées. Mais il y en a eu une en Galilée qui a porté ce nom, & qui étoit auparavant appellée *Sepphoris;* cette ville avoit, selon les apparences, obtenu l'autonomie de Trajan, dont elle avoit reçu des bienfaits, comme on l'a observé, Tome III, page 238, au sujet du mot ΕΔΩΚΕΝ, qui se trouve sur toutes les médailles de cet Empereur qu'elle fit frapper dans le temps qu'elle portoit encore le nom de *Sepphoris.* Sur ce pied-là ce ne seroit pas Hadrien qui lui auroit conféré l'autonomie, comme Vaillant le pensoit

ΚΩΡΥΚΟΣ. ΑΥΤΟΝΟΜΟΣ *in Cilicia.*

Il observe que Cicéron l'avoit accordée à

plusieurs villes de Cilicie. Cependant il juge que c'est de Gordien, ou plutôt de Valérien, que la ville de *Corycus* avoit obtenu ce titre ou privilege, n'y ayant, dit-il, aucune médaille de cette ville où le titre d'*Autonome* se trouve avant le regne de Valérien. Il avoit apparemment oublié alors qu'il en avoit rapporté une de Gordien, page 152, avec la légende ΚΩΡΥΚΙΩΤΩΝ. ΑΥΤΟΝΟΜΟΥ.

On en connoît une autre de Macrin dont voici la description :

ΑΥ. Κ. Μ. ΟΠΕΛ. C. ΜΑΚΡΙΝΟC. Tête de Macrin couronnée de laurier.

℟. ΚΩΡΥ. ΝΑΥΑΡ. ΑΥΤΟΝΟΜΟΥ. Mercure représenté à l'ordinaire, tenant une bourse d'une main, & un caducée de l'autre main.

On a aussi des médailles de la ville de *Termessus* en Pisidie, qui ne prenoit que le titre seul d'*Autonome*. Elles ont été rapportées, Tome II, page 149.

CHAPITRE

INTITULÉ :

URBES simul SACRÆ, INVIOLABILES et SUIS LEGIBUS UTENTES.

ΤΥΑΝΑ. ΙΕΡΑ. ΑΣΥΛΟΣ. ΑΥΤΟΝΟΜΟΣ *in Cappadocia.*

EN RAPPORTANT (*Page* 213) la médaille de *Tyana* qui contient tous ces titres, Vaillant dit qu'elle avoit été appellée auparavant *Eusebia* par Ariarathe Eusebes, cinquieme Roi de Cappadoce ; & il cite pour cela Séguin qui marque au contraire que c'étoit à la ville de *Mazaca* que ce Roi avoit donné le nom d'*Eusebia.*

Outre les villes dont il a rapporté les noms dans ce Chapitre, en parlant des médailles qu'elles ont fait frapper avec tous les titres en question, d'autres villes les ont pris aussi sur les médailles suivantes du cabinet de l'Auteur.

CЄ. ΑΒΙΛΗΝωΝ. Ι. Α. Α. Γ. ΚΟΙ. CΥ. Médaille de L. Vérus.

CЄ. ΑΒΙΛΗΝωΝ. Ι. Α. Α. Γ. Β. ΝЄ. Médaille de Commode.

ΠΟΜ. ΓΑΔΑΡ. Ι. Α. Α. Γ. Κ. CΥ. Médaille d'Antonin. Autre de L. Vérus.

Les précédentes médailles ont été rapportées par M. l'Abbé Belley dans une de ſes Diſſertations, Mémoires de l'Académie, Tome XXVIII.

ΝΥϹ. ϹΚΥΘΟΠΟΛЄΙΤΩΝ. ΙЄΡΑ. ΑϹΥ. Médaille de Gordien rapportée de même, Mémoires de l'Académie, Tome XXVI.

ϹЄΒΑϹΤΗ. ΙЄΡ. ΑϹ. ΑΥΤ. ΝΑΥΑΡΧΙϹ. Médaillon de Gordien qui a été rapporté dans le préſent Volume, page 200.

On trouve auſſi les titres mentionnés dans ce Chapitre ſur des médailles particulieres de pluſieurs autres villes, comme *Ægæ* & *Mopſos* en Cilicie; *Seleucia*, *Antiochia* & *Laodicea* en Syrie; *Sidon*, *Tyrus* & *Tripolis* en Phœnicie; *Ptolémaïs*, *Gaza* & *Aſcalon* en Paleſtine.

CHAPITRE

INTITULÉ:

URBES LIBERÆ.

De la maniere dont Vaillant parle (*Page* 214) du titre d'ΕΛЄΥΘЄΡΑΣ qui fut donné & confirmé en différents temps à la ville d'*Amiſus*, on

ΑΜΙϹΟϹ. ЄΛЄΥΘЄΡΑ *in Ponto.*

pourroit penſer que la médaille de Maximin, qu'il cite ſeulement, ſeroit la premiere où ce titre ſe trouve. Il en a cependant rapporté auparavant d'Ælius-Céſar, de Commode & de Caracalla, où il ſe rencontre pareillement.

ϹΕΛΕΥΚΕΙΑ. ΠΡΟϹ. ΤΩ. ΚΑΛΥΚΑΔΝΩ. ΕΛΕΥΘΕΡΑ *in Cilicia.*

Il dit que la ville de *Séleucie* en Cilicie ne commença à le prendre que ſous Gordien; mais on a les médailles ſuivantes de Sév. Alexandre, ſur leſquelles elle avoit déja pris ce titre.

ΑΥΤ. ΚΑΙ.... ϹΕΟΥΗΡ. ΑΛΕΞΑΝΔΡΟϹ. Tête de Sév. Alexandre couronnée de laurier.

℞. ϹΕΛΕΥΚΕΩΝ. ΚΑΛΥΚΑΔΝ. Une Victoire debout, tournée de gauche à droite, tient d'une main une couronne, & de l'autre main une branche de palmier. Dans le champ, à droite, on lit ΕΛΕΥΘΕΡΑϹ. I

ΑΥΤ. ΚΑΙ. Μ. ΑΥΡ. ϹΕΟΥ. ΑΛΕΞΑΝΔΡΟϹ. Tête de Sév. Alexandre couverte d'un caſque avec une couronne de laurier.

℞. ϹΕΛΕΥΚΕΩΝ. ΤΩΝ. ΠΡΟϹ. ΤΩ. ΚΑΛΥΚΑΔΝΩ. Une Victoire repréſentée debout en face, les ailes éployées, tient des deux mains étendues une eſpece de bande ou de tablette, ſur laquelle eſt inſcrit ΕΛΕΥΘΕΡΑϹ. I

Vaillant n'a point rapporté de médailles de la ville d'*Eleuthéropolis* en Paleſtine, qui jouiſſoit

ſoit ſans doute de la liberté, comme ſon nom le déſigne. Il en a été rapporté une de Julia Domna, Tome III, page 247.

CHAPITRE

INTITULÉ:

URBES NAVARCHIDES.

IL EST étonnant que Vaillant diſe (*Pages* 215 & 216) que la ville de *Dora* n'a fait frapper des médailles pour aucun Empereur, ſi ce n'eſt pour Trajan, tandis qu'il en a rapporté de cette ville ſous Veſpaſien & ſous Hadrien. Il eſt vrai que celle de Veſpaſien ne contient pas le titre de *Navarchide*; mais il ſe trouve ſur celle d'Hadrien.

ΔΩΡΑ. ΝΑΥΑΡΧΙC *in Phœnicia.*

Il dit auſſi que c'eſt Valérien qui l'a accordé à la ville de *Corycus*. On en a ci-devant rapporté une de Macrin, qui a pour légende au revers ΚΩΡΥ. ΝΑΥΑΡ. ΑΥΤΟΝΟΜΟΥ.

ΚΩΡΥΚΟC. ΝΑΥΑΡΧΙC *in Cilicia.*

Il n'avoit point connu apparemment de médailles de la ville de *Tripolis* en Phénicie où elle eût pris ce titre, puiſqu'il n'en fait pas mention.

TRIPOLIS *in Syria.*

Il en a été rapporté une d'Elagabale, Tome III, page 259, laquelle a pour légende ΤΡΙΠΟΛΙΤ. ΝΑΥΑΡΧ. ΝЄΩΚΟΡΩΝ. ΑΛΦ.

CHAPITRE

INTITULÉ:

URBES NEOCORÆ.

INDÉPENDAMMENT de tout ce que Vaillant dit ici au ſujet du titre de *Néocore*, que pluſieurs villes Grecques ont pris ſur leurs monnoies, il a encore traité particuliérement cette matiere dans une Diſſertation poſtérieure, qui eſt imprimée dans le Tome II des Mémoires de l'Académie des Inſcriptions & Belles-Lettres. Il y a rapporté ce que différents Auteurs ont écrit ſur la ſignification du mot *Néocore* dans ſon origine, & ſur celle qui dans la ſuite lui fut donnée par extenſion, lorſque des villes ſolliciterent & obtinrent ce titre des Empereurs Romains, titre dont elles ne jouirent d'abord qu'en vertu de décrets du Sénat. Il fait enſuite mention de leurs différentes opinions, tant ſur les prérogatives que le néocorat leur donnoit, & ſur les obligations qu'il leur impoſoit en même temps, que ſur la maniere d'interpréter les médailles qui marquent un ſecond & un troiſieme néocorat, & même un quatrieme que l'on trouve ſeulement ſur quelques-unes de la ville d'Ephêſe. Depuis Vaillant, le ſavant Abbé Mazzoleni, Bénédictin, a traité auſſi la même matiere; & après avoir diſcuté le ſentiment de tous ceux qui l'avoient précédé, il a donné le ſien, qui ſe réduit à ſuppoſer que le nombre de néocorats étoit relatif au nombre & à l'eſpece des principaux privileges que les villes obtenoient par degrés, & proportionnément à la pompe & à la magnificence qui accompagnoient leur culte religieux; de ſorte que le premier néocorat conſiſtoit dans le titre de *ſacrées* & dans le droit d'aſyle qui, ſelon lui, en étoit inſéparable; le ſecond néocorat, dans le privilege d'immunité; le troiſieme & le quatrieme, en d'autres prérogatives qu'il ne ſpécifie pas. Mais cette interprétation, ſujette d'ailleurs à beaucoup d'objections, ne levant pas mieux les difficultés que préſentent les médailles dont il s'agit, que les interprétations qui ont été données par les autres Antiquaires, on a cru pouvoir en propoſer une nouvelle explication, qui ſemble concilier d'une maniere plus vraiſemblable les contrariétés apparentes que ces médailles contiennent.

Ces contrariétés conſiſtent d'une part en ce que des villes qui avoient obtenu deux & trois néocorats, ont quelquefois employé enſuite le ſimple mot ΝΕΩΚΟΡΩΝ. ſur leurs monnoies; & qu'après y avoir marqué leur troiſieme néocorat, elles n'y ont marqué que le ſecond, & ont cependant repris le titre du troiſieme dans des temps poſtérieurs. Telle eſt entre autres la ville de *Nicomédie*, qui après avoir marqué ſur des médailles de Caracalla ſon ſecond & ſon troiſieme néocorat, n'a marqué que le ſecond ſur les médailles des Empereurs ſuivants juſqu'au regne de Valérien, ſur les médailles duquel il eſt fait mention de nouveau de ſon troiſieme néocorat.

Une autre contrariété, non moins frappante, eſt que des villes ont marqué leur deuxieme & leur troiſieme néocorat ſur des médailles de la même année. Telles ſont celles de Caracalla frappées à *Sardes* ſous la magiſtrature d'Annius-Rufus, & celles de Gordien frappées dans la même ville ſous la magiſtrature de Rufinus. Ces médailles qui ont été rapportées par Vaillant, ont pour légende ΔIC. ΝЄΩΚΟΡΩΝ dans les unes, & ΤΡΙC. ΝЄΩΚΟΡΩΝ dans les autres. Comme la magiſtrature de celui qui mettoit ſon nom ſur les monnoies, étoit annuelle, il s'enſuit que les médailles de Caracalla, dont il s'agit, ont été frappées dans le courant d'une année, ainſi que celles de Gordien. On n'a point conçu ni pu expliquer comment la ville de *Sardes* pouvoit avoir marqué ſon ſecond & ſon troiſieme néocorat ſur ſes monnoies dans une même année ſous les regnes de deux Empereurs différents.

Vaillant n'a point parlé de ces médailles, mais ſeulement de celles des villes qui ayant marqué leur ſecond néocorat ſous un Empereur, ont pris le titre de ΝЄΩΚΟΡΩΝ. ſimplement ſous les Empereurs ſuivants. Il paroît douter qu'il y ait des médailles, où le ſecond néocorat ſoit marqué ſous des regnes poſtérieurs à ceux des Empereurs ſur les médailles deſquels on trouve le troiſieme néocorat. Il ſoupçonne que ces ſortes de médailles ont été mal lues, & dit qu'il faudroit les voir pour en juger. Elles ſont cependant aſſez fréquentes, & il en a publié lui-même pluſieurs de *Nicomédie* où le ſecond néocorat eſt marqué après le regne de Caracalla qui avoit accordé le troisieme à cette ville, comme il sera observé ci-après; & d'autres de la ville de *Sardes*, qui marquent aussi le second néocorat après le regne de Gordien, de qui elle avoit pareillement obtenu le troisieme. Il conclut par dire que comme TR. POT. sur des médailles latines de quelques Empereurs, ne signifie pas toujours la premiere puissance de Tribun, les villes mettoient simplement ΝΕΩΚΟΡΩΝ sur leurs monnoies après avoir mis auparavant sur d'autres ΔΙC. & ΤΡΙC. ΝΕΩΚΟΡΩΝ. Il est évident que cette allégation ne décide point la question, sans qu'il soit besoin d'en dire rien de plus.

Avant que d'exposer pourquoi, & à quelle occasion les villes dont il s'agit, ont marqué sur leurs monnoies le premier néocorat après le deuxieme, & le deuxieme après le troisieme; il est à propos d'expliquer ce que c'étoit que le néocorat qui leur étoit accordé par les Empereurs, & confirmé par des décrets du Sénat. Il faut d'abord le distinguer du néocorat particulier des Temples des Divinités, dont le culte étoit établi dans chaque ville, où chaque Temple avoit son Néocore, qui en étoit comme l'Intendant, & veilloit à ce que le Temple confié à ses soins fût entretenu, & deſſervi convenablement. Ce n'étoit point cette eſpece de néocorat que les Empereurs conféroient. Les néocorats que les villes ambitionnoient, & qui contribuoient à leur donner de l'illuſtration, conſiſtoient non-ſeulement dans la faculté de bâtir des Temples pour les Empereurs, mais auſſi dans l'obligation d'y offrir des ſacrifices ſolemnels, & de célébrer en même temps des fêtes & des jeux publics en leur honneur. Ces Temples étant conſacrés à des Empereurs, elles en prenoient le titre de *Néocores* des Empereurs, comme on le voit par des médailles qui ont pour légende ΝЄΩΚΟΡΩΝ. ΤΩΝ. CЄΒΑCΤΩΝ. D'abord, chaque néocorat étoit attaché, pour ainſi dire, au Temple conſacré à l'Empereur qui l'avoit accordé; mais l'on ne trouve point que toutes les villes qui étoient néocores, aient érigé des Temples à tous les Empereurs pour leſquels elles offroient des ſacrifices accompagnés de fêtes & de jeux publics. Elles ſe ſervoient alors vraiſemblablement pour offrir ces ſacrifices, des Temples conſacrés aux premiers Empereurs, ou de ceux des Divinités, dont le culte étoit établi dans ces villes. On ne trouve point non plus que les anciens Auteurs aient marqué en quoi conſiſtoient les fêtes & les jeux qu'elles avoient fait célébrer en obtenant chaque néocorat ; mais il y a tout lieu de préſumer que l'eſpece en étoit différente, & que chacun des trois néocorats étoit diſtingué par des fêtes particulieres. Comme elles étoient toutes célébrées avec grand appareil & beaucoup de magnificence, elles cauſoient conſéquemment des dépenſes très-conſidérables. Auſſi n'y eut-il que les villes les plus peuplées & les plus opulentes, qui obtinrent un troiſieme néocorat ; ſavoir, *Ephèſe*, *Smyrne*, *Sardes*, *Pergame* & *Nicomédie*. Il n'en fut accordé qu'un deuxieme aux villes du ſecond ordre, & un ſeulement aux moindres villes, qui étoient toutefois en état de ſupporter les dépenſes que ce néocorat exigeoit. Les Empereurs & le Sénat avoient ſans doute en cela égard aux facultés des villes, & n'accordoient ces titres qu'à celles qui pouvoient fournir aux dépenſes des fêtes & des jeux, ſans trop charger les peuples, dont il falloit néceſſairement exiger des contributions, pour y pourvoir. Ils s'y ſoumettoient volontiers quand elles n'étoient pas exceſſives, parce qu'ils aimoient paſſionnément les fêtes & les ſpectacles, que l'on varioit, & qu'on multiplioit même fréquemment, pour ſatisfaire leur goût à cet égard. On

On ne ſait point ſi les villes qui étoient ſimplement néocores, renouvelloient tous les ans les ſacrifices ſolemnels, & les fêtes que ce néocorat leur donnoit droit de faire célébrer. Ces fêtes étoient apparemment plus ou moins fréquentes, & plus ou moins ſplendides, proportionnément à leurs facultés. Mais les médailles frappées dans les villes qui avoient obtenu un ſecond & un troiſieme néocorat, ſemblent faire connoître qu'elles en ont célébré tous les ans en l'honneur de pluſieurs Empereurs, & même que quelques-unes en ont célébré de deux eſpeces dans une même année, en différents temps. C'étoit ſans doute pour ne pas donner toujours la même fête, qu'elles faiſoient célébrer tantôt les unes, tantôt les autres, ſuivant les circonſtances & ſuivant le deſir du peuple, à qui la variété plaiſoit. C'eſt pourquoi elles lui en donnoient auſſi quelquefois de celles qui étoient appellées ΟΛΥΜΠΙΑ, ΠΥΘΙΑ, ΔΗΜΗΤΡΙΑ, & autres dont il ſera parlé dans la ſuite. Les villes qui n'étoient pas néocores faiſoient célébrer plus communément ces dernieres avec la permiſſion des Gouverneurs des Provinces; & comme elles ne manquoient pas, dans le temps de leur célébration, de faire battre des monnoies ſur leſquelles il en étoit fait mention, les villes qui étoient néocores en faiſoient frapper de même pour les fêtes qu'elles donnoient ordinairement, & elles y faiſoient marquer le néocorat qu'elles exerçoient alors, lequel déſignoit l'eſpece de la fête & des jeux, à l'occaſion deſquels ces monnoies avoient été fabriquées. Par conſéquent les médailles qui n'ont que le mot ΝΕΩΚΟΡΩΝ, joint au nom des villes, ont été frappées pour les fêtes & les jeux que le premier néocorat leur donnoit droit de célébrer; & c'eſt à l'occaſion des autres eſpeces de fêtes & de jeux, que le ſecond & le troiſieme néocorat leur permettoit auſſi de célébrer, qu'elles ont fait frapper les médailles ſur leſquelles on trouve ΔΙC. & ΤΡΙC. ΝΕΩΚΟΡΩΝ. Ainſi le nombre des néocorats qu'elles y faiſoient marquer, étoit celui qu'elles exerçoient dans le temps de leur fabrication. Si l'on en trouve quelques-unes, qui, avec les titres de ΔΙC. & de ΤΡΙC. ΝΕΩΚΟΡΩΝ, marquent les noms de fêtes ou jeux appellés ΟΛΥΜΠΙΑ, ΠΥΘΙΑ, ΔΗΜΗΤΡΙΑ, & autres de cette ſorte; c'eſt que ces villes, pour augmenter la ſplendeur des fêtes ordinaires, y joignoient quelques-uns de ces différents jeux. Par la même raiſon, les villes qui n'étoient pas néocores, en faisoient représenter assez souvent plusieurs ensemble, comme on le voit entre autres par une médaille de *Périnthe* qui a pour légende AKTIA. ΠΥΘΙΑ. ΦΙΛΑΔΕΛΦΕΙΑ; par une de *Tarse*, avec CEYHPEIA. ΟΛΥΜΠΙΑ. ΕΠΙΝΕΙ-ΚΕΙΑ; par une autre d'*Ancyre*, avec ΑΣΚΛΗΠΙΑ. CEYHPEIA. ΙΣΘΜΙΑ. ΠΥΘΙΑ, & par plusieurs autres qui contiennent les noms de quatre, cinq, & même jusqu'à six sortes de jeux ensemble.

Il résulte des observations précédentes, que les villes qui avoient obtenu des Empereurs deux & trois néocorats, ne prenoient sur leurs monnoies que le titre de celui qu'elles exerçoient lorsqu'elles ont été frappées. Par cette explication simple & naturelle, on conçoit aisément pourquoi, après avoir marqué sur quelques-unes leur second néocorat, elles n'ont pris sur d'autres que le titre de ΝΕΩΚΟΡΩΝ simplement, & pourquoi elles ont pris le titre de ΔΙΣ. ΝΕΩΚΟΡΩΝ, après avoir pris auparavant celui de ΤΡΙΣ. ΝΕΩΚΟΡΩΝ. On concilie aussi la contrariété apparente que présentent les médailles de Caracalla & de Gordien frappées à *Sardes*, dont il a été ci-devant parlé, sur lesquelles cette ville a marqué son second & son troisieme néocorat sous les mêmes Magistrats, c'est-à-dire,

On peut dire aussi que cette ville et les autres qui avoient deux et trois Néocorats exerçoient les uns au premier jour de l'année civile et les autres a l'anniversaire des Empereurs.

dans une même année. Il faut ſeulement admettre pour cela que la ville de *Sardes* avoit en différents temps célébré deux fêtes dans une année. On objectera peut-être que, ſous Caracalla, cette ville a pu marquer l'un & l'autre néocorat ſur ſes monnoies avec le même nom de Magiſtrat, ſi c'étoit dans l'année de ſa magiſtrature qu'elle avoit obtenu ſon troiſieme néocorat de cet Empereur ; mais on ne peut alléguer la même choſe pour les médailles de Gordien, dont l'une avec le nom du Magiſtrat Rufinus, a pour légende CAPΔIANΩN. B. NЄΩKOPΩN, & l'autre avec le même nom CAPΔIANΩN. Γ. NЄΩKOPΩN. Il n'eſt pas étonnant au ſurplus qu'une ville auſſi riche & auſſi puiſſante, que l'étoit celle de *Sardes*, ait fait la dépenſe de deux pareilles fêtes dans une année. Mais on ne peut juger par les médailles qui nous reſtent des autres villes, s'il y en a eu quelques-unes qui aient pratiqué la même choſe, ni de l'intervalle qu'elles mettoient entre les fêtes qu'elles faiſoient célébrer.

Toutes ces difficultés cessent en admettant que les villes celebroient des fêtes et des Sacrifices deux fois chaque année en l'honneur des Empereurs, comme on le voit par les médailles qui ont pour légende les unes ETOYC. IЄPOY. et les autres ETOYC NЄOY IЄPOY. lesquelles ont été rapportées M. 1. p. 180.

Voyez l'addition cy après p. 376.

Buonarotti & Vandale qui avoient vu des médailles Impériales, ſur leſquelles deux, trois, & même quatre Temples ſont repréſentés, ont cru que le nombre de néocorats répondoit à celui de ces Temples ; que les villes en avoient fait bâtir plusieurs pour un Empereur, pour sa femme & pour ses enfants ; & que par conséquent elles avoient obtenu deux, trois & quatre néocorats d'un même Empereur. Vaillant a combattu leur sentiment à cet égard, & a observé entre autres que la plupart des médailles qui marquent des nombres de néocorats, n'ont point de Temples ; & que sur la petite quantité de celles qui en représentent, le nombre de néocorats qui y est marqué, ne répond pas ordinairement à celui des Temples. On trouve en effet plusieurs médailles de villes jouissantes d'un deuxieme & d'un troisieme néocorat, sur lesquelles il n'y a qu'un Temple avec le titre de ΔΙC. & de ΤΡΙC. ΝΕΩΚΟΡΩΝ. Il y en a aussi qui ont pour type deux Temples avec le titre de ΤΡΙC. ΝΕΩΚΟΡΩΝ. Ces sortes de médailles font voir évidemment que le nombre de néocorats qui y est marqué, n'a aucun rapport à celui des Temples qu'elles représentent. Il ne faut pourtant point inférer delà que ce soit sans objet & sans motif, que les villes ont fait représenter ainsi sur les médailles en question un nombre de Temples, qui dans les unes étoit pareil à celui des néocorats, & qui en étoit différent dans les autres. On ne trouvera plus de contrariété dans cet uſage, lorſqu'on fera attention aux différentes eſpeces de fêtes, à l'occaſion deſquelles ces médailles étoient frappées, & quand on ne verra qu'un Temple ſur pluſieurs de celles qui contiennent les titres de ΔIC. & de TPIC. NЄΩKOPΩN, on jugera qu'en ces occaſions il ne fut fait apparemment des ſacrifices que dans un Temple, & qu'il en fut offert dans deux & trois Temples en même temps qu'on célébra différentes fêtes, à l'occaſion deſquelles furent frappées les médailles qui repréſentent ce nombre de Temples. On diſtingue dans ceux qui ſont repréſentés ſur de grands médaillons la figure de la plupart des Divinités auxquelles ils étoient conſacrés; & l'on préſume que dans le nombre il y en avoit vraiſemblablement un, où la ville avoit exercé le néocorat marqué ſur ces ſortes de médailles, en y offrant des ſacrifices ſolemnels pour l'Empereur; & que les autres Temples étoient ceux où il avoit été offert des ſacrifices particuliers relatifs aux fêtes qui pouvoient avoir rapport aux Divinités de ces Temples.

A l'égard des médailles ſur leſquelles *Ephèſe* a pris le titre de TЄTPAKIC. NЄΩKOPΩN; ce quatrieme néocorat différoit des trois autres en ce qu'il étoit attaché au Temple de Diane. Une médaille que Vaillant rapporte, marque cette différence par la légende qu'elle contient; savoir, ΕΦΕCΙΩΝ. ΤΡΙC.* ΝΕΩΚΟΡΩΝ. ΚΑΙ. ΤΗC. ΑΡΤΕΜΙΔΟC. Cette légende fait entendre deux choses; l'une, qu'Ephêse avoit donné les fêtes & les jeux que son troisieme néocorat lui permettoit de faire célébrer en l'honneur de l'Empereur; & l'autre, qu'elle avoit fait aussi célébrer en même temps la fête de Diane en qualité de son Néocore. Par ce quatrieme néocorat elle s'étoit chargée de l'intendance du Temple de Diane, qui étoit le plus grand & le plus magnifique de tous les Temples, & conséquemment du soin de faire célébrer les fêtes de cette Déesse. C'est sur quoi les Auteurs anciens ne nous ont point laissé d'éclaircissement. On ne trouve rien non plus dans leurs écrits qui nous fasse connoître si cette ville avoit été autorisée par des Empereurs, ou seulement par le consentement du peuple, à prendre cette espece de néocorat. Il

* C'est ainsi que Vaillant rapporte cette médaille de Caracalla dans le Chapitre des Villes Néocores, page 218. Il l'avoit décrite autrement, page 100; savoir, ΕΦΕCΙΩΝ. ΔΙC. ΝΕΩΚΟΡΩΝ. ΚΑΙ. ΤΗΣ. ΑΡΤΕΜΙΔΟC. *Ephesiorum iterum Neocororum, &c.* Il y a faute dans l'un ou l'autre endroit.

eſt à obſerver, par rapport aux médailles qui ont pour légende ΤΕΤΡΑΚΙϹ. ΝΕΩΚΟΡΩΝ, & qui repréſentent quatre Temples, qu'elles ſont rares; parce que, ſelon les apparences, les occaſions de donner autant de fêtes à la fois, n'étoient pas fréquentes. Parmi pluſieurs autres médailles qui ont le même titre de ΤΕΤΡΑΚΙϹ. ΝΕΩΚΟΡΩΝ, on ne voit qu'un Temple ſur les unes, deux & quelquefois trois ſur les autres. Cette variété dans le nombre des Temples repréſentés ſur ces médailles, eſt une preuve de la variété qu'il y avoit auſſi dans la célébration de la fête de Diane, qui étoit propre à ſon Temple, & qui étoit quelquefois donnée ſeule, & d'autres fois avec d'autres fêtes, qui y étoient jointes ſuivant les circonſtances, afin de la rendre plus pompeuſe & plus éclatante.

ΑΔΡΑΜΥΤΗΝΩΝ. ΝΕΩΚΟΡΩΝ. *in Myſia.*

LA MÉDAILLE qui a fait juger à Vaillant (*Page* 217) que la ville d'*Adramytium* avoit été faite néocore par Sév. Alexandre, ſe trouve décrite par lui, page 134, ainſi qu'il ſuit. ΕΠΙ. ϹΤΡ. ΑΥΡ. ΓΑΡΟΥ. Β. ΝΕ. ΑΔΡΑΜΥΤΗΝΩΝ. Sur toutes les autres médailles de cette ville que l'on connoît, elle n'a point pris le titre de *Néocore*, & l'on ne penſe pas qu'il lui ait été donné ſur celle-ci.

celle-ci. Si elle a été bien lue, c'eſt à Garus que le néocorat doit être référé, plutôt qu'à la ville, le titre de *Néocore* étant toujours mis ſur les médailles après, & non avant les noms de villes. Il y a d'autres exemples que des Néocores particuliers de Temples ſont nommés ſur des médailles, & l'on en a une de Fauſtine jeune, avec la légende ЄΠΙ. CTP. ΠЄΛΛΩΝΙΟΥ. ΝЄ. ЄΛΑΙΤΩΝ, & une autre de L. Vérus avec la légende ΜΗΝΟΔΩΡΟC. ΝЄ. ΑΝΚΥΡΑΝΩΝ. Selon les apparences, la charge ou office de Néocore d'un Temple n'étoit pas incompatible, dans quelques villes, avec la magiſtrature, qui donnoit à celui qui en étoit revêtu, le droit de mettre ſon nom ſur les monnoies. C'eſt encore un Néocore particulier qui eſt nommé ſur la médaille de la ville d'*Ægæ* en Cilicie, que Vaillant cite dans l'article ſuivant.

ΑΙΓЄΑΙΩΝ *in Cilicia.*

Cette médaille qu'il rapporte ſous Sév. Alexandre, page 134, & dont il fait encore mention, page 316, a pour légende ΜΑΡ. ЄΥΓЄΝΟΥC. ΝЄΩΚΟΡΟΥ. ΑΙΓЄΑΙΩΝ. Il dit en ces deux endroits qu'Eugene étoit *Neocorus Ægæenſium*, & il marque ici que le nom d'Empereur doit être ſous-entendu après le mot ΝЄΩΚΟΡΟΥ. On ne comprend pas comment il a pu donner ces interprétations différentes, qui ſont également inadmiſſibles. On n'a point connoiſſance qu'aucun Empereur vivant ait eu un Néocore particulier, ni qu'il y ait eu non plus de Néocores de villes. Les néocorats étoient attachés à des Temples, & c'étoit les villes qui exerçoient ceux annexés aux Temples conſacrés à des Empereurs, comme il a été marqué ci-devant. Eugene étoit ſans doute Néocore d'un Temple de quelque Divinité, & c'eſt vraiſemblablement le même qui eſt nommé en qualité de *Panegyriſta Deorum* ſuivant Vaillant, ſur des médailles de Macrin, de Diaduménien & de Julia Mamæa. Au reſte il eſt douteux que la ville d'*Ægæ* ait été faite Néocore par Sév. Alexandre. Les premieres médailles, où l'on trouve qu'elle ait pris ce titre, ſont de l'Empereur Valérien.

ΑΝΚΥΡΑϹ. ΝƐΩΚΟΡΟΥ *in Galatia.*

Il en eſt de même de la ville d'*Ancyre* en Galatie, que Vaillant juge avoir été faite Néocore par Caracalla, quoiqu'il n'en ſoit fait mention ſur aucune des médailles qu'elle a fait frapper en grand nombre ſous cet Empereur. On n'en connoît point où elle ait pris ce titre avant le regne de Valérien, dont les médailles marquent le ſecond néocorat. Si le titre de *Néocore* qu'on trouve ſur la médaille de L. Vérus, qui a été rapportée ci-devant, pouvoit être référé à la ville d'*Ancyre* dont le nom y est inscrit ; dans ce cas elle auroit été faite Néocore avant le regne de Caracalla, & ce seroit l'*Ancyre* de Phrygie, & non l'*Ancyre* de Galatie, n'y ayant point d'exemple que cette derniere ville ait marqué des noms de Magistrats sur ses monnoies.

ΑΤΤΑΛΕΩΝ. ΝΕΩΚΟΡΩΝ *in Pamphylia, sed potius in Lydia.*

Vaillant attribue à la ville d'*Attalie* en Pamphylie la médaille de Caracalla qu'il a rapportée, page 98, avec la légende ЄΠΙ. CΤΡ. ΜЄΝЄΚΡΑΤΟΥC. ΑΤΤΑΛЄΩΝ. ΝЄΩΚ. C'est la seule de toutes les médailles des différentes villes portant le nom d'*Attalie*, où l'on trouve le titre de *Néocore*; mais soit que la médaille en question contienne ce titre en effet, soit qu'elle ait été mal lue, elle appartient plutôt à l'*Attalie* de Lydie qu'à l'*Attalie* de Pamphylie, ainsi qu'il a été observé dans le Volume précédent, page 95. à l'occasion d'une médaille d'Hadrien, qui a pour légende au revers ΑΙΛ. ΜΑΤΑΙΟΥ. ΜЄΝΙΠΠΟΥ. ΑΤΤΑΛЄΩΝ.

ΕΦΕCΙΩΝ. ΤΡΙC. ΝΕΩΚΟΡΩΝ *in Ionia.*

Il semble que Vaillant, en disant (*Page* 218) que les Ephésiens étoient Néocores de Diane du temps de la République Romaine, entendoit que c'étoit la ville qui exerçoit ce néocorat ; ce qui n'eſt pas certain. Il y a plutôt lieu de penſer que le Temple de cette Déeſſe avoit pluſieurs Néocores particuliers, dont les fonctions leur donnoient du relief & de la conſidération à proportion de la célébrité du Temple, mais qu'ils déchurent un peu de cette conſidération quand la ville eut pris le titre de *Néocore de Diane* avec l'intendance de ſon Temple, parce qu'alors ils étoient plus ſubordonnés ; ce qui n'empêchoit pas cependant que ceux qu'elle commettoit à ces fonctions, ſous ſes ordres, ne puſſent être toujours appellés *Néocores*.

Il ſe peut bien qu'*Ephêſe* ait obtenu ſous Néron, comme Vaillant le juge, un néocorat à l'occaſion du Temple que cette ville fit bâtir en l'honneur de Claude après ſon apothéoſe ; mais il ne paroît pas que les médailles de Néron donnent aucune indication du temps où elle prit le titre de *Néocore de Diane*. On ne trouve point de médailles qui lui donnent ce titre avant le regne de Caracalla, qui lui accorda le troiſieme néocorat ; après quoi elle prit ceux de ΤΡΙϹ. ΝЄΩΚΟΡΩΝ. ΚΑΙ. ΤΗϹ. ΑΡΤЄΜΙΔΟϹ, & de ΤЄΤΡΑΚΙϹ. ΝЄΩΚΟΡΩΝ, ſur les médailles qui furent fabriquées à l'occaſion des fêtes qu'elle fit célébrer.

ΘЄCCAΛΟΝΙΚЄΩΝ. B. NЄΩΚΟΡΩΝ *in Macedonia.*

Suivant Vaillant, le premier néocorat de la ville de *Thessalonique* lui fut accordé par Gordien, dont il y a beaucoup de médailles avec ce titre, & le second par Valérien, dont on a en effet des médailles avec la légende ΘЄCCAΛΟΝΙΚΗ. B. NЄ; mais celle de Q. Hérennius qui a été ci-devant rapportée, fait connoître que ce second néocorat est antérieur au regne de Valérien. Cette ville en obtint un troisieme quand elle fut faite colonie, comme le font voir des médailles de Gallien & de Salonine, qui se trouvent parmi celles des colonnies.

ΙΕΡΑΠΟΛΙΤΩΝ *in Phrygia.*

quand j'ai écrit ceci je ne connoissois pas les deux médaillons que j'ai eus depuis et dont il est fait mention cy après p. 292.

Le P. Hardouin rapporte d'après Occo une médaille de Caracalla avec la légende ΙЄΡΟΠΟΛΙΤΩΝ. Δ. ΝΕΩΚΟΡΩΝ; mais on n'en connoît aucune où cette ville soit même appellée simplement *Néocore.*

ΛΑΟΔΙΚΕΩΝ *in Caria.*

Le même Antiquaire en rapporte une autre d'Elagabale avec la légende ΛΑΟΔΙΚЄΩΝ. Γ. ΝЄΩΚΟΡΩΝ. Suivant toutes les médailles connues de cette ville, il ne paroît pas qu'elle ait été plus d'une fois Néocore.

ΜΑΓΝΗΤΩΝ. ΝΕΩΚΟΡΩΝ. ΤΗΣ. ΑΡΤΕΜΙΔΟΣ *in Ionia.*

(*Page* 219). DANS le grand nombre de médailles de la ville de *Magnésie* en Ionie que Vaillant a rapportées sous presque tous les Empereurs, depuis Trajan jusqu'à Gallien, il s'en trouve trois, l'une de Julia Mamæa, la seconde de Maxime, & la troisieme de Gordien, sur lesquelles cette ville a pris le titre de ΝЄΩΚΟΡΩΝ. ΤΗϹ. ΑΡΤЄΜΙΔΟϹ; & il a jugé que le néocorat lui avoit été donné par Sévere-Alexandre. Mais il n'est pas sûr que cette espece de néocorat fût conféré par les Empereurs, comme on l'a déja observé au sujet de celui du Temple de Diane à *Ephêse*. Il y avoit aussi à *Magnésie* un Temple de Diane surnommée ΛЄΥΚΟΦΡΥϹ, qui par ses richesses, & par sa grandeur, surpassoit tous les autres Temples qui étoient en Asie, à l'exception de ceux de Diane d'*Ephêse*, & d'Apollon Didyméen. C'étoit sans doute à l'imitation de la ville d'*Ephêse* que celle de *Magnésie*, se décora du titre de *Néocore de Diane*. Elle le prit en effet peu de temps après *Ephêse*, puisque celle-ci commença à le marquer sur ses monnoies sous le regne de Caracalla, & l'autre sous le regne de Sévere-Alexandre, qui parvint à l'Empire cinq ans après la mort de Caracalla. Il n'étoit pas besoin que les Empereurs autorisassent les villes à se charger de ces sortes de néocorats, & l'on ne trouve point que *Magnésie* en ait obtenu de l'espece de ceux qu'ils leur accordoient. On ne doit point regarder comme tel le néocorat dont il eſt fait mention dans la médaille d'Otacilie, que Vaillant a rapportée, page 168, avec la légende ЄΠΙ. ΓΡ. ΤΥΧΙΚΟΥ. Β. ΝЄ. ΜΑΓΝΗΤΩΝ. Tychicus qui étoit Néocore de quelque Temple, n'eſt nommé ſur cette médaille qu'en qualité de ΓΡΑΜΜΑΤЄΥϹ, magiſtrature qui donnoit, à celui qui en étoit revêtu, le droit de marquer ſon nom ſur les monnoies qui étoient fabriquées pendant l'année qu'il l'exerçoit. Les Néocores des Temples pouvoient bien être élus pour occuper cette magiſtrature, puiſqu'elle étoit quelquefois conférée à de ſimples Prêtres, comme on le voit par pluſieurs médailles, & entre autres par celle de la ville de *Nyſa*, dont Vaillant fait mention dans le dernier article de cette même page.

ΝΙΚΑΙΕΩΝ *in Bithynia.*

Le P. Hardouin rapporte une médaille d'Elagabale avec la légende ΝΙΚΑΙΕΩΝ. ΤΕΤΡΑΚΙ. ΝΕΩΚΟΡΩΝ. Mais on n'en connoît point où cette ville ait pris en aucune façon le titre de *Néocore*.

ΝΙΚΟΜΗΔЄΩΝ ΤΡΙϹ. ΝЄΩΚΟΡΩΝ *in Bithynia.*

Vaillant dit, en parlant des médailles de la ville de *Nicomédie*, que le troiſieme néocorat lui fut accordé par Valérien, & il ne rapporte aucune médaille où ce néocorat ſoit marqué avant le regne de cet Empereur. On en a cependant trois par lesquelles il paroît que cette ville en jouissoit déja sous le regne de Caracalla. Ce sont les trois suivantes que l'on a cru devoir rapporter ici à cause de leur singularité.

ANTΩNЄINOC. AYΓOYCTOC. Tête de Caracalla couronné de laurier.

℞. NIKOMHΔЄΩN. TPIC. NЄΩKOPΩN. Pallas debout ayant un bouclier à ses pieds, tient de la main droite une patere, & s'appuie de la main gauche sur une haste. 2

Même légende & même tête.

℞. NIKOMHΔЄΩN. TPIC. NЄΩKOPΩN. Serpent à tête humaine, dont le corps par ses replis tortueux occupe le milieu de la médaille 2

M. AYPH. ANTΩNЄINOC. AYΓ. Tête couronnée de laurier, comme ci-devant.

℞. Un Temple à huit colonnes représenté de face entre deux autres Temples représentés de côté. Dans celui du milieu, Pallas debout, tient d'une main une Victoire, & de l'autre main une haste. Il n'y a point de figures dans les deux autres Temples. Au-dessus on lit ΔHMHTPIA, & au-dessous NIKOMHΔЄΩN. TPIC. NЄΩKOPΩN.

Ces trois médailles sont incontestablement antiques.

antiques. La troisieme prouve ce qui a été dit ci-devant au sujet des fêtes & des jeux particuliers, que les villes joignoient quelquefois aux fêtes ordinaires qu'elles faisoient célébrer quand elles exerçoient leurs différents néocorats.

ΠΕΡΙΝΘΙΩΝ. ΔΙC. ΝΕΩΚΟΡΩΝ *in Thracia.*

LE SECOND néocorat que Vaillant dit (*Page* 220) avoir été obtenu d'Elagabale par la ville de *Périnthe*, lui auroit été accordé plutôt par Caracalla, si l'on devoit s'en rapporter à la légende qui est autour de la tête sur la médaille suivante.

ΑΥΤ. Κ. Μ. ΑΥΡΗ. CΕΥΗ. ΑΝΤΩΝΕΙΝΟC. ΑΥΓ. Tête couronnée de laurier.

℞. ΠΕΡΙΝΘΙΩΝ. ΔΙC. ΝΕΩΚΟΡΩΝ. Jupiter assis, tient une patere de la main droite, & s'appuie sur une haste de la main gauche. 2

Ce qui sembleroit devoir faire attribuer cette médaille à Caracalla, c'est le prénom de Sévere qu'il prenoit du nom de son pere; & il se pourroit que le premier néocorat ayant été accordé à *Périnthe* par Sept. Sévere, le second lui eût été conféré par Caracalla. Mais il paroît que la tête qui est représentée sur la médaille en question, ressemble à Elagabale; & l'on n'hésiteroit point à la lui attribuer sans le prénom de Sévere, qu'on ne trouve point qu'il ait pris ſur aucune des médailles reconnues pour être de lui, parmi celles qui ont été publiées juſqu'à préſent. Ce prénom ſert ordinairement à diſtinguer celles qui appartiennent à Caracalla, quand il ſe rencontre ſur des médailles, qui, ſans cela, pourroient être référées à Elagabale par la conformité de la légende que l'un & l'autre ont le plus ſouvent autour de leurs têtes, qui ſont auſſi quelquefois aſſez reſſemblantes. Dans cette médaille-ci Elagabale paroît reconnoiſſable; & ſi elle eſt de lui, comme il y a lieu de le juger, c'eſt une ſingularité qui mérite d'être remarquée. On ſait qu'il prétendoit être fils de Caracalla; & en cette qualité, il a pu prendre, comme lui, le prénom de Sévere, puiſqu'il avoit pris ſon nom & ſes autres titres.

CAPΔIANΩN. TPIC. NЄΩKOPΩN. *in Lydia.*

M. l'Abbé Belley a obſervé dans ſa Diſſertation ſur les Inſcriptions & Médailles de la ville de *Sardes*, que le premier néocorat de cette ville, que Vaillant met ſous Hadrien, eſt vraiſemblablement une faveur qu'elle obtint d'Auguſte, & que le ſecond néocorat n'eſt point non plus du regne de Caracalla, puiſqu'il ſe trouve marqué ſur des médailles de Sept. Sévere qu'il a rapportées lui-même, page 87. M. l'Abbé

Belley a auſſi remarqué qu'il avoit trop retardé le troiſieme néocorat en le mettant ſous Valérien. Il paroît qu'il ne s'étoit pas ſouvenu alors qu'il avoit dit auparavant, page 156, que c'étoit Gordien qui l'avoit accordé; & même, en référant ainſi à Gordien la conceſſion du troiſieme néocorat de *Sardes*, il avoit encore oublié qu'il avoit rapporté ſous Caracalla, page 110, trois médaillons avec la légende CΑΡΔΙΑΝΩΝ. ΤΡΙC. ΝΕΩΚΟΡΩΝ. Mais il y a lieu de douter que ces trois médaillons appartiennent à Caracalla. On en a de ſemblables à peu-près avec la même légende, & les mêmes noms de Magiſtrats, ſur leſquels la tête qu'ils repréſentent, eſt reconnoiſſable pour être celle d'Elagabale. Ainſi c'eſt à cet Empereur, & non à Caracalla, que la ville de *Sardes* devoit ſon troiſieme néocorat.

ϹΜΥΡΝΑΙΩΝ. Γ. ΝΕΩΚΟΡΩΝ *in Ionia.*

La médaille ſuivante de Sept. Sévere, qui n'a pas été publiée, fait voir auſſi que, contre le ſentiment de Vaillant (*Page* 221) ce n'eſt pas non plus à Caracalla que la ville de *Smyrne* devoit ſon troiſieme néocorat.

ΑΥΤ. . . . . .ϹΕΟΥΗΡΟϹ. Κ. Μ. ΑΥ. ΑΝΤ. La tête de Sept. Sévere repréſentée en regard de celle de Caracalla, l'une couronnée de laurier, l'autre nue.

℞. CMΥΡΝΑΙΩΝ. Γ. ΝЄΩΚΟΡΩΝ. Hercule nu, debout, tient d'une main un pot, & de l'autre main sa massue élevée. 3

ΦΙΛΙΠΠΟΠΟΛЄΩϹ. ΝЄΩΚΟΡΟΥ *in Thracia.*

Nota. Il a déja été remarqué que l'Abbé Mazolani a pensé que cette ville de Philippopolis étoit celle appellée *Cæsarea Philippi* en Palestine.

Si la médaille de la ville de Philippopolis que Vaillant a rapportée sous Marc-Aurele, page 58, avec la légende ΦΙΛΙΠΠΟΠΟΛЄΙΤΩΝ. ΝЄΩΚ. est effectivement de cet Empereur, il n'auroit pas dû dire ici, comme il fait, que c'étoit de Caracalla que cette ville avoit obtenu le néocorat. Il lui est arrivé souvent de ces inadvertances dans ce Chapitre concernant les Villes Néocores. Il n'auroit pas assurément laissé subsister ces fautes d'attention, que la précipitation lui a sans doute fait commettre en composant cet ouvrage, si l'impression s'en étoit faite sous ses yeux, & qu'il eût été à portée de le revoir à mesure qu'on l'imprimoit.

Il n'avoit point connu apparemment de médailles des villes ci-après, sur lesquelles il fût fait mention de leur néocorat, du moment qu'il ne les a pas mises au nombre des Villes Néocores.

cy devant p. 106.

CЄ. ΑΒΙΛΗΝΩΝ. Ι. Α. Α. Γ. Β. ΝЄ. Médaille de Commode rapportée par M. l'Abbé Belley, Mémoires de l'Académie, Tome XXVIII.

Cy devant p. 188.

ΚΑΙϹΑΡЄΩΝ. ΚΙΒΥΡΑΤΩΝ. Ν. ЄΤΟΥϹ. ΒΙϹ. Mé-

HERACLÉE du Pont, médaille de Gallien avec le titre de Neocore. cy devant p. 222.

HIERAPOLIS in Phrygia

S. 1. p. 37. deux medaillons de Caracalla.

daille de Maximin rapportée par M. l'Abbé Belley, Mémoires de l'Académie, Tome XXIV.

ΜΙΛΗCΙΩΝ. ΝΕΩΚΟΡΩΝ. Médaillon avec les têtes de Balbin, de Pupien, & du jeune Gordien, rapporté, Tome III du Recueil des Médailles de Villes, page 237.

ΦΛ. ΝΕΑCΠΟΛΕΩC. ΕΠΙCΗΜΟΥ. ΝΕΩΚΟΡΟΥ. Médaille de Trébonien-Galle rapportée, Tome III, page x. Autre de Volusien qui a pareille légende rapportée dans le présent Volume, Pl. XXXI, N°. 1.

ΤΑΒΗΝΩΝ. Ν. Médaille de Gallien rapportée, Tome III Médailles de Villes, page 217.

ΤΗΙΩΝ. Β. ΝΕ. Médaille de Faustine jeune rapportée, Tome II, page 93.

ΤΡΙΠΟΛΙΤ. ΝΑΥΑΡΧ. ΝΕΩΚ. Médaille d'Elagabale rapportée, Tome III, page 259.

Nota. Vaillant a oublié de faire mention dans ce Chapitre de deux villes ou peuples Néocores, dont il a publié des médailles; savoir,

ΑΛΙΚΑΡΝΑCCΕΩΝ. ΝΕΩΚΟΡΩΝ. Médaille de Géta, page 116.

ΚΟΙΝΟΝ. ΜΑΚΕΔΟΝΩΝ. Β. ΝΕΩΚ. Médaille de Caracalla, page 104.

CHAPITRE

INTITULÉ:

URBES CONCORDIA JUNCTÆ.

ΟΜΟΝΟΙΑ. ΑΘΗΝΑΙΩΝ. CΜΥΡΝΑΙΩΝ *Athenæ, Smyrna.*

VAILLANT qui veut toujours ſoutenir ſon opinion * que les médailles qui contiennent pluſieurs noms de villes, ont été frappées dans celle qui y eſt nommée la premiere, convient (*Page* 222) que la préſente médaille où la ville de *Smyrne* eſt inſcrite la ſeconde, a été frappée dans cette ville, parce que les Athéniens n'en faiſoient point frapper avec la tête des Empereurs. C'eſt plutôt, comme on l'a déja dit, parce que les villes qui faiſoient frapper des médailles pour marquer leur union avec d'autres, y mettoient le nom de ces villes avant le leur, pour leur faire honneur. Les villes du premier ordre en uſoient même de la ſorte à l'égard des villes d'un rang inférieur. Il n'eſt pas à préſumer

* Vaillant eſt obligé de faire des exceptions à cette prétendue regle en tant d'autres articles de ce Chapitre, qu'il auroit dû, ce ſemble, n'y point inſiſter comme il l'a fait.

que celles-ci ſe fuſſent nommées les premieres ſur des médailles qui marquoient leur alliance avec des villes qui leur étoient infiniment ſupérieures.

Ces deux villes d'*Antioche* & de *Laodicée* ſont peut-être celles de ce nom, qui étoient en Syrie. Elles ont bien pu s'allier, puiſque celle de *Laodicée* s'étoit alliée avec la ville d'*Arade*, comme l'a fait voir la médaille que Vaillant rapporte dans l'article ſuivant de la même page. Il eſt vrai que la diſcorde régna pendant long-temps entre ces deux premieres villes ; mais la médaille en queſtion peut avoir été frappée dans quelques circonſtances où elles ſe réunirent.

ΑΝΤΙΟΧЄΩΝ. ΚΑΙ. ΛΑΟΔΙΚЄΩΝ. ΟΜΟΝΟΙΑ *Antiochia & Laodicea Cariæ.*

(*Page* 227) La ville de *Hiérapolis* avoit auſſi fait alliance avec les villes d'*Aphrodiſiade*, d'*Ephéſe* & de *Sardes*, comme le font voir, la médaille de Commode qui a été ci-devant rapportée avec la légende ΙΕΡΑΠΟΛΙΤΩΝ. ΑΦΡΟΔΙCΙЄΩΝ. ΟΜΟΝΟΙΑ ; celle de Valérien qui a été auſſi rapportée avec la légende ΙЄΡΑΠΟΛ. ЄΦЄCΙΩΝ. ΝЄΩΚΟΡΩΝ. ΟΜΟΝΥΑ [sic] ; & la ſuivante d'Otacilie qui n'a pas été rapportée.

ΙЄΡΑΠΟΛΙΤΩΝ. CΥΝΝΑΔЄΩΝ *Hierapolis & Synnas urbes Phrygiæ.*

ΜΑΡΚ. ΩΤΑΚΙΛ. CЄΒΗΡΑ. CЄΒ. Tête d'Otacilie.

℞. ΙЄΡΑΠΟΛΙΤΩΝ. Κ. CΑΡΔΙΑΝΩΝ. ΝЄΩΚΟ-

ΡΩΝ. ΟΜΟΝΟΙΑ. Deux grandes urnes avec une branche de palmier dans chacune. 1

ΚΙΛΒΙΑΝΩΝ. ΠΕΡΓΑΜΗΝΩΝ *Cilbianum Pergamus in Lydia.*

VAILLANT (*Page* 228), le P. Hardouin, Haym, & autres qui ont publié différentes médailles ſur leſquelles les Cilbianiens ſont nommés avec d'autres peuples, les ont interprétées d'une maniere ſi équivoque, qu'on s'eſt porté à les examiner particuliérement, pour tâcher d'en donner une explication plus préciſe, & plus ſatisfaiſante. Il eſt à propos, pour cet effet, de rapporter quelques-unes de ces différentes médailles.

1 ΚΛΕΑΝΔΡΟΥ. ΓΡΑΜΜΑΤΕΩΣ. ΚΙΛΒΙΑΝΩΝ. ΤΩΝ. ΚΑΤΩ. Médaille d'Auguſte.

2 ЄΠ. CΤΡΑΤ. ΠΡΟΚΛΟΥ. ΚΙΛΒΙΑΝΩΝ. ΑΝΩ. Médaille de Trajan.

3 ЄΠΙ. ΑΡΧ. ΑΥΡΗ. ΔΙΟΝΥCΙΟΥ. ΚΙΛΒΙΑΝΩΝ. ΤΩΝ. ΑΝΩ. Médaille de Julia Domna.

4 ΝΙΚΑЄΩΝ. ЄΝ. ΚΙΛΒΙΑΝΩ. Médaille de Julia Domna.

5 ΝΙΚΑЄΩΝ. ЄΝ. ΚΙΛΒ. Médaille de Géta.

6 ΝЄΙΚΑЄΩΝ. ΚΙΛΒΙΑΝΩΝ. Médailles d'Hadrien & de Géta.

7 ΚΙΛΒΙΑΝΩΝ. ΠЄΡΓΑΜΗΝΩΝ. Médaille de Commode.

8

8 ΚΙΛΒΙΑΝΩΝ. ΠЄΡ. ΓΡΑ. ΤΙΜΟΚΛΗΣ. ΝЄΙΚΗΑΝ. Médaille de Domitien : *Tesoro Britannico ;* & cabinet de l'Auteur.

9 ΝΙΚΑЄΩΝ. ΠЄΡ. ΚΙΛΒΙΑΝ. Médaille de Julia Domna.

10 ΠЄΡ. ΝΙΚΑЄΩΝ. ЄΝ. ΚΙΛΒΙΑΝΩ. Médaille de Caracalla.

11 ΠЄΡ. ΝΙΚΑЄΩΝ. ΚΙΛΒΙΑΝΩΝ. Médailles de Domitien & d'Hadrien.

12 ЄΠΙ. CΤΡ. ΑΠΟΛΛΩΝΙΟΥ. ΠЄΡΓΑΜ. ΝЄΙΚΑЄΩΝ. ΚΙΛΒΙΑΝ. Médaille de Caracalla.

Pour l'intelligence de ces médailles, on croit devoir faire mention des différences qui se rencontrent en général dans les médailles par rapport aux noms de peuples & de villes qui y sont inscrits. Les villes Grecques faisoient ordinairement frapper leurs monnoies au nom de leurs habitants, qui portoient celui de ces villes : le plus grand nombre des médailles est de cette espece. Quelques-unes y marquoient tantôt leur nom, tantôt celui de leurs habitants, comme la ville de *Thessalonique* ΘЄCCΑΛΟΝΙΚΗC & ΘЄCCΑΛΟΝΙΚЄΩΝ ; la ville d'*Ancyre*, ΑΝΚΥΡΑC & ΑΝΚΥΡΑΝΩΝ ; celle d'*Amisus*, ΑΜΙCΟΥ & ΑΜΙCΗΝΩΝ, & ainsi de plusieurs autres. Celles qui faisoient des alliances avec d'autres villes, le marquoient ſur leurs monnoies par les noms des peuples de chacune de ces villes ; & c'eſt de cette eſpece de médailles dont Vaillant fait mention dans ce Chapitre. Les monnoies de villes qui étoient habitées par deux peuples différents, contiennent aſſez ſouvent le nom de ces deux peuples, comme on le voit par les médailles qui ont pour légende ΥΡΚΑΝΩΝ ΜΑΚΕΔΟΝΩΝ, ЄΥΜЄΝЄΩΝ. ΑΧΑΙΩΝ, CЄΑΓЄΩΝ. ΛΑΚЄΔΑΙΜΟΝΙΩΝ, & autres de même ſorte, dont il a été parlé dans les Volumes précédents. On trouve auſſi quelques médailles qui ne contiennent que des noms de peuples, dont on n'a point connoiſſance qu'il y ait eu de villes de leur nom. Telles ſont celles ici rapportées avec le nom ſeul des *Cilbianiens*. On ſait que ces peuples étoient ainſi appellés du nom d'une grande plaine nommée communément *le Champ Cilbianien*, lequel, ſuivant Strabon, étoit vaſte, bien peuplé d'habitants qui demeuroient enſemble, & dont le territoire étoit très-fertile: τὸ Κιλβιανὸν πεδίον πολύ τε, καὶ συνοικούμενον εὖ, καὶ χώραν ἔχον σπουδαίαν. Pline dit que le Cayſtre prenoit ſa ſource dans les montagnes appellées pareillement *Cilbianiennes*; & que des peuples qui habitoient ce champ, les uns en occupoient la partie ſupérieure, & les autres l'inférieure; ce qui eſt confirmé par les trois premieres médailles ci-devant rapportées avec les légendes ΚΙΛΒΙΑΝΩΝ. ΤΩΝ. ΚΑΤΩ, & ΚΙΛΒΙΑΝΩΝ. ΤΩΝ. ΑΝΩ. Pluſieurs des autres médailles qui ont pour type la figure d'un fleuve couché, font voir auſſi que c'étoit le Cayſtre qui couloit dans cette plaine.

Les Antiquaires ci-devant nommés, ont jugé que les médailles, N°s. 4 & 5, qui ont pour légende ΝΙΚΑΕΩΝ. ΕΝ. ΚΙΛΒΙΑΝΩ. marquent qu'il y avoit une ville appellée *Nicée* dans le champ Cilbianien, & que c'étoit dans cette ville qu'elles avoient été frappées. Que celle, N°. 6, dont la légende eſt ΝΕΙΚΑΕΩΝ. ΚΙΛΒΙΑΝΩΝ, marque que cette ville de *Nicée* avoit fait alliance avec la ville, ou les villes qui étoient habitées par les Cilbianiens. Que les médailles, N°s. 7 & 8, qui ont pour légende ΝΙΚΑΕΩΝ. ΠΕΡΓΑΜΗΝΩΝ, marquent auſſi une union, ou alliance entre cette même ville de *Nicée* & celle de *Pergame*. Que la médaille, N°. 9, déſigne par ſa légende ΝΙΚΑΕΩΝ. ΠΕΡ. ΚΙΛΒΙΑΝΩΝ, que les villes de *Nicée*, de *Pergame*, & celles des Cilbianiens s'étoient pareillement alliées enſemble; & que c'étoit la ville de Pergame qui avoit fait frapper les médailles, N°s. 10, 11 & 12, ſur leſquelles elle eſt nommée la premiere. Ainſi, ſuivant ces Antiquaires, il eſt queſtion dans ces médailles de quatre villes ; ſavoir, *Nicée*, *Pergame*, & les deux qui étoient habitées par les Cilbianiens, l'une au haut, l'autre au bas de leur champ, leſquelles, ſuivant Vaillant, étoient toutes deux appellées *Cilbianum*. Le P. Hardouin de ſon côté, peu d'accord avec lui-même, ainſi qu'avec les autres, après avoir dit que la ville de *Nicée*, dans le champ Cilbianien, étoit peut-être celle appellée *Nicopolis* dans la notice des Evêchés de la province d'Aſie, ſemble avoir douté de l'exiſtence de cette ville de *Nicée*, & il a jugé que c'étoit plutôt les Nicéens de Bithynie, qui avoient formé une alliance avec les Cilbianiens & les Pergaméniens.

On ne conteſte point à Vaillant que les Cilbianiens n'ayent pu avoir deux villes appellées l'une ΚΙΛΒΙΑΝΩΝ. ΑΝΩ, & l'autre ΚΙΛΒΙΑΝΩΝ. ΚΑΤΩ. Quoiqu'aucun Auteur ne faſſe mention de ces villes, il n'y a pas lieu de douter que les Cilbianiens n'en euſſent au moins une, quel que fût ſon nom, qu'on ignore, puiſqu'ils avoient des Magiſtrats ; & ce qui le fait connoître encore mieux, c'eſt la médaille de Julia Domna, N°. 3, qui a pour type un aigle légionnaire au milieu de deux enſeignes militaires; ce type déſignant que des troupes avoient été envoyées, ſoit en ſtation, ſoit pour former une colonie dans le lieu où a été frappée cette médaille avec la légende ΚΙΛΒΙΑΝΩΝ. ΤΩΝ. ΑΝΩ, & avec le nom d'un Archonte.

Mais ſi dans le canton du champ Cilbianien, qui étoit occupé par les Nicéens, il y avoit un lieu appellé *Nicée* de leur nom; il ne s'enſuit pas que ce lieu ait été une ville, qui eſt nommée ſur les médailles qui ont pour légende ΝΙΚΑΕΩΝ. ЄΝ. ΚΙΛΒΙΑΝΩ : cette légende ſignifie proprement *la monnoie* des Nicéens demeurants dans le champ Cilbianien, de même que la légende ΑΝΤΙΟΧЄΩΝ. ЄΝ. ΠΤΟΛЄΜΑΙΔΙ. ſignifie *la monnoie* des Antiochéens demeurants à Ptolémaïde, ſans qu'il ſoit beſoin d'en citer d'autres qui ont la même ſignification. On a déja dit que ce qu'on appelloit le *Champ Cilbianien* étoit une grande plaine très-fertile. Delà il eſt aiſé de juger qu'anciennement les naturels du pays n'étant pas en aſſez grand nombre pour occuper ce champ en entier, d'autres peuples, ſavoir des Nicéens & des Pergaméniens, qui en avoient été informés ainſi que de la fertilité du terrein, avoient été s'y établir, de même qu'on a vu que des Lacédémoniens, des Cuméens, & beaucoup d'autres Grecs étoient allés former des établiſſements en différentes contrées, qui avoient peu d'habitants relativement à leur étendue. Il y a tout lieu de croire auſſi que les Cilbianiens n'avoient pas reçu volontiers ces étrangers, & qu'ils leur avoient d'abord diſputé la poſſeſſion des terres dont ils s'étoient emparés. Il ſemble même que par la légende de la médaille du N° 8,* on doit entendre que les Cilbianiens, joints aux Pergaméniens, avoient remporté une Victoire ſur les Nicéens; mais après ces démêlés, s'étant enfin conciliés, pour marque de leur union & concorde, les uns & les autres firent frapper les monnoies ou médailles des N°s. 6, 7, 9, 10, 11 & 12, qui ont pour légendes ΚΙΛΒΙΑΝΩΝ. ΠΕΡΓΑΜΗΝΩΝ, ΝΕΙΚΑΕΩΝ. ΚΙΛΒΙΑΝΩΝ, ΠΕΡ. ΝΙΚΑΕΩΝ. ΚΙΛΒΙΑΝΩΝ. Il en eſt de ces médailles, comme de celles dont il a été parlé dans les Volumes précédents, & qui ont pour légende ΛΑΚΕΔΑΙΜΟΝΙΩΝ. ΣΑΓΑΛΑΣΣΕΩΝ, ΣΕΛΓΕΩΝ. ΛΑΚΕΔΑΙΜΟΝΙΩΝ, ΕΥΜΕΝΕΩΝ. ΑΧΑΙΩΝ, ΥΡΚΑΝΩΝ. ΜΑΚΕΔΟΝΩΝ. Cette derniere médaille des Hyrcaniens, habitants d'un champ portant leur nom, qui n'étoit pas fort éloigné du champ

* Voyez la deſcription du type de la Médaille, page 45 du préſent Volume.

Cilbianien, reſſemble beaucoup à celles des Cilbianiens en ce qu'elle marque une union, ou concorde entre ces Hyrcaniens & les Macédoniens qui s'étoient établis chez eux; & l'on ne peut dire qu'elle marque une alliance entre deux villes, les Macédoniens ne portant pas le nom d'une ville, mais celui d'un pays dont ils étoient originaires. Les Auteurs anciens, qui n'ont fait mention d'aucune ville dans le champ Cilbianien, n'ont point dit non plus qu'il y en eût une dans le champ Hyrcanien; & celle appellée *Hyrcanis* ſeroit ignorée ſans les médailles. On en a auſſi des Cayſtriens qui habitoient un autre champ de leur nom, qui étoit contigu à celui des Cilbianiens, & qui s'étendoit du côté d'*Epheſe*; mais la médaille rapportée, Tome II, page 105, avec la légende ΚΑΥΣΤΡΙΑΝΩΝ, marque ſeulement le nom des peuples qui habitoient le champ Cayſtrien, & non pas un nom de Ville. Strabon qui parle de ce champ en beaucoup d'endroits, ne fait mention que d'un village κώμη, lequel étoit appellé *Lariſſa*, & qui avoit été une ville auparavant: Λάρισα κώμη τῆς Εφεσίας ἐν τῷ Καυστρίῳ πεδίῳ, ἥν φασὶ πόλιν ὑπάρξαι πρότερον. C'étoit apparemment le chef-lieu des Cayſtriens où ils faiſoient battre leurs monnoies, & par conſéquent les médailles qui contiennent des noms de peuples, ne ſuppoſent pas toujours des villes du nom des peuples qui y eſt inſcrit. C'eſt ce qui a été déja obſervé en rapportant d'autres médailles de cette eſpece, & particuliérement celles des Maliens, Tome I, page 170, qui n'avoient point de villes de leur nom, & qui firent frapper des monnoies à *Lamia*.

Les autres obſervations qui reſtent à faire, ſe trouveront dans les articles ſuivants, où Vaillant fait mention des médailles qu'il prétend avoir été frappées à *Nicée* & à *Pergame* pour marquer l'union de ces deux villes avec celles des Cilbianiens.

ΚΛΑΥΔΙΟ. ΣΑΕΥΚΕΩΝ *in Cilicia.*

Il ſemble qu'on peut douter que cette médaille ait été bien lue. La légende qui, ſelon Vaillant, marque deux noms de villes, n'en contient qu'un ſuivant les apparences, c'eſt-à-dire, que la ville de *Séleucie* de Cilicie peut avoir été appellée *Claudia* en l'honneur de l'Empereur Claude. Vaillant a publié lui-même des médailles des villes de *Leucade* & de *Tibériade* qui avoient ajouté à leur nom celui de cet Empereur. On en a auſſi rapporté une, Tome II, page 141, de la ville d'*Iconium* avec la légende ΚΛΑΥΔΕΙΚΟΝΙΕΩΝ. Pluſieurs autres villes s'étoient appellées *Claudiopolis*.

Page

(*Page* 229.) Cette légende pourroit bien auſſi n'être pas exacte, & peut-être étoit-elle ΛΑΚΕΔΑΙΜΟΝΙΩΝ. CΑΓΑΛΑCCΕΩΝ, comme ſur la médaille de Diaduménien rapportée Tome III, page 220, où l'on a obſervé que ce ne ſont point deux villes dont le nom eſt inſcrit ſur cette médaille, mais deux peuples, ſavoir des Lacédémoniens qui s'étoient établis à *Sagalaſſus* & qui vivoient en union avec les habitants de cette ville. ΛΑΚΕΔΑΙΜΩΝ. CΑΓΑΛΑCCΟC.

(*Page* 232.) Suppoſé que cette médaille ait été frappée par les Nicéens, il ne s'enſuit pas qu'elle l'ait été dans une ville de leur nom, comme on l'a ci-devant marqué. On conçoit que ces peuples venus de Bithynie demeuroient dans les portions de terres dont ils s'étoient emparés & qu'ils cultivoient, & que cependant dans les circonſtances où ils avoient à traiter de leurs intérêts communs avec les Cilbianiens, ils ſe réuniſſoient dans un chef-lieu, où ils pouvoient faire fabriquer des monnoies, ſans qu'ils y fiſſent mention de ce lieu, non plus que le faiſoient les Cayſtriens dont il a été ci-devant fait mention. ΝΕΙΚΑΕΩΝ. ΚΙΛΒΙΑΝΩΝ.

Si la Ville de Nicomédie a fait frapper des mé- ΝΙΚΟΜΗΔΙΑ. ΒΟΥΛΗ ΔΗΜΟC ΟΜΟΝΟΙΑ *in Bithynia.*

dailles pour marquer l'union qu'il y avoit entre le Sénat & le peuple de cette ville, & si d'autres villes ont aussi marqué sur leurs monnoies par le mot OMONOIA joint seulement à leurs noms, la concorde qui régnoit entre leurs propres habitants, il ne doit pas paroître extraordinaire que des peuples différents qui habitoient la même contrée, comme les Cilbianiens, les Nicéens & les Pergaméniens, ayent fait frapper pareillement des médailles pour marquer l'union qu'il y avoit entre eux.

Eadem epigraphe, scilicet ΠΕΡ. ΝΕΙΚΑΕΩΝ. ΚΙΛΒΙΑΝΩΝ.

Vaillant toujours persuadé que les médailles qui contiennent plusieurs noms de peuples ou de villes, ont été frappées dans celles dont le nom y est inscrit le premier, prétend le montrer ici, en disant que c'est *Pergame* qui a fait frapper celle qu'il rapporte, parce que le type représente *Hygeia*, qui étoit fille d'Esculape, divinité tutélaire de cette ville. Mais combien d'autres villes n'ont-elles pas fait représenter sur leurs monnoies Hygeia comme Déesse de la Santé? D'ailleurs, quand même le culte de cette Déesse auroit été particulier à la ville de *Pergame*, n'auroit-il pas pu être porté chez les Cilbianiens par les Pergaméniens qui demeuroient avec eux? Au reste, en admettant que les Nicéens avoient dans le champ Cilbianien un chef-lieu, ou bourgade appellée *Nicée* de leur nom, les Pergaméniens doivent y en avoir eu aussi une qui étoit peut-être appellée *Pergame* de leur nom. Les uns & les autres peuvent y avoir fait frapper les médailles dont il s'agit ; mais il est hors de toute vraisemblance que des villes aussi illustres & aussi puissantes que l'étoient celle de *Pergame* en Mysie, & celle de *Nicée* en Bithynie, ayent consigné sur grand nombre de médailles les alliances qu'elles auroient contractées avec des peuples qui n'étoient que des laboureurs, & qui cultivoient seulement des portions d'un champ, qui, quelqu'étendu qu'on le suppose, étoit cependant circonscrit dans l'intérieur des terres, loin de la mer, & encore plus loin de ces deux villes.

(*Page* 236). Il a été ci-devant parlé suffisamment de cette médaille, & des autres semblables.

ϹΕΛΓΕΩΝ. ΛΑΚΕΔΑΙΜΟΝΙΩΝ. ΟΜΟΝΟΙΑ.

La ville de *Sidé* avoit aussi fait alliance avec celle d'*Attalie* en Pamphylie, comme on le voit par une médaille de Gallien rapportée ci-devant, Pl. XXXI, N. 7.

ϹΙΔΗΤΩΝ. ΠΕΡΓΑΙΩΝ. ΟΜΟΝΟΙΑ.

ϹΑΜΙΩΝ. ΑΛΕΞΑΝΔΡΕΩΝ. ΟΜΟΝΟΙΑ.

Nota. Vaillant n'avoit point connu apparemment de médailles de la ville de *Samos* qui marquassent qu'elle se fût alliée avec aucune autre ville, puisqu'il n'en a pas fait mention. C'est pourquoi on a estimé à propos de rapporter celle qui suit.

ΑΥΤ. ΚΑΙ. Μ. ΑΝ. ΓΟΡΔΙΑΝΟϹ. Tête de Gordien couronnée de laurier. 2

℟. CΑΜΙΩΝ. ΚΑΙ. ΑΛЄΞΑΝΔΡЄΩΝ. ΟΜΟΝΟΙΑ. Isis debout, tient des deux mains une voile de navire dépliée & tendue.

CЄΒΑCΤ. ΗΡΑΚΛΕΩΝ.

Il a été rapporté ci-devant une médaille de Sévere avec la légende CЄΒΑCΤ. ΗΡΑΚΛЄΩΝ, que Vaillant n'a point connue non plus. Comme il y a plusieurs villes qui portoient le nom de *Sébaste* & d'*Héraclée*, il seroit difficile de reconnoître quelles sont celles dont il est question sur cette médaille, si sa fabrique & son type n'en donnoient pas quelque indication. On trouve que sur des médailles d'*Héraclée* du Pont, Hercule est représenté absolument de la même maniere qu'il l'est sur celle-ci, & qu'elle ressemble d'ailleurs par sa fabrique à d'autres médailles de cette ville. Il y a lieu par conséquent d'en inférer qu'elle y a été frappée. Si le nom de *Sébaste* y est inscrit le premier, c'est comme on l'a déja observé, que les villes qui faisoient battre des monnoies pour marquer leur union & leur alliance avec d'autres villes, y mettoient le plus ſouvent le nom de ces villes avant le leur, pour leur faire honneur. Quant à ſavoir quelle eſt la ville de *Sébaſte* avec laquelle Héraclée s'étoit alliée, c'étoit apparemment celle qui étoit ſituée en Phrygie, ou la ville d'*Ancyre* en Galatie, qui s'étoit auſſi appellée *Sébaſte*.

Il a été auſſi rapporté dans le préſent Volume, page 139, une médaille de Julia Domna, par laquelle il paroît que les villes de *Philomelium* en Phrygie, & d'*Hadriani* en Bithynie, avoient fait alliance enſemble. Vaillant ne fait aucune mention de ces deux villes dans le Chapitre en queſtion. ΦΙΛΟΜΗΛΙΩΝ. ΑΔΡΙΑΝΩΝ.

CHAPITRE

INTITULÉ:

URBES IN QUIBUS EPOCHÆ.

(*PAGE* 240). Les villes de Thrace ne marquoient point d'époques ſur leurs monnoies; il y a toute apparence que celle-ci qui contient la ΑΔΡΙΑΝΟΠΟΛΙΣ *in Thracia.*

date BΞ, 62, eſt de la ville d'*Hadrianopolis* de Bithynie, ainſi qu'il a été obſervé, Tome II, page 20. En quelque année des ſept premieres du regne de Sept. Sévere qu'elle ait été frappée, la date BΞ, procede d'une ere qui tombe ſous le regne d'Hadrien, de qui, comme l'on ſait, la Bithynie avoit reçu beaucoup de bienfaits. Il eſt apparent que la ville d'*Hadrianopolis* y eut beaucoup de part, puiſqu'elle prit ſon nom; & c'eſt auſſi par ce motif ſans doute qu'elle ſe forma une ere, dont elle compta enſuite les années.

ΑΙΓΑΙ. *in Cilicia.*

TOUS les Antiquaires fixent l'ere de cette ville à l'année 707 de Rome. Vaillant en rapporte (*Page* 241) beaucoup de médailles depuis Hadrien juſqu'à Valérien avec des dates procédantes de cette ere. On peut y ajouter celles de deux autres médailles; ſavoir,

BϘC.	292.	Médaille de Philippe pere.	2
T.	300.	Médaille de Gallien.	2

ΑΛΕΞΑΝΔΡΙΑ. ΚΑΤ'ΙССΟΝ *in Cilicia.*

SUIVANT le P. Hardouin & le P. Frœlich, l'ere de cette ville eſt de l'année 686. Vaillant qui (*Page* 246) la fixe à l'année 687, rapporte deux médailles, l'une de Trajan avec la date ΑΠΡ. 181, & l'autre de Caracalla avec la date

BΠC. 282. On en a une troiſieme qui eſt d'Hadrien avec la date CB. 202. 3

AMAΣIA *in Ponto.*

L'ERE de cette ville eſt de l'année 746 ſuivant le P. Hardouin, & de l'année 744 ſuivant le P. Frœlich. Le Cardinal Noris & Vaillant (*Page* 247) l'ont fixée à l'année 743. Le P. Mazzoléni, dans ſes *Animadverſiones* ſur les médaillons de Piſani, a prouvé qu'elle doit être de l'année 747.

Aux différentes dates des médailles qui ſont ici rapportées, on peut joindre les ſuivantes.

PNH. 158. Médaille d'Antonin. 3

PΠΘ. 189. Médaille de Commode 1

PϤA. 191. Autre Médaille de Commode. 1

CΘ. 209. Médaille de Sept. Sévere. 2

CH. 208. Médaille de Géta. 1

CKH. 228. Médaillon de Sév. Alexandre rapporté, Tome III, page 208. M

AMICOC *in Ponto.*

TOUS les Antiquaires ſont d'accord ſur l'année où l'ere de cette ville a commencé; ſavoir l'an 721 de Rome. Il a été rapporté, Tome II, page 9, une médaille autonome qui y a été frappée avec l'année CΞH. 268. C'eſt la même date qui ſe trouve ſur la médaille de Maximin qui eſt ici rapportée par Vaillant (*Page* 249).

ANAZAPBOC. *in Cilicia.*

(*Page* 250). Le Cardinal Noris, le P. Hardouin & Vaillant ſont auſſi du même ſentiment ſur le commencement de l'ere de cette ville, qu'ils fixent à l'an de Rome 734. M. l'Abbé Belley eſtime qu'elle doit être poſtérieure d'une année; & il ſe propoſe de le démontrer dans une Diſſertation que l'on verra ſans doute dans les Mémoires de l'Académie.

Cette dissertation est imprimée dans le T. XXXII. des Mem. de l'acad.

Les dates ſuivantes manquent dans les médailles d'Anazarbe que Vaillant a rapportées.

ΘΟΡ. 179. Médaille d'Antonin décrite, Tome III, page 243. 2

ΒΠΡ. 182. Médaille de Marc-Aurele décrite même page 243. 2

HΛC. 238. Médaille de Julia Paula rapportée, Tome III, page 242. 1

CN. 250. Médaille de Sévere-Alexandre. 2

AΞC. 261. Médaille de Tranquilline rapportée, Tome III, page 242. 1

ANTIOXEIA *in Syria.*

Cette ville a ſuivi en différents temps quatre eres différentes; ſavoir, l'ere des Séleucides de l'année 442; l'ere de Pompée de l'année 690; l'ere de Jules-Céſar de l'année 705; & l'ere d'Auguſte de l'année 723. On trouve ſur les médailles Impériales des dates procédantes ſeulement

lement de ces deux dernieres eres. Outre celle de Néron rapportée par Vaillant (*Page* 251) avec la légende ЄΠΙ. ΚЄϹΤΙΟΥ. ΑΝΤΙΟΧЄΩΝ. ЄΤ. ΔΙΡ. 114, on en a une autre avec la légende ЄΠΙ. ΓΑΙΟΥ. ΚЄϹΤΙΟΥ. ЄΤ. ЄΙΡ. 115.

Il dit (*Page* 254) qu'il a obſervé ſur une médaille de Sévere-Alexandre, frappée à *Antioche* colonie, la date ΔΟϹ. 274 qui procede de l'ere de Jules-Céſar; mais il y a lieu de douter que cette médaille fût bien conſervée, & qu'il l'ait bien lue. On en a pluſieurs ſemblables qui, à l'exergue du revers, ont les lettres SHC.

ΑΝΤΙΟΧΕΙΑ. ΠΡΟΣ. ΣΑΡΟΝ *in Cilicia.*

Aucun Auteur ancien n'a parlé de cette ville, ſi ce n'eſt Eſtienne de Byzance qui en place une de ce nom ſur le *Pyramus*. On a jugé qu'il avoit nommé ce fleuve au lieu du *Sarus*. La médaille de Marc-Aurele que Vaillant rapporte (*Page* 255) n'étoit pas entiere, ſuivant la deſcription qu'il en a donnée, page 49. Il en cite une autre d'Antiochus IV, Roi de Syrie, avec la même légende, qu'il n'a pas rapportée. Cette légende ſe trouve ſur une médaille autonome, dans le Tome II, page 161. Quelle que fût la ville en question, la date qui y est marquée procede vraisemblablement de la même ere que suivoit la ville d'*Anazarbe*, laquelle, selon M. l'Abbé Belley, avoit commencé en l'année 735 de Rome, & non en l'année 734.

ΑΠΑΜΕΙΑ *in Syria.*

Il a été fait mention, Tome II, page 189, des deux médailles que Vaillant rapporte ici, & des eres que suivoit cette ville d'*Apamée.*

ΑΡΑΔΟC *in Phœnicia.*

IL A ÉTÉ parlé des eres de la ville d'*Aradus*, Tome III, page 30. Les dates suivantes manquent dans les médailles que Vaillant a rapportées.

TΞ.	360.	Médaille de Domitien.	3
EΞT.	365.	Médaille de Trajan.	2
EOT.	375.	Autre de Trajan.	2
HMY.	458.	Médaille de Commode.	2
ΥΟΔ.	474.	Médaille de Caracalla.	3

ΑΣΚΑΛΩΝ *in Palæstina.*

TOUS les Antiquaires n'ont connu qu'une ere de la ville d'*Ascalon*, qui avoit commencé du temps qu'elle s'étoit soustraite à la domination des Rois de Syrie durant la guerre que se firent Antiochus VIII & Antiochus IX. Les uns, comme Scaliger, l'ont conséquemment fixée à l'année 651 de Rome; les autres, comme le P. Hardouin, à l'année 652. Mais le Cardinal Noris a montré qu'elle devoit être de l'année 650, & ſon ſentiment a été adopté par Vaillant (*Page* 258). La médaille d'Auguſte, qui a été rapportée, Tome II, page 236, prouve que cette ere eſt effectivement de l'année 650, & fait voir en même temps que la ville d'*Aſcalon* en avoit auſſi une autre; ſavoir, celle de Pompée de l'année 696. Les dates BP. 102, & ςN. 56 que cette médaille contient, procedent de ces deux eres, & tombent également en l'année 751 de Rome, la 28e du regne d'Auguſte. L'Hiſtoire ne nous apprend point ce qui avoit pu engager les Aſcalonites à prendre cette ſeconde ere. On ſait qu'elle fut priſe par la ville de *Mopſueſte* en Cilicie, après que Pompée eut détruit les Pirates; & que dans cette même année 696, ou dans la ſuivante, il rendit la liberté à la ville de *Raphia* en Paleſtine, dont les Juifs s'étoient emparés, laquelle ſe forma à cette occaſion une ere en l'année 697. Mais quoique les Juifs ſe fuſſent auſſi rendus maîtres de *Joppé*, de *Gaza*, & d'autres villes voiſines d'*Aſcalon*, ils ne s'aſſujettirent point celle-ci. Il faut par conſéquent qu'elle eût reçue quelqu'autre bienfait de Pompée, pour avoir pris une ſeconde ere en ce temps-là.

Les dates ſuivantes peuvent être ajoutées à celles des médailles que Vaillant a rapportées.

ΑΡ. 101. Médaille d'Auguſte. 2

ςΝ. 56. } Autre médaille d'Auguſte rapportée,
ΒΡ. 102. } Tome II, page 236. 2

ΘΡ. 109. Cette médaille eſt auſſi d'Auguſte. 2

ΑΚΡ. 121. Médaille de Tibere. 3

ЄΛΡ. 135. Autre médaille de Tibere. 3

ςΟΡ. 176. Médaille de Titus. 3

ΘΠΡ. 189. Médaille de Domitien. 2

ΘC. 209, ΑΙC. 211, ΓΙC. 213, ΖΙC. 217, & ΚC. 220. Médailles de Trajan. 2 & 3

ΓΚC. 223. Médaille d'Hadrien. 3

ЄΚC. 225. Autre Médaille d'Hadrien. 2

Nota. Outre les deux eres dont il vient d'être dit que la ville d'*Aſcalon* datoit les médailles Impériales, elle employoit l'ere d'Alexandre ſur les médaillons d'argent, qu'elle faiſoit frapper avec la tête de ce Prince, ainſi qu'il a été remarqué dans le Volume précédent, page 117.

ΑΥΓΟΥCΤΑ *in Cilicia.*

OUTRE la médaille d'Auguſte qui eſt rapportée par Vaillant (*Page* 261) avec la date ΒΚC. 222, on en connoît pluſieurs autres Impériales de cette ville qui ont des époques différentes; ſavoir,

HM. 48. Médaille de Néron, du cabinet de l'Auteur. 2

HΠP. 188. Médaille de Caracalla, rapportée par Haym.

HϞP. 198. Médaille d'Elagabale, citée par Masson dans le *Tesoro Britannico*.

HKC. 228. Médaille de Philippe pere, du cabinet du Roi.

AMC. 241. Médaille de Valérien, du cabinet de l'Auteur. 1

M. l'Abbé Belley a rapporté toutes ces médailles dans une Dissertation, Tome XXVI des Mémoires de l'Académie, dans laquelle il a montré que l'ere de la ville d'*Augusta* est de l'année 773 de Rome, & non pas de l'année 771, comme Vaillant l'avoit cru, & encore moins de l'année 770, suivant l'opinion du P. Hardouin. La date marquée sur la médaille de Valérien lui a servi à fixer le temps de la captivité de cet Empereur, qui étoit indécis par la différente maniere dont les Auteurs en ont parlé.

BALANA
AY. 91. médaille de Marc Antoine rapportée cy devant p. 2.
BOSTRA.
ΠΑ. 106. médaille de Sept Severe cy devant p. 117.

ΓΑΒΑΛΑ *in Syria.*

SUIVANT le P. Hardouin, l'ere de la ville de *Gabala* étoit de l'année 708 de Rome; mais tous les autres Antiquaires l'ont rapportée, ainsi que Vaillant (*Page* 262), à l'année 707.

Dates des médailles de cette ville qui ne sont point dans celles dont il a fait mention.

ΔC. 204. Médailles de Lucius Vérus. 2

ΔΛC. 234. Médaille de Commode rapportée, Tome III, page 239. 1

CΞH. 268. Médaille d'Aquilia Severa. 2

ΓΑΒΗ *in Phœnicia.*

LE P. HARDOUIN a fait commencer l'ere de cette ville en l'année 694. Suivant le Cardinal Noris & Vaillant (*Page* 264), elle est de l'année 693. On peut ajouter la date de la médaille suivante aux deux que Vaillant a rapportées de cette même ville.

ΡΛϚ. 136. Médaille de Domitien. 3

ΓΑΔΑΡΑ *in Cœlesyria.*

Suivant le P. Hardouin, l'ere de cette ville est de l'année 691; mais le Cardinal Noris a démontré qu'elle a commencé en l'année 690. Vaillant qui a suivi en cela le Cardinal Noris, rapporte ici plusieurs médailles qui pourroient appartenir à une autre ville de même nom qui étoit en Palestine, ainsi qu'il a été remarqué, Tome III, page xliij. Elles suivoient l'une & l'autre l'ere de Pompée de l'année 690. Les dates ci-après manquent dans Vaillant.

ΕΛΡ. 135. Médaille de Vespasien. 2

ΑΟΡ. 171. médaille de Plotine. S. II. V.

ΡΜΞ. 146. Domitien. S. II. p. IV.

ΓΚC. 223. Médailles d'Antonin. Deux différentes de la même date. 2

ΘΚC. 229. Médaille de Lucius Vérus. 2

ΒΞC. 262. Médaille de Caracalla. 1

ΗΟC. 278. Autre médaille de Caracalla. 2

ΓΑΖΑ *in Palæſtina.*

Il a été parlé, Tome II, page 237 de l'ere de cette ville, à l'occaſion des médailles autonomes qui y ſont rapportées. On trouve les dates ſuivantes ſur des médailles Impériales qui manquent dans Vaillant (*Page* 266).

ЄϤΡ. 195. Médailles d'Hadrien. Deux différentes. 3

ΔC. 204. Médaille d'Antonin. 2

ΔΙC. 214. Autre médaille d'Antonin. 1

CK. 220. Médaille de Marc-Aurele. 2

ΑΞC. 261. Médaille de Julia Domna. 3

ΔΑΜΑΣΚΟΣ *in Syria.*

Il paroît que cette ville a toujours ſuivi l'ere des Séleucides. Les dates ſuivantes manquent auſſi dans Vaillant (*Page* 269).

ЄΛΤ. 335. Médaille de Tibere. 2

ΖΠΤ. 387. Médaille de Domitien. 2

ΔΙΟCΠΟΛΙC *in Palæſtina.*

Il a été obſervé, Tome III, page 247, que les médailles de cette ville, rapportées par Vaillant (*Page* 270), ont été mal lues, & que les lettres qu'il y a prises pour des dates procédantes d'une ere, ainsi que sur d'autres médailles de la ville d'*Eleuthéropolis*, marquent seulement les années du regne de Sept. Sévere, dans lesquelles ces médailles avoient été frappées.

ZHΛA *in Ponto.* VAILLANT (*Page* 272) tombe en contradiction avec lui-même, lorsqu'il dit que les deux médailles de Julia Domna qu'il rapporte, ont pour dates, l'une l'année MC. 240; & l'autre l'année BMC. 242, pendant qu'il a marqué en décrivant les deux mêmes médailles, page 95, qu'il y avoit sur la premiere l'année MP. 140, & sur la seconde l'année BMP. 142. Il paroît qu'il s'est fort mépris en changeant ainsi les dates de ces médailles, & en marquant aussi l'année 242 sur la médaille de Caracalla dans la page suivante 273; car celles que l'on a, toutes pareilles, de Julia Domna & de Caracalla, sont sûrement datées de l'année 142, ainsi que toutes les autres que l'on a vues en différents cabinets. Ces dates procedent sans doute d'une ere que la ville de *Zela* avoit instituée en l'année 816 de Rome, lorsque Polémon, Roi du Pont, céda ses Etats à Néron; & c'est cette même ere qu'ont suivie les

les villes de *Néocéſarée* & de *Trébizonde* ſur leurs médailles dont il ſera parlé ci-après. Il ne ſeroit pourtant pas impoſſible qu'une autre ere eût été établie à *Zéla* en l'année 707 de Rome, après que Jules-Céſar eut défait l'armée de Pharnace dans la bataille qu'il lui livra à une lieue de cette ville. Cet événement tant renommé dans l'Hiſtoire, auroit bien pu lui fournir l'occaſion de prendre en effet une pareille ere; mais pour juger qu'elle l'auroit employée ſur ſes monnoies, il faudroit en avoir d'autre preuve que les médailles incertaines & mal lues, qui ſont citées dans ce Chapitre par Vaillant.

IΛΙΟΝ *in Troade.*

Cette médaille dont Vaillant (*Page* 273) marque que la légende eſt ΙΛΙΕΩΝ. ΔΟC. a auſſi été mal lue. Après ΙΛΙΕΩΝ il y a la lettre Ι, enſuite un intervalle qui contenoit une ou deux autres lettres, qui ſont effacées, & qu'on ne peut diſtinguer; & après cet intervalle, on lit diſtinctement ΛΟC, non pas ΔΟC. L'Auteur, qui a fait cette vérification, juge que les lettres qui manquent, étoient ΟΥ, & qu'ainſi le mot entier étoit ΙΟΥΛΟC, nom du fils d'Ænée, appellé autrement Aſcagne. On trouve de même ſur d'autres médailles d'*Ilium* le nom d'Ænée, celui d'Anchiſe, & ceux d'Hector & de Dardanus. Ce n'eſt donc point une ere qui ſe rencontre ſur la médaille en queſtion. Les villes de Troade, non plus que celles de Myſie, ne marquoient point d'époques ſur leurs monnoies, comme on l'a déja obſervé à l'occaſion des médailles de la ville de *Scepſis*. Il faut cependant en excepter la ville d'*Alexandrie* de Troade, qui ſur des médaillons d'argent, leſquels ont pour légende ΑΛΕΞΑΝΔΡΕΩΝ. ΑΠΟΛΛΩΝΟΣ. ΣΜΙΘΕΩΣ, a marqué différentes dates. Mais ces dates procedent peut-être de l'ere du regne d'Alexandre, dont cette ville a pu ſe ſervir en mémoire de ce Prince, de qui elle portoit le nom. Il ſe peut bien auſſi qu'elle ſe fût formé une ere particuliere du temps où ce nom lui avoit été donné par Lyſimaque, à la place de celui d'*Antigonie* qu'elle portoit auparavant. Il paroît que c'étoit le ſentiment de Spanheim dans une Lettre de lui qui a été rapportée par Cuper.

ALEXANDPIA in Troade.

ΚΑΙCΑΡΕΙΑ. CEBACTH *in Phœnicia.*

Les deux dates ſuivantes ne ſe trouvent point ſur les médailles de cette ville que Vaillant a rapportées (*Page* 274).

CIΔ. 214. Médaille de Caracalla. 2

CKΓ. 223. Médaille d'Aquilia Severa. 2

CAESAREA ad Libanum
AΞY et BΞY. 461. 462. médailles d'Antonin et de M. Aurele cy devant p. 79.

CAESAREA ad Panium
ΛΤ. 330. Mela. 1. p. 36. médaille d'Auguste.

KANΩΘA *in Decapolitana Syriæ.*

(*Page* 275). Il a été parlé, Tome II, page 242, des médailles de cette ville qui ſont dans le cabinet de l'Auteur avec les dates ſuivantes.

BIP. 112. Médaille de Claude. 2

NP. 150. Médaille de Domitien. 3

ΛΑΟΔΙΚΕΙΑ *in Syria.*

Il a été parlé auſſi de l'ere de cette ville, Tome II, page 195. Les dates ſuivantes manquent dans Vaillant (*Page* 276).

ΑΟΡ. 171. Médaillon d'argent d'Hadrien.

ЄΑC. 235. Médaille de Commode. 2

ΛΑΟΔΙΚЄΙΑ *in Caria.*

Il y a des Antiquaires, à qui cette médaille de Caracalla a paru ſuſpecte, & d'autres ont douté que les lettres TΠH marquaſſent une date, parce que les villes de Carie ne marquoient point d'époques ſur leurs monnoies. Cependant il y a dans le cabinet de l'Auteur une autre médaille de Caracalla en moyen bronze, qui a pour type la figure de la fortune debout, & la même légende ΛΑΟΔΙΚЄΩΝ. ΝЄΩΚΟΡΩΝ. TΠH. Il ſemble qu'on ne peut ne pas reconnoître la date 388 dans ces trois dernieres lettres, laquelle date, ſuivant Vaillant (*Page* 277), procede de l'ere de 565, qu'il juge avoir été établie par cette ville de Laodicée, lorſque les Romains, après

j'ai une autre medaille de Caracalla approchante par sa grandeur de la forme d'un medaillon ou l'on voit les lettres TΠM. avec la legende ΛΑΟΔΙΚΕΩΝ. ΝΕΩΚΟΡΩΝ. et le type de jupiter debout tenant de la droite un aigle et de la gauche une haste. les lettres TΠM ne forment point une date. elles sont pour ΤΩΝ Προσ Μαιανδρω.

Na. la lettre H. a eté mise par meprise pour un M. sur cette medaille. il y a au dessus du T. un petit globule ainsi que dans le medaillon.

avoir vaincu Antiochus le grand, Roi de Syrie, rendirent la liberté aux villes d'Asie.

ΛΕΥΚΑΣ *in Cœlesyria.* (*Page* 277) Il a été fait mention, Tome II, page 199, des médailles de la ville de *Leucade* en Syrie, qui ont servi à M. l'Abbé Belley pour établir la vraie position de cette ville, dans une Dissertation qu'il a lue à l'Académie, & qui sera imprimée. On ne peut que s'en remettre à ce qu'il y a dit sur tout ce qui concerne cette ville, & particuliérement sur les deux eres qu'elle suivoit. On donnera seulement ici les dates qui sont sur ces médailles.

ΔΝϹ. 254. Médaille de Macrin. 1
ΕΟϹ. 275. Médaille de Gordien. 2
ΗΟϹ. 278. Autre médaille de Gordien. 2

ΝΕΟΚΑΙϹΑΡΕΙΑ *in Ponto.* On a aussi fait mention ci-devant de l'ere de cette ville en parlant des médailles de *Zéla*. On peut ajouter les dates suivantes à celles qui se trouvent sur les médailles rapportées par Vaillant (*Page* 280).

ΡΜΑ. 141. Médaille de Caracalla. 1
ΡΜΒ. 142. Médaille de Géta. 2
ΡϞΒ. 192. Médaille de Valérien. 2

ΟΡΘΩϹΙΑϹ *in Phœnicia.* Vaillant n'avoit connu qu'une médaille de cette ville d'Orthosiade qui eût une époque. Elle est d'Antonin. On a des médailles de Séve-re-Alexandre qui en contiennent trois différentes; savoir,

ΒΛΦ. 532. }
ΓΛΦ. 533. } Médailles de Sévere-Alexandre. 2
ΔΛΦ. 534. }

ΡΑΜΑΘΑ *in Palæstina.*

IL A DÉJA été observé ci-devant qu'il y a lieu de croire que la médaille rapportée par Vaillant (*Page* 282) est de la ville de *Canata* ou *Canatha.*

ΡΑΦΙΑ *in Palæstina.*

On a aussi une médaille de Caracalla frappée dans la ville de *Raphia*, mais elle contient une date différente de celle qui est marquée sur la médaille rapportée par Vaillant; savoir, ΑΞC. 261. 2

CAMOCATA *in Commagena.*

LE P. HARDOUIN fait commencer l'ere de cette ville de l'année 823 de Rome, & Vaillant (*Page* 283) de l'année 825. On ne trouve point les dates suivantes dans les médailles qu'il rapporte.

NH. 58. Médaille d'Hadrien. 3
NΘ. 59. Autre médaille d'Hadrien. 3
ϙ. 90. Médaille de Marc-Aurele. 2

ΔϤ. 94. Médaille de Lucius Vérus. 2

ϹЄΛЄΥΚЄΙΑ *in Syria.*

Il a été parlé, Tome II, page 207 des eres de cette ville qui en a eu quatre, dont elle a fait uſage en différents temps, & l'on a rapporté, Tome III, page 241, une médaille de Caracalla qui eſt datée de l'année 230, procédante de l'ere d'Auguſte. Cette date ΛC. ne ſe trouve point ſur celles que Vaillant a rapportées (*Page* 285).

ΣΙΔΩΝ *in Phœnicia.*

Il a été remarqué, Tome III, page 220, que la ville de *Sidon* avoit deux eres, l'une de l'année 442, qui étoit celle des Séleucides, & l'autre de l'année 640, qui étoit celle de ſon autonomie. Elle n'a ſuivi que cette derniere ere en datant les médailles Impériales qu'elle a fait frapper. Les dates qui ſuivent manquent dans Vaillant.

IP. 110. Médaille d'Auguſte. 3
ΓKP. 123. Autre médaille d'Auguſte. 1
HMP. 148. Médaille de Caligula. 2
BΞP. 162. Médaille de Claude. 2

Suivant Vaillant (*Page* 286) la ville de *Sidon* auroit ſuivi l'ere des Séleucides dans l'époque marquée ſur la médaille d'Elagabale qu'il rapporte à la fin de cette page. Cette singularité jointe à celle de la légende Grecque que contient cette médaille, tandis que toutes les autres que la ville de *Sidon* a fait frapper en grande quantité pour cet Empereur qui l'avoit faite colonie, ont des légendes latines, a engagé l'Auteur à aller l'examiner dans le Cabinet du Roi, d'où Vaillant l'avoit citée; & il a été vérifié qu'il l'a mal lue, la légende en étant en partie effacée. Elle est rangée à présent parmi celles de *Tripolis*, & c'est à cette ville qu'elle appartient.

ΤΙΒΕΡΙΑΣ *in Galilæa.*

VAILLANT (*Page* 287) ne rapporte qu'une médaille de Trajan frappée dans cette ville avec l'époque ΑΠ. 81. On en a une autre de cet Empereur, qui a pour légende ΤΙΒЄΡ. ΚΛΑΥ. ЄΤ. ϟ. 90.

ΤΡΑΛΛΙΣ *in Caria.*

Il a été fait mention de cette médaille, Tome II, page 113, par rapport à une autre médaille autonome de la ville de *Tralles*, qui paroît contenir aussi une époque, & il a été observé qu'il est encore incertain si cette ville avoit eu effectivement une ere. Vaillant se fondant sur la prétendue date Ζϟ. 97. de cette médaille-ci, a jugé qu'elle procédoit d'une ere de l'an 898 de

Rome ; le P. Hardouin, de ſon côté, a prétendu qu'elle étoit antérieure ; ſavoir, de l'an 892.

ΤΡΙΠΟΛΙΣ *in Phœnicia.*

On n'a rien à ajouter à tout ce qui a été obſervé, Tome II, pages 223 & ſuivantes touchant les différentes eres que cette ville avoit ſuivies, tant ſur les médailles autonomes, que ſur les médailles Impériales qu'elle a fait frapper. Il ne reſte qu'à donner ici les dates qui ne ſe trouvent point ſur celles que Vaillant a rapportées (*Page* 288).

ΜΤ. 340. Médaille de Tibere. 2

ΒΛΥ. 432. Médaille d'Hadrien. 2

ΓΚΦ. 523, ΔΚΦ. 524, ΗΚΦ. 528. Médailles de Caracalla. 1 & 2

ΒΛΦ. 532. Médaille de Julia Paula. 1

ΓΛΦ. 533. Médaille de Julia Sœmias. 1

ΤΥΡΟΣ *in Phœnicia.*

On a auſſi vérifié cette médaille que Vaillant (*Page* 289) cite du Cabinet du Roi. On avoit penſé que la ville de *Tyr*, qui avoit été faite colonie par Sept. Sévere, ne pouvoit gueres avoir fait frapper des médailles Grecques ſous Elagabale, dont on a tant d'autres Latines de cette ville. Il en eſt de cette médaille, comme de celle qu'il avoit attribuée à la ville de *Sidon*.

Sidon. Elles sont l'une & l'autre de la ville de *Tripolis.*

LA PREMIERE médaille de cette ville que Vaillant rapporte (*Page* 290) est d'Antonin. On en a une de Domitien, & une autre de Trajan avec les dates suivantes.

ΦΛΑΟΥΙΟΠΟΛΙΣ *in Cilicia.*

ZI. 17. Médaille de Domitien. 2

M. 40. Médaille de Trajan. 3

BKP. julia domna S. 1. p. 34.

Les médailles de cette ville rapportées par Vaillant, ne contiennent point non plus les dates qui suivent.

ΧΑΛΚΙΣ *in Syria.*

KH. 28. Médaille d'Hadrien. 2

Zϥ. 97. Médaille de Commode. 2

VILLES

Dont VAILLANT n'a rapporté aucune MÉDAILLE avec des époques.

ABILA, ville de Cœlésyrie. Il a été ci-devant parlé des médailles de L. Vérus & de Commode qui ont été frappées dans cette ville. La premiere avec la date AC. 230, la seconde avec

autre ville d'Abila surnommée Leucade située au dela du Jourdain, dont la medaille est de faustine jeune avec la date ΣΚC. 236. voyez S. 1. p. iij la date NC. 250 ; ces dates procedent de l'ere de Pompée de 690, ainsi que M. l'Abbé Belley l'a marqué dans une Dissertation sur l'ere de la ville en question, Mémoires de l'Académie, Tome XXVIII, page 557.

BALANEA, ville de Syrie. Il a été aussi fait mention ci-devant de la médaille de Marc-Antoine frappée dans cette ville avec la date AϤ. 91, & d'une autre autonome rapportée, Tome II, page 190 du Recueil des Médailles de Villes, laquelle a la date ΔP. 104. Il n'y a rien à ajouter à ce que M. l'Abbé Belley a observé sur l'ere de la ville de *Balanée*, ni sur tout ce qui regarde ces médailles, dans une autre Dissertation, Mémoires de l'Académie, Tome XXX.

BOSTRA, ville d'Arabie. Vaillant a publié deux médailles Grecques de cette ville, l'une de Commode, & l'autre de Caracalla; mais qui n'ont point d'époques. Il en a été rapporté une de Sept. Sévere, Tome III, page 244, avec la date PΔ. 104, qui procede de l'ere de l'année 659 de Rome. M. l'Abbé Belley a encore fait usage de cette médaille dans une Dissertation, Mémoire de l'Académie, Tome XXX, p. 307.

DIUM, ville de Cœléſyrie. Dans le Tome XXVIII, page 568, il a rapporté une médaille de Géta du cabinet de l'Auteur, qui a pour légende ΔЄΙΗΝΩΝ. avec la date ЕОС. 275, laquelle procede de l'ere de Pompée de 690.

GADARA, ville de Paleſtine. Dans le Tome III du Recueil des Médailles de Villes, il en a été rapporté une de Marc-Aurele avec la légende ΓΑΔΑΡЄΩΝ. ΝΑΥΜΑ. ΔΚC. 224; & l'on a obſervé que cette médaille n'étoit point de la ville de *Gadara*, ſituée dans la Pérée au-delà du Jourdain, dont Vaillant rapporte pluſieurs médailles avec des époques; mais d'une autre ville de même nom qui étoit en Paleſtine, & qui, comme la *Gadara* de la Pérée, s'étoit donnée l'ére de l'année 690; parce que l'une & l'autre qui étoient tombées en la puiſſance des Juifs, furent miſes en liberté par Pompée cette année-là.

GERMANICOPOLIS, ville de Paphlagonie. Dans le même Tome III, page 225, il a été rapporté une médaille de Sept. Sévere avec la légende ΓЄΡΜΑΝΙΚΟΠΟΛЄΩC. ЄΤ. CΙЄ. 215, où l'on peut voir ce qui y eſt dit au ſujet de cette médaille, dont la date procede d'une ere de l'année 747, comme M. l'Abbé Belley l'a montré dans une Dissertation, Mémoires de l'Académie, Tome XXX, page 324.

EPIPHANIA, ville de Cœlésyrie. Il y a dans le cabinet de l'Auteur une médaille autonome de cette ville avec la date ΓΞΡ. 163, qui a été rapportée, Tome II, page 192; & un médaillon de Sept. Sévere, qui a au revers la tête de Julia Domna, & la date ΞC. 260, dont M. l'Abbé Belley a fait usage dans une Dissertation sur les eres des villes d'*Epiphanée* de Syrie & de Cilicie, Mémoires de l'Académie, Tome XXVI, page 391. Il y fait voir entre autres que l'*Epiphanée* de Syrie suivoit l'ere de Pompée de 690.

CÆSAREA, ville de Phœnicie, qui étoit située aux pieds du mont Liban, & qui portoit aussi le nom d'*Arca*. On a des médailles Grecques de cette ville, les unes d'Antonin, les autres de Marc-Aurele, qui ont pour légende ΚΑΙΣΑΡΕΙΑΣ. ΛΙΒΑΝΟΥ. avec les dates ΒΞΥ. 462, & ΖΞΥ. 467, qui procedent de l'ere des Séleucides. M. l'Abbé Belley, à qui ces médailles ont été communiquées, les a rapportées dans une Dissertation remplie de recherches curieuses, qui sera imprimée dans les Mémoires de l'Académie. On a aussi rapporté dans le précédent Volume, page 28, deux autres médailles latines de Sévere-Alexandre, que l'on attribue à cette ville de *Césarée* du Liban, & que l'on juge avoir été la colonie dont sont les médailles de Titus & d'Elagabale, qui ont été publiées par Vaillant, & par d'autres Antiquaires avec la légende COL. CAESAREA. LIB. ΦΛΑ.

CÆSAREA AUGUSTA. Il a été rapporté dans le précédent Volume, page 36, une médaille d'Auguste, qu'on attribue à la ville de *Cæsarea Augusta*, autrement *Cæsarea Paneas*, sur laquelle on voit la date ΛΤ. 330, qu'on croit avoir pour origine l'ere du regne d'Alexandre le Grand de l'année 421 de Rome.

Nᵃ. on trouve des dates de cette ère du regne d'alexandre sur beaucoup de médailles de ce prince en or, en argent et en bronze, qui ont été rapportées dans les divers volumes de ce Recueil.

CIBYRA, ville de Phrygie. Dans le Tome XXIV des Mémoires de l'Académie, M. l'Abbé Belley a rapporté, pages 121 & 122, deux médailles de *Cibyre* qui ont des époques; savoir, une de Maximin avec la date BIC. 212, & l'autre de Tranquilline avec la date ΘIC. 219, & il fixe à l'année 776 de Rome l'ere que cette ville suivoit.

NICOPOLIS, ville de Palestine, qui étoit appellée auparavant *Emmaüs*. Dans une autre Dissertation imprimée Tome XXX des Mémoires de l'Académie, il a aussi rapporté une médaille de Faustine mere, qui a été frappée dans cette ville avec la date OB, 72, procédante d'une ere de l'année 824 de Rome. On ne peut que s'en remettre aux observations qu'il a faites sur cette médaille.

NYSA, ville de Palestine, appellée anciennement *Bethsan*, & ensuite *Scythopolis*. Parmi les médailles de cette ville qui sont dans le cabinet de l'Auteur, il y en a entre autres deux de Néron avec les légendes ΝΥΣΑ. LP. 100, & ΝΥΣΑ. L. PA. 101 ; & une de Géta avec la légende CKYΘΟΠ. ΔΝC. 254. M. l'Abbé Belley s'est servi de ces médailles pour faire connoître la vraie position de la ville en question, & pour fixer à l'année 706 de Rome l'ere qu'elle employoit sur ses monnoies. Dissertation imprimée dans les Mémoires de l'Académie, Tome XXVI, page 415.

PALTOS, ville de Syrie. On n'avoit connu jufqu'à préfent que trois médailles Impériales de la ville de *Paltos* en Syrie ; l'une rapportée par le Cardinal Noris, qu'il a jugé être de Commode ; mais dont la légende étoit effacée dans la partie qui devoit contenir une époque ; la feconde citée du cabinet de Cary par M. Maffei, qui dit y avoir vu la date HNΥ. 458, & la tête d'Elagabale ; la troifieme, qui eft de Julia Domna, & qui contient la date ЄΤ. 305, a été publiée par le même Auteur. Il en a été rapporté ci-devant dans le préfent Recueil une quatrieme, qui eft auffi de Julia Domna, au revers de Sept. Sévere, avec la date ΣϘΒ. 292.

On n'a rien à dire fur la médaille de Cary, dont le cabinet a paffé dans celui du Roi où elle ne fe trouve point. Suppofé qu'elle ait été bien lue, la date HNΥ. 458, doit avoir pour origine une autre ere que celle dont procedent les dates 305 & 292, qui font fur les deux médailles de Julia Domna.

Ces deux dates ne different l'une de l'autre que de douze à treize ans. On fait que Sept. Sévere en a régné dix-huit ; favoir depuis l'année 946 jufqu'en l'année 964 de Rome : mais ce ne peut être dans les deux premieres de fon regne que les deux médailles en queſtion ont été frappées, ne s'étant rendu maître de la Syrie qu'après la défaite & la mort de Peſcennius Niger. Sur ce pied-là l'ere de la ville de Paltos doit avoir commencé entre l'année 657 & l'année 673. On ne trouve rien dans l'Hiſtoire qui faſſe connoître dans laquelle des années de cet intervalle, ni à quelle occaſion cette ville a pu ſe former une ere particuliere. On remarque ſeulement que pendant les guerres civiles qui avoient commencé ſous le regne d'Antiochus VIII, mort en 657, & qui durerent juſqu'au regne de Tigranes, les Syriens qui lui déférerent la couronne en 671, avoient été extrêmement vexés par tous les Séleucides qui ſe l'étoient continuellement diſputée. Comme dans cet eſpace de temps les villes paſſoient alternativement ſous la puiſſance des uns & des autres, il peut être arrivé que celle de Paltos ait obtenu de quelqu'un d'eux, ſoit à prix d'argent, ſoit en récompenſe de ſervices rendus, le privilege de ſe gouverner par ſes propres loix; & qu'ayant acquis ſon autonomie de cette façon, ou autrement, elle ait daté de cette époque les monnoies qu'elle a fait frapper dans la ſuite. Elle aura ſuivi en cela l'exemple de pluſieurs autres villes, qui, comme Séleucie, Tyr,

Tyr, Sidon & Ascalon, s'étoient rendues indépendantes auparavant.

TRAPEZUS, ville du Pont. Les médailles d'Elagabale & de Sévere-Alexandre, qui ont été rapportées, Tome III du Recueil des Médailles de Villes, page 204, contiennent l'une la date ΡΝΕ. 155, & l'autre la date ΡΞΓ. 163, lesquelles, comme on l'a déja observé, procedent de l'ere de l'année 816 de Rome.

TABA, ville de Palestine. Une médaille de cette ville, qui a été rapportée, Tome II du Recueil des Médailles de Villes, page 243, contient deux dates, qui, comme on l'a expliqué, procedent de deux eres que cette ville suivoit; savoir, celle de Pompée de l'année 690, & celle de Jules-César de l'année 706.

TYRUS, ville de Phœnicie. Vaillant a rapporté une médaille d'Elagabale avec une époque, qu'il a cru avoir été frappée à *Tyr*, mais qui est de la ville de *Tripolis*, ainsi qu'on l'a remarqué. Parmi les médailles de Colonies, on en a donné une ci-devant de Gallien, sur laquelle on voit les lettres ΝΓ. 53, qui paroissent être une date provenante d'une ere que la ville de *Tyr* s'étoit formée du temps qu'elle fut faite Colonie par Sept. Sévere.

CHAPITRE

INTITULÉ:

URBIUM NUMINA.

On peut ajouter aux médailles rapportées par Vaillant (*Page* 291), celles qui ſuivent. Pluſieurs contiennent des noms de Dieux, dont il n'a pas fait mention.

ΑΓΑΘΩΝ. *Bonus Eventus.*

ΝΕΟ. ΑΓΑΘ. ΔΑΙΜΩΝ. ſur une médaille de Néron frappée à *Alexandrie* d'Egypte. 2

ΑΜΜΩΝ. *Jupiter Ammon.*

On voit le nom d'ΑΜΜΩΝ ſur une médaille de Fauſtine mere, qui a été rapportée dans le précédent Volume, page 25, où il a été obſervé qu'on ne ſait ſi c'eſt le nom du Dieu qui y eſt représenté, ou si c'est le nom d'une ville; mais on lit ΘЄΟC. ΑΜΜΩΝ. autour de sa tête sur des médaillons de la ville de *Mytilene*, & HAMMON. sur une médaille de colonie, Tome III, page 127.

ΑΠΟΛΛΩΝ. *Apollo.*

ΑΚΤΙΟΣ. ΑΠΟΛΛΩΝ. sur une médaille de Néron. 2

ΠΥΘΙΟΣ. ΑΠΟΛΛΩΝ. sur une autre médaille de Néron. 2

ΑΣΚΛΗΠΙΟΣ. *Æsculapius, page 292.*

ΤΟΝ. ΣΩΤΗΡΑ. ΤΙΑΝΟ. sur une médaille de Sept. Sévere, où Esculape est représenté avec cette légende. 1

ΖΕΥΣ. ΔΙΟΣ. ΔΙΑ. *Jupiter, Jovis, Jovem, page 293 & suivantes.*

ΖΕΥΣ. ΚΡΗΤΑΓΕΝΗΣ. sur une médaille de Titus, page 341, du précédent Volume. 1

ΖΕΥΣ. Τ. ΚΙΑΝΩΝ. sur une médaille de Domitien ci-devant rapportée. 3

ΖΕΥΣ. ΝΕΜΕΙΟΣ. sur une médaille de Néron frappée à *Alexandrie* d'Egypte. 2

ΖΕΥΣ. ΛΑΡΑΣΙΟΣ. sur une médaille autonome de la ville de Tralles, et ΛΑΡΑΣΙΟΣ seulement sans ΖΕΥΣ. médaille de Neron (cy devant p. 37) sur laquelle il y a ΚΑΙΣΑΡΕΩΝ. titre ou surnom de la ville de Tralles.

ZEΥC. ΛΥΔΙΟC. ſur une médaille autonome de la ville de *Sardes* qui a été rapportée, Tome II, Pl. LXIII, N°. 50. 3

ZEΥC. ΚΟΡΥΦΑΙΟC. ſur une médaille de la ville de *Philadelphie* rapportée, To. II, p. 115. 2

ZEΥC. CΤΡΑΤΗΓΟC. Médaille avec la légende ΑΜΑCΤΡΙΑΝΩΝ. rapportée, Tome II, page 14. 2

Nota. Vaillant ne fait point ici mention de la médaille de Domitien, qu'il dit, page 24, avoir pour légende ΝΕΙΚΑΙΕΙΣ. ΖΕΥΣ. ΜΗΛΙΟΣ.

ΔΙΟΣ. ΟΛΥΜΠΙΟΥ. ſur une médaille de Néron. 2

ΔΙΑ. ΟΛΥΜΠΙΟΝ. ΠΡΟΥΣΑΕΙΣ. ſur une médaille de Trajan. 1

ΔΙΑ. ΙΔΑΙΟΝ. ΙΟΥΛΙΕΩΝ. Médaille de Fauſtine jeune. 2

ΔΙΑ. ΙΔΑΙΟΝ. ΙΛΙΕΙΣ. Médaille de Julia Domna. 2

Nota. Jupiter Olympien, dont il eſt fait mention ſur la médaille précédente de Trajan, étoit ainſi appellé à *Pruſa* du nom du mont Olympe qui étoit en Bithynie, & non pas du nom du mont Olympe de Theſſalie. C'eſt auſſi du nom du mont *Ida* qui étoit en Myſie, que Jupiter eſt appellé *Idéen* ſur les médailles précédentes de *Juliopolis* & d'*Ilium*, & non pas du nom du mont *Ida* de l'Iſle de Crete. Morel en a publié une de Domitien, qui a au revers pour légende ΔΙΟϹ. ΙΔΑΙΟΥ, & pour type un aigle. Il a jugé avec raiſon que c'eſt du nom du mont *Ida* de Crete que le ſurnom d'*Idéen* eſt donné à Jupiter ſur cette médaille, parce qu'il paroît qu'elle a été frappée effectivement dans cette Iſle.

ΗΛΙΟΣ. *Sol.*

ΗΛΙΟϹ. ϹЄΛΗΝΗ. ſur une médaille d'Antonin rapportée, page 344, du précédent Volume.

Le nom du Soleil ΗΛΙΟϹ. ſe trouve auſſi joint à celui de Sérapis ſur la médaille de Domitien, qui ſera ci-après rapportée.

ΠΟΣΕΙΔΩΝ. *Neptunus.*

ΠΟΣΕΙΔΩΝ. ΙΣΘΜΙΟΣ. Médaille de Néron. 2

ΣΕΡΑΠΙΣ. *Serapis.*

ΣΑΡΑΠΙΣ. ſur une médaille de Titus. 2

ΖΕΥΣ. ΣΑΡΑΠΙΣ. ſur une médaille de Veſpaſien. 2

ΗΛΙΟΣ. ΣΑΡΑΠΙΣ. ſur une autre de Domitien. 2

DEÆ. page 297.

ΑΡΤΕΜΙΣ. *Diana.*

ΠΕΡΓΑΙΑΣ. ΑΡΤΕΜΙΔΟΣ. ΑΣΥΛΟΥ. ſur une médaille d'Otacilie, rapportée ci-dev. p. 208. 2

ΠΕΡCΙΚΗ. ſur une médaille autonome de *Hiéro-céſarée* rapportée, Tome II, page 104. 3

ΠΕΡΣΕΦΟΝΗ. *Proſerpina.*

ΔΟΜΝΑ ΣΩΤΙΡΑ ΚΥΖΙΚΗΝΩΝ. Médaille de Trajan rapportée, Tome III, page 231. 1

ΗΡΑ. *Juno, page* 299.

ΗΡΑ. ΑΡΓΕΙΑ. ſur une médaille de Néron. 2

ΣΕΛΗΝΗ. *Luna.*

ΣΕΛΗΝΗ. ſur la médaille d'Antonin ci-devant mentionnée, où le nom de la Lune eſt joint à celui du Soleil ΗΛΙΟΣ ; ce que l'on n'avoit point encore vu ſur aucune médaille.

ΡΩΜΗ. *Roma, page* 302.

ΡΩΜΗ. Médaille d'Othon. 2

ΗΜΩq. Tête de femme caſquée. ℞. Une abeille. 2

ΘΕΑ. ΡΩΜΗ. ſur une médaille de Trajan, qui a pour légende d'un côté ΦΙΛΙΟC. ΖΕΥC. ΑΥΤ. ΤΡΑΙΑΝΩ. CΕΒ. ΠΕΡΓ, & pour type un Temple dans lequel Jupiter eſt aſſis, & Trajan debout ; & de l'autre côté ΚΑΙCΑΡΙ. CΕΒΑCΤΩ. ΘΕΑ. ΡΩΜΗ. Un autre Temple où l'Empereur est couronné par une femme qui tient de la main gauche une corne d'abondance. 2

On trouve aussi ΡΩΜΑ. sur des médailles des Locriens Epizéphyriens ; ΡΩΜΗ sur des médailles des Villes de *Nicée*, de *Nicomédie* & de *Prusa*, & ΘΕΑ. ΡΩΜΗ sur des médailles de plusieurs autres villes, comme ΘΕΑ. ΡΩΜΗ. ΑΙΖΑΝΕΙΤΩΝ : ΘΕΑ. ΡΩΜΗ. ΑΝΚΥΡΑΝΩΝ : ΘΕΑ. ΡΩΜΗ. СΜΥΡΝΑΙΩΝ : ΘЄΑ. ΡΩ. ЄΡΜΟΚΑΠΗΛΙΤΩΝ, &c.

Il semble qu'on pourroit mettre aussi au rang des Divinités, celles d'une autre espece qu'on trouve sur plusieurs médailles; savoir, ΔΙΚΑΙΟΣΥΝΗ : ΕΛΠΙΣ : ΕΛΕΥΘΕΡΙΑ : ΕΥΘΗΝΙΑ : ΙΡΗΝΗ : ΟΜΟΝΟΙΑ : ΠΙΣΤΙΣ : ΠΡΟΝΟΙΑ : ΤΥΧΗ, &c.

CHAPITRE

INTITULÉ :

URBIUM CONDITORES.

On lit ΚΛΑΖΟ. ΚΤΙΣΤΗΣ, autour de la tête d'Auguste, sur une médaille de Livie frappée à Clazomenes; on l'a rapportée, Tome III, page 232. 3

Sur une de Tibere, TIBЄPION. CЄBACTON. KTICTHN. Tête de Tibere couronnée de laurier.

℞. ΜΑΓΝΗΤΩΝ. ΑΠΟ. ΣΙΠΥΛΟΥ. L'Empereur debout joint sa main à celle d'une femme, dont la tête est tourelée. 3

Vaillant (*Page* 304) ne rapporte dans ce Chapitre que les noms des fondateurs, ou restaurateurs de villes, qu'on trouve sur des médailles Impériales. Il n'a point fait mention de ceux qui avoient bâti des villes qui portoient leur nom, comme *Docimus*, *Cyzicus*, *Pergamus*, & plusieurs autres qui se trouvent nommés sur des médailles autonomes.

CHAPITRE

INTITULÉ :

URBIUM ILLUSTRES. *Page* 305.

ΑΙΝΕΑΣ. dont le nom se voit sur une médaille qui a été rapportée dans le Recueil de Médailles de Rois, page 205.

ΑΝΧΕΙΣΗΣ.

ΑΝΧΕΙΣΗΣ. fur une médaille de Julia Domna frappée à *Ilium*, rapportée Tome III, page 243.

ΜΙΔΑΣ. fur une médaille de Gordien, où la tête de Midas eft repréfentée avec la légende ΜΙΔΑΕΩΝ. ΤΟΝ. ΚΤΙCΤΗΝ. rapportée dans le Recueil des Médailles de Rois, page 111.

ΠΑΤΡΑΟΣ. dans le même Recueil, page 205, où l'on a auffi rapporté des médailles de ΞΕΝΟΦΩΝ, Médecin, de ΤΙΟC, & des Femmes illuftres, ΚΥΡΗΝΗ, ΠΡΟΚΛΑ & ΝΑΥΣΙΚΑΑ.

CHAPITRE

INTITULÉ:

URBIUM MAGISTRATUS ET DIGNITATES.

VAILLANT (*Page* 309) a raffemblé dans ce Chapitre, fous différents titres, tous les noms, foit de Magiftrats, foit de Miniftres de la Religion, & autres qui fe trouvent infcrits fur les médailles qu'il avoit précédemment rapportées ſous chaque Empereur. La collection de tous ces noms, avec celui des villes où les médailles qui les contiennent ont été frappées, peut être utile pour les reconnoître & les bien lire ſur d'autres médailles ſemblables qui ne ſeroient pas entiérement conſervées, & peut ſervir également à faire connoître par quelle ſorte de Magiſtrats chaque ville étoit gouvernée. Mais on ſe diſpenſera de donner ici, à ſon exemple, les autres noms qui ſe rencontrent ſur les médailles que l'on a, parce que la liſte en ſeroit trop longue. On fera ſeulement quelques obſervations ſur les titres qu'il a compris dans le préſent Chapitre.

On croit devoir remarquer au préalable que les villes Grecques, qui n'étoient pas ſituées dans les Provinces réſervées aux Empereurs par le partage qui fut fait de toutes celles dont l'Empire Romain étoit compoſé, entre Auguſte & le Sénat de Rome, n'avoient proprement pour Magiſtrats que ceux appellés Ἄρχοντες, Στρατηγοὶ & Γραμματεῖς, dont les magiſtratures étoient annuelles, de ſorte qu'elles en éliſoient tous les ans pour les gouverner, & adminiſtrer les affaires publiques ſuivant la forme de gouvernement qui avoit été établie anciennement dans chacune de ces villes. Il étoit rare qu'elles changeaſſent leurs premieres inſtitutions. On voit cependant par les médailles que quelques-unes ont eu différente ſorte de Magiſtrats en différents temps. Telle eſt entre autres la ville de *Daldia* en Lydie, dont les médailles montrent qu'elle a eu pour Magiſtrats des Strateges ſous Hadrien, & des Archontes ſous Sept. Sévere & ſous Gordien.

Dans les Provinces, dont le gouvernement général étoit réſervé aux Empereurs, les villes avoient pour Magiſtrats ceux qu'ils y envoyoient ſous les noms d'Ἡγεμόνες & de Πρεσβευταὶ, comme on le voit par les médailles frappées dans les villes de Thrace, de Galatie, & de Cappadoce.

Tous ceux qui ſont nommés ſous les autres titres de ce Chapitre, ſoit en qualité d'Aſiarques, ſoit en qualité de Miniſtres de la Religion, comme Pontifes, Prêtres, &c, n'étoient point Magiſtrats des villes ſur les monnoies deſquelles leurs noms ſe trouvent, à moins qu'ils n'euſſent été élus pour exercer les magiſtratures d'Archontes, de Strateges, ou de Γραμματεῖς. Lorſqu'ils étoient revêtus de ces magiſtratures, il en étoit fait mention ſur les monnoies, en joignant, par exemple, à la qualité d'Aſiarque le titre d'*Archonte*, ou celui de *Stratege*; à la qualité de Prêtre, le titre de *Stratege*, ou celui de Γραμματεὺς, & ainsi du reste. Il paroît par-là que tous ceux qui possédoient ces deux qualités, ainsi que celles de Θεολόγος & de Σοφιστὴς, pouvoient être élus Magistrats des villes; ceux qui, pendant leur magistrature, étoient faits Asiarques, continuoient de faire les fonctions de Magistrats, jusqu'à la fin de l'année, & même dans l'année suivante, s'ils étoient encore élus pour une autre année, dans lequel cas il étoit marqué sur les monnoies ou médailles, qu'ils exerçoient ces magistratures pour la seconde fois. On en trouve qui avoient exercé la même magistrature trois & quatre fois, ce qui étoit très-rare.

Mais lorsque les médailles ne contiennent qu'un nom simple sans désignation d'aucune qualité, ou quand le nom est accompagné des dignités en question sans le titre d'*Archonte*, de *Stratege* ou de Γραμματεὺς, il est difficile de juger si ceux qui y sont nommés de la sorte, étoient Magistrats, ou seulement Eponymes. On sait que dans la plupart des villes, c'étoit un des Magistrats qui étoit ordinairement Eponyme, & qu'il ne mettoit pas toujours sa qualité de Magistrat sur les monnoies qui étoient frappées dans l'année de ſa magiſtrature, parce qu'il étoit aſſez connu pour n'avoir pas beſoin de ſe déſigner autrement que par ſon nom. D'un autre côté, on trouve auſſi que quand les villes éliſoient par extraordinaire un Eponyme qui n'étoit pas Magiſtrat, il étoit ſouvent nommé ſeul ſur les monnoies pour lui faire plus d'honneur. Il en a été cité des exemples dans le Tome II, en parlant des médailles autonomes de *Smyrne*. Il en ſera fait encore mention plus particuliérement ci-après, en parcourant les différents titres du préſent Chapitre.

Le premier titre que Vaillant donne ici, eſt celui d'*Agonothete*, & il y rapporte le même médaillon de Septime-Sévere, qu'il avoit décrit précédemment, page 80. Il y avoit lu, ainſi que le P. Hardouin, ΕΠΙ. ΑΡΤΕΜΑ. Γ. ΑΠΑΜΕΩΝ, que l'un & l'autre avoient rendu par *ſub Agonotheta Artema tertium Apamenſium*. Cette interprétation a beſoin d'être éclaircie, tant parce que la charge ou dignité d'Agonothete n'eſt pas une magiſtrature de ville particuliere, que parce qu'on ne trouve point qu'il ſoit fait mention d'Agonothetes ſur aucune autre médaille de villes Grecques en Aſie. Cette charge ou dignité avoit été inſtituée en Grece pour donner à ΑΓΩΝΟΘΕΤΗΣ.

celui qui en étoit revêtu, l'autorité d'ordonner, & de régler tout ce qui regardoit les jeux publics, dont il étoit comme le Surintendant, de même que l'Asiarque l'étoit dans la Province proconsulaire d'Asie. Il ne paroissoit pas par conséquent qu'*Artema*, ou plutôt *Artemagoras*, pût avoir été élu pour la troisieme fois Agonothete dans la ville d'*Apamée*, qui étoit située en Phrygie, & par conséquent dans la Province proconsulaire d'Asie. Vaillant s'en étoit apperçu dans la suite, selon les apparences, puisqu'il ne fait ici qu'un mot d'ΑΡΤΕΜΑΓ, qu'il rend par *Artemagora.* Mais s'il n'est point fait mention d'Agonothetes sur aucune autre médaille des villes Grecques en Asie, on voit dans quelques inscriptions de villes de Lydie des noms d'Agonotethes joints à ceux des Magistrats, & des Officiers particuliers de ces villes; & il y a lieu d'en inférer qu'elles élisoient des Officiers avec cette qualité pour les jeux particuliers qu'elles faisoient représenter quelquefois en leur nom propre, & non en commun avec d'autres villes, au lieu que quand il étoit célébré des jeux publics, soit aux frais de plusieurs villes, soit aux dépens de toute la Province, c'étoit l'Asiarque dans la Province proconsulaire d'Asie, qui présidoit à ces jeux, & qui en ordonnoit & en régloit la repréſentation. Au reſte ce n'eſt point comme Magiſtrat qu'*Artema* ou *Artemagoras* eſt nommé ſur la médaille en queſtion; mais c'eſt en qualité d'Eponyme, titre qui lui aura été conféré par diſtinction, ſoit en conſidération de ſes ſervices en cette qualité, ſoit en reconnoiſſance de ce qu'il aura peut-être donné à ſes frais les jeux pour leſquels il avoit été élu Agonothete.

C'eſt auſſi par honneur, & en qualité d'Eponymes, que des Proconſuls ſont nommés ſur des médailles de pluſieurs villes. Quoique, par leur dignité de Proconſuls, ils fuſſent de beaucoup ſupérieurs aux Magiſtrats des villes particulieres, ils pouvoient bien cependant y être élus en cette derniere qualité, puiſque des Empereurs avoient conſenti que quelques villes la leur donnaſſent. Mais on ne trouve point d'exemple qu'elle ait été conférée à aucun des Proconſuls de la province d'Aſie. ΑΝΘΥΠΑΤΟΣ.

Vaillant ne fait point ici mention du titre d'Ἀντιστράτηγος, quoiqu'il ait rapporté ſous Hadrien une médaille de la ville de *Bizya*, ſur laquelle ce titre eſt donné à Tiberius Rufus, ainſi qu'on l'a déja remarqué. ΑΝΤΙΣΤΡΑΤΗΓΟΣ.

ΑΡΧΙΕΡΕΥΣ. (*Page* 310). ON IGNORE ſi la dignité de Pontife étoit incompatible avec la magiſtrature des villes; mais on ne voit point par les médailles Impériales qu'aucun Pontife ait été Archonte ni Stratege. Ainſi il y a lieu de juger que c'eſt ſeulement en qualité d'Eponymes, que le nom de pluſieurs Pontifes ſe trouve ſur des médailles.

ΑΡΧΩΝ. La forme du gouvernement des villes qui avoient des Archontes pour Magiſtrats, étoit différente de celle qui étoit inſtituée dans les villes qui étoient gouvernées par des Strateges. Il paroît cependant par les médailles de quelques villes, qu'elles ont eu en différents temps des Archontes & des Strateges pour Magiſtrats, comme on l'a déja remarqué. Quoiqu'il y eût ordinairement deux Archontes dans chaque ville, c'étoit toujours le premier, dont le nom étoit inſcrit ſur les monnoies; d'où l'on infere qu'il étoit en même-temps Eponyme.

ΑΣΙΑΡΧΗΣ. (*Page* 312) L'ASIARCHAT étoit une dignité ſupérieure à la qualité de Magiſtrat des villes particulieres. On trouve néanmoins pluſieurs médailles où des Aſiarques ſont nommés, ſoit *Archontes*, ſoit *Strateges* de différentes villes. Mais il y a apparence que ce n'eſt qu'en qualité d'Eponymes, d'Eponymes qu'ils ſont nommés ſur celles où leur nom eſt inſcrit avec le ſeul titre d'*Aſiarque*.

ΓΡΑΜΜΑΤΕΥΣ.

(*Page* 313). IL Y AVOIT dans chaque ville un γραμματεὺς, qui étoit proprement le Greffier du Sénat & le Garde des Archives. Cette eſpece de magiſtrature avoit plus ou moins de relief dans les différentes villes, ſuivant la forme du gouvernement qui y étoit établie. On ne trouve ſon nom ſur aucune médaille de celles qui étoient gouvernées par des Archontes. On le voit ſur pluſieurs médailles de villes qui avoient un Stratege pour premier Magiſtrat ; & il faiſoit même les fonctions de Stratege, quand celui-ci venoit à s'abſenter, ou à mourir. Alors il ſe qualifioit de Στρατηγῶν ſur les monnoies qu'il faiſoit frapper. Quand ſon nom s'y trouve avec le ſeul titre de γραμματεὺς, comme on le voit ſur des médailles d'*Ephèſe*, de *Smyrne*, & autres, on eſtime que c'eſt en qualité d'Eponyme qu'il y eſt nommé. Mais toutes les médailles généralement des villes de *Carie*, celles de *Laodicée* en Phrygie, & celles de *Tralles* & de *Magnéſie* en Lydie, ne contiennent point d'autre nom que celui du γραμματεὺς ; de ſorte qu'il paroît que cette eſpece de magiſtrature étoit celle qui avoit la préeminence, & la plus grande autorité dans toutes ces villes. Elles avoient cependant des Magistrats d'un grade supérieur à celui de γραμματεὺς comme on le voit entre autres par le médaillon de Sabine frappé à *Laodicée*, qui a été ci-devant rapporté.

ΕΠΙΣΤΑΤΗΣ.
ΝΕΩΚΟΡΟΣ.
ΕΠΙΜΕΛΗΣ.
ΠΡΟΔΙΚΟΣ.

VAILLANT (*Pages* 314, 316 & 324) ne dit point pourquoi un Ἐπιστάτης est nommé sur la médaille qu'il rapporte, ni ce qui avoit pu donner lieu de nommer sur d'autres un Νεωκόρος, un Ἐπιμελὴς, & un Πρόδικος. La rareté de ces sortes de médailles fait voir que c'étoit par extraordinaire que les villes avoient fait mettre sur leurs monnoies le nom de ceux qui avoient de pareilles qualités. C'étoit apparemment parce qu'ils s'étoient distingués dans leurs fonctions de maniere à mériter qu'elles leur donnassent des marques de considération en les faisant Magistrats & Eponymes. La médaille de Domitien que Vaillant rapporte avec le nom d'un Ἐπιμελὴς, ou plutôt d'un Ἐπιμελητὴς, n'est pas la seule qu'on connoisse. L'Auteur en a une pareille de petit bronze, & une autre différente en moyen bronze du même Empereur, qui a pour légende au revers ΤΙ. ΚΛ. ΑΓΛΑΟΥ. ЄΠΙΜЄΛΗϹΑΝΤΟϹ. ΑΝΤΙΟΧЄ, & pour type Bacchus debout, tenant un pot de la droite, & appuyé de la gauche ſur une colonne : une panthere eſt à ſes pieds.

LA MÉDAILLE qui eſt ici rapportée, a pour légende ΕΠΙ. ΒΑΣΣΙΛΑΟΣ. ΕΦ. ΑΙΤΗΣΑΜΕΝΗΣ. ΟΥΟΛΟΣΕΝΝΑ. ΑΝΘΥΠΑΤΩ. ΙΟΥΛΙΕΩΝ. ΑΝΚΥΡΑΝΩΝ. Vaillant (*Page* 315) & le P. Hardouin qui a parlé auſſi de cette médaille, ont jugé que les lettres ΕΦ. qu'on y voit, ſont les premieres d'Ἔφορος, & que cette magiſtrature, qui étoit particuliere à la ville de *Lacédémone*, avoit été établie, ſoit à *Julia*, ſoit à *Ancyre*, villes de Phrygie. Vaillant ajoute que les habitants d'*Ancyre* étoient peut-être originaires de *Lacédémone*, s'écartant par-là de ſa prétendue regle, que les médailles, qui contiennent deux noms de villes, ont été fabriquées dans la premiere qui y eſt nommée. Tout cela ne préſentant rien de certain, il n'y a pas lieu de s'y arrêter ; & ſi c'eſt en effet un Ephore qui eſt nommé ſur cette médaille, ce doit être en qualité d'Eponyme, comme l'avoit été vraiſemblablement l'Agonothete *Artemagoras*, dont il a été ci-devant parlé. ΕΦΟΡΟΣ.

Ce n'eſt que ſur les médailles des villes de Thrace, qu'on trouve le nom des Magiſtrats appellés Ἡγεμόνες, leſquels y étoient envoyés par les Empereurs pour les gouverner, comme Vail- ΗΓΕΜΩΝ.

lant l'a bien remarqué. Il a auſſi obſervé que ſous Hadrien un autre Magiſtrat avoit été prépoſé, ſous le titre de Πρεσβευτὴς, au gouvernement de la ville de *Bizya*. Il y a d'autres exemples que des villes de Thrace ont eu pareillement des Πρεσβευταὶ pour Magiſtrats, ainſi qu'il ſera marqué ci-après.

ΘΕΟΛΟΓΟΣ. Les noms qu'on voit ſur les deux médailles rapportées ſous le titre de Θεολόγος, y ſont accompagnés de ce titre, & en même temps de la qualité de Stratege. Ce n'eſt par conſéquent qu'en cette derniere qualité qu'ils y ſont nommés.

ΙΕΡΕΥΣ. IL A DÉJA été dit que la qualité de Prêtre n'étoit point incompatible avec la magiſtrature des villes. Auſſi voit-on ſur deux des médailles ici rapportées que l'un étoit Stratege, & l'autre Γραμματεὺς. A l'égard de celle ſur laquelle Vaillant (*Page* 316) a lu M. ΦΟΥΡΙΟΣ. ΙΕΡΕΥΣ. ΚΑΙ. ΑΣΙΑΡΧΗΣ. ΠΕΡΓΑΜΗΝΩΝ, il a été ci-devant marqué que ſur une médaille toute ſemblable, on lit M. ΦΟΥΡΙΟΣ. ΙΕΡΕΥΣ. ΚΑΙ. ΑΡΧΩΝ, non pas ΑΣΙΑΡΧΗΣ. Ceux dont les noms ſe trouvent ſur les autres médailles avec le titre de *Prêtre* ſans autre qualité, n'étoient point Magiſtrats, mais avoient été, ſelon les apparences, élus Eponymes par les villes qui les ont fait frapper.

Il en eſt de même des médailles qui contiennent des noms avec le ſeul titre de Πανηγυριστής. Ce n'étoit point non plus des Magiſtrats, mais des Eponymes.

ΠΑΝΗΓΥΡΙΣ-ΤΗΣ.

LA MÉDAILLE dont Vaillant parle (*Page* 317) a été mal lue, ainſi qu'on l'a déja remarqué. Le préſent titre doit être retranché, n'y ayant aucune médaille où il ſoit fait mention de cette eſpece de magiſtrature.

ΠΟΛΙΑΡΧΟΣ.

Les Magiſtrats appellés Πρεσβευταὶ, étoient du nombre de ceux que les Empereurs envoyoient dans les Provinces dont le gouvernement leur étoit réſervé. Vaillant ne rapporte que quatre médailles avec des noms de ces Magiſtrats, & il n'en connoiſſoit qu'une ſeule qui eût été frappée en Thrace, avec le nom d'un pareil Magiſtrat. Il a été fait mention ci-devant de cette médaille, qui eſt de la ville de *Bizya* ſous Hadrien. On en a deux autres de villes de la même Province, l'une de *Périnthe* qui a été rapportée ſous Trajan avec la légende ΕΠ. ΙΟΥ. ΚΕΛΙC. ΠΡΕC. ΠΕΡΙΝΘΙΩΝ. L'autre eſt d'Antonin, & a été frappée à *Philippopolis*. Elle a pour légende ΕΠΙ. ΑΝΤ. ΖΗΝΩΝΟC. ΠΡ. CΕΒ. ΑΝΤ. ΦΙΛΙΠΠΟΠΟΛΙΤΩΝ; & pour type, la figure d'un fleuve couché, qui tient une corne d'abondance de la main droite.

ΠΡΕΣΒΕΥΤΗΣ.

On en a auſſi une autre, inconnue pareillement à Vaillant, de la ville de *Tyana* en Cappadoce, dont la deſcription a été donnée ſous Trajan.

ΣΟΦΙΣΤΗΣ.

IL Y A eu un temps où le nom de *Sophiſte* étoit un titre honorable. On le donnoit à ceux qui excelloient dans les Sciences & dans les Arts. Les médailles ici rapportées font voir que la ville de *Smyrne* en éliſoit quelquefois, ſoit pour Strateges, ſoit pour Eponymes.

On doute que la médaille que Vaillant (*Page* 318) dit être de la ville de *Cebeſſus* en Lycie, ait été bien lue; & l'on penſe qu'elle eſt plutôt de la ville de *Cidyeſſus* en Phrygie.

ΣΤΕΦΑΝΗΦΟΡΟΣ.

Les Stéphanéphores tenoient un rang diſtingué entre les Miniſtres de la Religion, & les villes de Lydie, en éliſoient quelquefois pour être leurs premiers Magiſtrats. Vaillant ne rapporte que deux médailles par leſquelles il paroît que le même Stéphanéphore a été fait deux fois Archonte de la ville de *Mæonia* ſous le regne de Trajan-Dece. Une médaille d'Otacilia Sévéra, qui a été ci-devant rapportée, contient le nom d'un autre Stéphanéphore, qui étoit Archonte de la ville d'*Hyrcanis*.

De toutes les médailles frappées dans les villes Grecques, celles qui contiennent des noms de Strateges ou Préteurs, font les plus nombreufes, parce que cette efpece de magiftrature étoit établie dans un plus grand nombre de villes, & que le Stratege civil y étoit ordinairement Eponyme. Il y avoit des villes qui avoient un fecond Stratege, lequel étoit militaire; mais celui-ci n'eft nommé fur aucune médaille que l'on connoiffe, non plus que le fecond Archonte fur les médailles des villes où l'Archontat étoit établi. ΣΤΡΑΤΗΓΟΣ.

Suivant Spanheim, les deux médailles dont Vaillant fait ici mention, ne font pas d'une entiere confervation. On peut voir ce qu'il en dit, & ce qu'il obferve d'ailleurs fur cette efpece de magiftrature. ΣΥΝΑΡΧΗΣ.

IL SEMBLEROIT par la médaille ici rapportée qu'Augufte avoit été Conful de la ville de *Plufia* en Sicile, ce qui n'eft gueres vraifemblable. On n'a rien à ajouter à ce qui a été dit ci-devant au fujet de cette médaille, fi ce n'eft qu'elle ne fe trouve point dans le Cabinet du Roi, d'où Vaillant la cite (*Page* 324). ΥΠΑΤΟΣ.

Après les titres compris dans ce Chapitre,

Vaillant donne la liſte de toutes les médailles qui ne contiennent que des noms ſimples ſans aucun titre. Il a jugé, & marqué à côté de la plupart de ces médailles, quelle étoit l'eſpece de magiſtrature, que ceux qui y ſont nommés, devoient avoir exercée, relativement au nom des villes qui les ont fait frapper, & qui ont marqué ſur d'autres médailles le nom des Magiſtrats par leſquels elles étoient gouvernées. Cette conjecture paroît fondée en quelque ſorte, parce que le premier Magiſtrat de la plupart des villes y étoit ordinairement Eponyme, & ne faiſoit pas toujours mention de ſa qualité de Magiſtrat ſur les monnoies qu'il faiſoit fabriquer dans l'année de ſon exercice. Mais, outre que parmi ces ſortes de médailles, il y en a pluſieurs de villes qui n'ont point fait connoître quels étoient leurs Magiſtrats par les médailles qui nous en reſtent, il eſt à préſumer que, pour le moins, quelques-uns des noms qu'on y voit ſans titre, étoient ceux d'Eponymes que ces villes avoient élus par extraordinaire.

Il ſeroit à ſouhaiter que, pour avoir plus d'éclairciſſements ſur tout ce qui précede, des Savants vouluſſent bien (à l'imitation de M. l'Abbé Belley qui a donné l'Hiſtoire de la ville de *Sardes*

Sardes par les médailles & inſcriptions) entreprendre de donner pareillement l'Hiſtoire des autres villes, ſinon de toutes, au moins des principales dont on a des médailles & des inſcriptions. En y joignant d'ailleurs avec choix les traits épars qui ſe trouvent touchant ces villes dans les Auteurs anciens, & ce qu'en ont dit les modernes, ils formeroient par-là un nouveau corps d'Hiſtoire qui ne ſeroit pas moins curieux qu'utile. On y verroit d'une part l'origine & la fondation de la plupart des villes, quels étoient les peuples qui les habitoient, leur culte religieux, la forme de leur gouvernement, les hommes célebres qu'elles ont produits, & l'état où elles ſe trouvent actuellement; d'autre part, leur vraie poſition y ſeroit marquée, ainſi que les événements mémorables qui y ſont arrivés, & les révolutions qu'elles ont éprouvées. Les difficultés que préſentent des paſſages d'Auteurs qui en ont parlé confuſément, ſeroient diſcutées; des obſcurités qui juſqu'à préſent n'ont été touchées, pour ainſi dire, qu'à tâtons, pourroient y être éclaircies, & le tout fourniroit des lumieres importantes pour la Chronologie, & particuliérement pour la Géographie qui auroit beſoin d'un pareil ſecours pour ſe perfectionner.

CHAPITRE

INTITULÉ :

FESTA ET *CERTAMINA URBIUM.*

VAILLANT (*Page* 329) rapporte de nouveau dans ce Chapitre les médailles contenant des noms de Fêtes ou Jeux, dont il avoit déja donné la defcription fous les Empereurs au nom defquels elles ont été frappées. On penfe qu'il feroit peu utile d'y joindre les médailles différentes, qui contiennent les mêmes noms de Jeux ou Fêtes. On fera feulement mention des médailles qui contiennent des noms d'autres Jeux & Fêtes dont il n'a point parlé, lefquelles ont été rapportées dans le Tome III des Médailles de Villes, où l'on peut voir l'explication qui en a été donnée.

ΑΓΩΝΟΘΕΣΙΑ. Jeux qui étoient donnés par les Agonothetes. Médaille d'Octavia, fœur d'Augufte, frappée à *Theffalonique*, rapportée Tome III, page xxix.

ΓΥΜΝΑΣΙΑΡΧΙΑ. Jeux qui étoient donnés par

les Gymnasiarques. Médaille de Salonin, frappée à *Colybrassus*, ville de Cilicie, page xxvij.

ΔΙΟΝΥΣΙΑ. Fêtes ou Jeux institués en l'honneur de Bacchus. Médaille de Valérien, frappée à *Nicée* en Bithynie, page xxxviij.

ΔΟΥΣΑΡΙΑ. Autres Fêtes ou Jeux institués pareillement en l'honneur de Bacchus. Médailles de Philippe & de Trajan-Dece, frappées à *Bostra* en Arabie, page xxxviij.

ΕΝΜΟΝΙΔΕΙΑ. Jeux qui étoient particuliers aux villes qui les donnoient en leur nom & à leurs frais. Médailles de Severe-Alexandre & de Gallien, frappées à *Magnésie* en Lydie, page xxv.

ΕΥΓΑΜΙΑ. Fêtes ou Jeux consacrés à Pluton en mémoire de son mariage avec Proserpine. Médaille de Vespasien, frappée en Egypte, page xxxj.

ΗΡΑΙΑ. Fêtes qui étoient instituées en l'honneur de Junon. Médaille d'Antonin, frappée à *Argos*, page xxxvj.

ΗΡΑΚΛΕΙΑ. Jeux ou Fêtes qui se célébroient en l'honneur d'Hercule. Médaille de Philippe pere, frappée à *Tyr*, page xlvj.

ΚΟΡΑΙΑ. Jeux ou Fêtes qui étoient instituées en

l'honneur de Proſerpine. Médailles de Caracalla & de Valérien, frappées à *Sardes* & à *Tarſe*, pages xxxix & xlvij.

ΝΑΥΜΑΧΙΑ. Jeux qui repréſentoient des combats ſur mer. Médaille de Marc-Aurele, frappée à *Gadara* en Paleſtine, page xl.

NEMEA. Jeux ſacrés inſtitués en l'honneur de Jupiter. Médailles d'Antonin & d'Otacilie, frappées à *Argos* & à *Sardes*, pages xxxiv & xxxv.

ΣΗΜΑΛΙΑ. Fêtes ou Jeux qui avoient pour objet d'appaiſer Jupiter irrité, & de détourner l'effet des ſignes qui ſembloient pronoſtiquer quelque malheur. Médaille de Lucius Verus, frappée en Egypte, page xxxiij.

Parmi les médailles autonomes de la ville de *Smyrne*, il y en a une qui paroît faire mention des Fêtes appellées Panioniennes du nom d'un lieu, où les habitants des treize villes d'Ionie s'aſſembloient, & célébroient ces Fêtes tous les ans, Tome II, page 92.

CHAPITRE

INTITULÉ:

URBIUM FLUVII.

On ne doit pas regarder comme des regles sûres tout ce que Vaillant dit (*Page* 342) au ſujet des fleuves qui ſont repréſentés ſur les médailles, les uns avec de la barbe, les autres ſans barbe, & quelquefois ſous des figures de femmes. On pourroit produire des médailles par leſquelles il paroît que les villes qui les ont fait fabriquer, n'ont pas obſervé ces prétendues regles par rapport aux fleuves qui y ſont repréſentés. Mais cela eſt trop peu intéreſſant pour qu'on doive s'y arrêter. En général, les médailles qui contiennent des noms de fleuves, ſoit qu'ils y ſoient figurés, ou qu'elles aient d'autres types, ne méritent d'être conſidérées que relativement à la Géographie ancienne, en ce qu'elles peuvent ſervir à déterminer mutuellement le cours des fleuves par le nom des villes qui les ont fait frapper, & la poſition des villes par le nom des fleuves fur lefquels, ou près defquels elles étoient fituées.

ΕΡΜΟΣ. OUTRE les trois villes dont Vaillant (*Page* 343) rapporte des médailles, fur lefquelles le fleuve *Hermus* eft repréfenté avec fon nom, on en a d'autres villes où il fe trouve pareillement; favoir, une, entre autres, de la ville de *Smyrne*, dont voici la defcription.

ΤΙΤΟΣ. ΑΥΤΟΚ. ΔΟΜΙΤΙΑΝΟΣ. ΚΑΙΣ. Têtes de Tite & de Domitien en regard, l'une couronnée de laurier, l'autre nue.

℞. ΕΠΙ. ΒΟΛΑΝΟΥ. ΣΜΥΡΝΑΙΩΝ-ΕΡΜΟΣ. Fleuve couché, tenant deux épis d'une main, appuyé de l'autre fur une urne. 2

De la ville de *Magnéfie* en Lydie, médaille de Fauftine jeune avec la légende

ΜΑΓΝΗΤΩΝ. CΙΠΥΛΟΥ-ЄΡΜΟC. Le Fleuve tient un rofeau au lieu de deux épis. 2

De la ville de *Cyme* ou *Cume* en Æolie rapportée, Tome II, Pl. LIV, N°. 14.

De la ville de *Tabala* en Lydie, Tome II, Pl. LXIII, N°. 53.

ΜΑΙΑΝΔΡΟΣ. (*Page* 346). LE NOM de ce fleuve fe trouve

aussi sur une médaille de la ville de *Synnade* en Phrygie rapportée, Tome II, Planche XLVII, N°. 75.

ΠΥΡΑΜΟΣ.

VAILLANT (*Page* 348) ne rapporte qu'une médaille, savoir, de la ville d'*Anazarbe*, sur laquelle le nom de ce fleuve est inscrit. On le trouve pareillement sur une médaille de la ville d'*Æges* en Cilicie. Elle est de Valérien, & a pour type au revers un pont à cinq arches, sur lequel est la figure d'un fleuve couché entre deux tours. On lit autour de ce type ΑΔ. ΑΙΓΑΙЄ. ... ЄΤ. ΑΤ. Entre les arches ΔΩΡЄΑ, & à l'exergue ΠΥΡΑ-ΜΟC. I

Le nom du même fleuve est encore sur une médaille de la ville de *Megarsus* rapportée, Tome II, Pl. LXXIII, N°. 21.

ΕΥΦΡΑΤΗΣ.

ΚΑΛΥΚΑΔΝΟΣ.

Il n'est point fait mention dans ce Chapitre de l'*Euphrate*, dont le nom se trouve cependant sur une médaille de Septime-Sévere; ni du *Calycadnus* qui est aussi sur plusieurs médailles de la ville de *Séleucie* en Cilicie. Si Vaillant ne les a point rapportées ici, c'est apparemment parce que les fleuves ne sont point représentés sur ces médailles.

AUTRES FLEUVES dont VAILLANT n'a point fait mention, & qui se trouvent nommés sur les Médailles suivantes.

ΕΛΑΤΗΣ. sur une médaille de la ville de *Midæum* en Phrygie rapportée dans le précédent Volume, page 342, & Pl. XXIV, n°. 3.

ΙΠΠΟΥΡΙΟΣ. sur une médaille de la ville de *Blaundos* en Phrygie rapportée, Tome II, Pl. XLIII, N°. 26.

ΚΑΟΣ. sur une médaille de la ville d'*Eriza* en Carie rapportée, Tome II, Pl. LXVI, N°. 27.

ΚΕΣΤΡΟΣ. sur une médaille de Claude le Gothique frappée à *Sagalassus* en Pisidie, rapportée, Tome III, page 23, & page XX des explications.

ΛΙΜΥΡΟΣ. sur une médaille de Gordien rapportée, Tome III, page 25, & page xxij des explications.

ΜΑΓΡΩΝΟΣ. sur une médaille de Titus frappée à *Smyrne*. Vaillant a lu ΜΑΡΩΝΟΣ sur une autre médaille de cet Empereur. Mais il n'y a point de fleuve connu sous aucun de ces deux noms.

ΤΙΜΕΛΗΣ.

ΤΙΜΕΛΗΣ. ſur une médaille de la ville d'*Aphrodiſiade* en Carie, rapportée, Tome II, Pl. LXVI, N°. 15.

ΧΡΥΣΟΡΟΑΣ. ſur une médaille de la ville de *Leucade* en Cœléſyrie, Tome II, Pl. LXXIX, N°. 58.

ΩΚΕΑΝΟΣ. nom que portoit anciennement le fleuve du Nil. Médaille de Commode frappée en Egypte, rapportée, Tome III, page xxij.

CHAPITRE

INTITULÉ:

URBES IMPERATORUM NOMINA FERENTES.

On peut ajouter les villes ſuivantes à celles dont Vaillant (*Page* 352) fait mention dans ce Chapitre.

ΑΔΡΙΑΝΟΠΟΛΙΣ *in Bithynia.* Cette ville s'eſt appellée *Severiana* & *Alexandriana.* Médaille de Sévere-Alexandre, rapportée, Tome III, page 210.

ΒΟΣΤΡΑ *in Arabia*, s'eſt appellée *nova Trajana*, non pas *Nervia Trajana*, comme Vaillant le croyoit. Médailles d'Antonin & de Fauſtine ſa femme, Tome III, page 244.

ΔΙΟΚΑΙΣΑΡΙΑ *in* ~~*Galatia*~~ *Phrygia*, s'eſt appellée *Hadriana*. Médaille de Septime-Sévere, Tome III, page 247.

ΔΙΟΣΠΟΛΙΣ *in Palæſtina*, s'eſt appellée *Lucia Septimia Severiana*. Médailles de Caracalla, citées, Tome III, page 247.

ΕΛΕΥΘΕΡΟΠΟΛΙΣ *in Palæſtina*, s'eſt appellée *Lucia Septimia Severiana*. Médailles de Julia Domna, rapportées, Tome III, page 247.

ΘΕΣΣΑΛΟΙ. Ces peuples ſe ſont appellés *Sebaſteni* en l'honneur d'Auguſte. Médailles d'Auguſte & de Livie, Tome III, page 200.

ΙΚΟΝΙΟΝ *in Lycaonia*, s'eſt appellée *Claudia*. Médaille de Néron, Tome II, page 141.

ΚΙΒΥΡΑ *in Phrygia*, s'eſt appellée *Cæſarea* en l'honneur d'Auguſte. Médaille de Maximin, rapportée, Tome XXIV des Mémoires de l'Académie, & d'autres de Gordien.

ΝΕΟΚΑΙΣΑΡΙΑ *in Ponto*, s'eſt appellée *Hadriana.* Médaille de Fauſtine jeune, qui a été rapportée dans le préſent Volume, page 96.

ΤΡΑΛΛΙΣ *in Lydia*, s'eſt appellée *Cæſarea.* Médaille de Domitien, rapportée, Tome III, page 236, et meme s'est appellée du seul nom de Cesarée sur la medaille de Neron. p. 32.

ΣΕΛΕΥΚΕΙΑ *in Cilicia.* Si la médaille de Gordien que Vaillant a rapportée, pages 151 & 228 avec la légende ΚΛΑΥΔΙΟCΕΛΕΥΚΕΩΝ, ne contient qu'un nom de Ville, comme on le peut croire, cette ville doit être miſe au nombre de celles qui ſe ſont appellées *Claudia.*

SYNNAS in Phrygia, s'eſt appellée *Philoclaudia*, ainſi qu'il paroît par une médaille de Néron, qui a été ci-devant rapportée avec la légende ΦΙΛΟΚ..... CΥΝΝ. page 33. du préſent Volume.

Nota. Vaillant n'a point fait mention ici de la médaille de la ville de *Gabe* en Phœnicie, qu'il a rapportée, page 33, l. 13, avec la légende ΓΑΒΗΝΩΝ. ΚΛΑΥΦΙ, qu'il a rendue par *Gabenorum Claudii ſtudioſorum.*

On peut ajouter auſſi les villes ſuivantes, qui ont pris des noms d'Empereurs ſur leurs médailles autonomes. Aaa ij

ΑΜΑΣΤΡΙΣ *in Paphlagonia*, s'eſt appellée *Sébaſte*, Tome II, page 15.

ΛΕΥΚΑΣ *in Cœleſyria*, s'eſt appellée *Claudia*, Tome II, page 199.

ΣΜΥΡΝΑ *in Ionia*, s'eſt appellée *Hadriana*, Tome II, page 181.

Fin du Tome Second.

Additions & Corrections.

TOME SECOND.

PAGE 4, *après la ligne* 19, *ajoutez :* Médaille d'Auguste frappée à *Ascalon* avec une double époque, rapportée Tome II, page 326 du Recueil des Médailles de Villes.

Page 19, *après la derniere ligne*, *ajoutez :* Médaille de Caïus & de Lucius Césars frappée à *Tabæ* en Carie, rapportée Tome III, p. 218.

20, *ligne* 6, ΥΙΒΕΡ ; *lisez :* ΤΙΒΕΡ.

32, *ligne* 6, ΚΑΙΣΑΡΕΩΗ ; *lisez :* ΚΑΙΣΑΡΕΩΝ.

Ibid. après la ligne 8 ; *ajoutez :* Deux médailles de Néron frappées à *Magnésie* de Lydie, ayant chacune pour légende autour de sa tête ΝΕ. ΚΑΙ. ΖΕΥΣ. ΕΛΕΥΘΕΡΙΟΣ. rapportées Tome III, page 234.

38, *ligne* 22, sur celles ; *ajoutez :* de cette ville.

47, *après la ligne* 13 ; *ajoutez :* Médaille de Domitien frappée à *Tralles*, avec la légende ΚΑΙΣΑΡΕΩΝ. ΤΡΑΛΛΙΑΝΩΝ, rapportée Tome III, page 236.

48, *ligne premiere*, *le mot* page *& les chiffres* 24 *&* 39 *sont mal placés, & doivent être portés à la cinquieme ligne après* ΣΕΠΦΩΡΗΝΩΝ.

52, *ligne* 4, ΑΥΤΟΣ ; *lisez :* ΑΥΤΟΚ.

57, *après la ligne* 6 ; *ajoutez :* Médaille de Trajan, avec la légende ΣΕΠΦΩΡΗΝΩΝ. rapportée Tome III, page 238.

65, *ligne* 11, GERMANICA ; *lisez :* GERMANICIA.

68, *après la ligne* 20, *ajoutez :* Médaille d'Hadrien frappée à *Taba* en Syrie, avec une double époque, rapportée Tome II, page 243 du Recueil des Médailles de Villes.

72, *après la ligne* 11, *ajoutez :* Médaille de Sabine frappée à *Tiberiopolis* en Phrygie, rapportée Tome III, page 213.

77, *après la ligne* 2, *ajoutez :* Médaille d'Antonin frappée à *Argos*, sur laquelle les jeux ΗΡΑΙΑ. ΝΕΜΕΙΑ sont inscrits, rapportée Tome III, page xxxv.

Ibid. ligne 9, ΑΝΤΩΝΙΗΟΣ ; *lisez :* ΑΝΤΩΝΙΝΟΣ.

81, *après la ligne* 15, *ajoutez :* Médaille d'Antonin avec la légende ΜΗΤ. ΚΑΙ. ΠΡΩΤ. ΝΙΚΟΜΗΔΕΙΑΣ. ΣΤΟΛΟΣ, rapportée Tome III, page 228.

82, *après la ligne* 16, *ajoutez :* Autre médaille d'Antonin avec la légende ΕΠΙ. ΑΝΤ. ΖΗΝΩΝΟΣ. ΠΡ. ΣΕΒ. ΑΝΤ. ΦΙΛΙΠΠΟΠΟΛΙΤΩΝ. dont il sera fait mention ci-après au Chapitre intitulé : URBIUM MAGISTRATUS.

Page 92, *après la ligne* 16, *ajoutez :* Médaillon de Marc-Aurele avec la légende ΘΕΥΔΙΑΝΟϹ. ϹΤΡΑΤ. ΑΝΕΘΗΚΕ. ϹΜΥΡΝΑΙΟΙϹ, rapportée Tome III, page 235.

103, *ligne* 2, BARGYLA; *lisez :* BARGYLIA.

105, *après la ligne* 3, *ajoutez :* Médaillon de Commode avec la légende ΑΜΑϹΕΙΤ. ΜΗΤ. ΝΕΩΚ. ΠΡ. Τ. ΠΟΝ. ΕΤ. ΡΠΘ. rapporté Tome III, page 208.

108, *après la ligne* 21, *ajoutez :* Médaille de Commode avec la légende ΕΠ. Α. ΑΡΤΕΜΙΔΩΡΟΥ. ΑΡΧ. ΝΙΚΟΜΗΔΕΩΝ, dont il sera fait mention ci-après au Chapitre intitulé : *Urbes & earum Populi.*

119, *après la ligne* 8, *ajoutez :* Médaille de Sept. Sévere avec la légende ΕΠΙ. ϹΤΡΑΤ. ΕΛΑΤΟ... ΕΡΜΟΚΑΠΗΛΙΤΩΝ, rapportée Tome III, page 214.

Ibid. après la ligne 16, *ajoutez :* Médaille de Sept. Sévere avec la légende ΘΟΥΡΙΑΤΩΝ. ΑΛ, rapportée Tome III, page 189.

129, *après la ligne* 14, *ajoutez :* Médaille de Sept. Sévere avec la légende ϹΜΥΡΝΑΙΩΝ. Γ. ΝΕΩΚΟΡΩΝ, dont il sera fait mention ci-après au Chapitre intitulé : *Urbes Neocoræ.*

146, *après la derniere ligne*, *ajoutez :* Médaille de Caracalla avec la légende ΜΗΤ. ΚΑΙϹΑΡΙΑ. ΚΟΙΝΟϹ. ϹΕΟΥΗΡΙΟϹ. ΦΙΛΑΔΕΛΦΙΟϹ. ΕΤ. ΙΓ. rapportée Tome III, page 237.

147, *ligne derniere*, *mettez une virgule après* vis-à-vis.

150, *après la ligne* 16, *ajoutez :* Deux autres médailles de Caracalla avec la légende ΝΙΚΟΜΗΔΕΩΝ. ΤΡΙϹ. ΝΕΩΚΟΡΩΝ. lesquelles seront rapportées dans le Chapitre intitulé : *Urbes Neocoræ.*

Ibid. après la derniere ligne, *ajoutez :* Autre médaille de Caracalla, ou d'Elagabale, avec la légende ΠΕΡΙΝΘΙΩΝ. ΔΙϹ. ΝΕΩΚΟΡΩΝ. dont il sera fait mention au même Chapitre intitulé : *Urbes Neocoræ.*

153, *ligne premiere* : cette Médaille, *lisez ;* ce Médaillon.

154, *après la ligne* 9, *ajoutez :* Médaille avec les têtes de Caracalla & de Géta, ayant pour légende au revers ΤΑΡϹΟΥ. ΜΗΤΡΟΠΟΛΕΩϹ. ΚΟΙΝΟϹ. ΚΙΛΙΚΙΑϹ. rapportée Tome III, page 237.

160, *après la ligne* 16, *ajoutez :* Médaille de Géta avec la légende ΒΟΙΑΤΩΝ. rapportée Tome III, page 194.

162, *après la ligne* 15, *ajoutez :* Médaille de Géta avec la légende ΘΟΥΡΙΑΤΩΝ. ΑΛ. rapportée Tome III, page 189.

167, *ligne* 2, Κ. Μ. ΟΠ. &c. *lisez :* Α. Κ. Μ. ΟΠ.

170, *ligne* 2, Κ. Μ. ΟΠ. &c. *lisez aussi :* Α. Κ. Μ. ΟΠ.

173, *ligne* 3, ΜΑΡ. ΑΝΤΩΝΕΙΝΟϹ. *lisez :* ΜΑΡ. ΑΥΡ. ΑΝΤΩΝΕΙΝΟϹ.

175, *ligne* 3, *après* vaisseau, *ajoutez :* & de la gauche une corne d'abondance.

Page 184, *après la ligne* 15, *ajoutez :* Deux médailles de Sév. Alexandre qui ont chacune pour légende au revers CЄΛЄΥΚЄΩΝ. ΤΩΝ. ΠΡΟϹ. ΚΑΛΥΚΑΔΝΩ. ЄΛЄΥΘЄΡΑϹ, dont il fera fait mention au Chapitre intitulé : *Urbes liberæ.*

194, *après la ligne* 14, *ajoutez :* Médaille de Gordien avec la légende ΑΛΙΗΝΩΝ. rapportée Tome III, page 211.

198, *après la ligne* 12, *ajoutez :* Médaille de Gordien avec la légende ΛΥϹΙΑΔЄΩΝ. rapportée Tome III, page 251.

199, *avant la derniere ligne, ajoutez :* Autre médaille de Gordien avec la légende ϹΑΜΙΩΝ. ΚΑΙ. ΑΛЄΞΑΝΔΡЄΩΝ. ΟΜΟΝΟΙΑ. Cette Médaille fera rapportée au Chapitre intitulé : *Urbes concordia junctæ.*

207, *ligne* 8, d'Otacile ; *lisez :* d'Otacilie, & *de même au commencement des pages* 208 & 209.

Ibid. après la derniere ligne, ajoutez : Médaille d'Otacilie avec la légende ΙЄΡΑΠΟΛΙΤΩΝ. Κ. ϹΑΡΔΙΑΝΩΝ. ΝЄΩΚΟΡΩΝ. ΟΜΟΝΟΙΑ. Cette Médaille fera aussi rapportée au Chapitre intitulé : *Urbes concordia junctæ.*

208, *après la ligne* 17, *ajoutez :* Médaille d'Otacilie, frappée à Sardes, sur laquelle sont inscrits les jeux ΝЄΜЄΑ. ΧΡΥϹΑΝΘΙΝΑ, rapportée Tome III, page xxxv.

212, *à la fin de la page, ajoutez :* Médaille de Trajan-Dece, ayant pour légende au revers ΔΟVSARIA. COL. MET. BOSTRA, rapportée Tome III, page xxxviij.

220, *après la ligne* 8, *ajoutez :* Médaille de Valérien, frappée à *Tarses*, sur laquelle sont inscrits les jeux ϹЄΥΗΡΙΑ. ΑΥ. ΑΝΤΩΝΙΝΙ. ΚΟΡΑΙΑ. ΑΥΓΟΥϹΤΙΑ. ΑΚΤΙΑ, rapportée Tome III, page 260.

221, *ligne* 7, ΠΟΥ. Μ; *lisez :* ΠΟΥ. ΑΙ.

222, *ligne* 2, dans le premier Volume ; *lisez :* dans le premier de ces deux Volumes.

226, *ligne* 4, ЄΒ; *lisez :* ϹЄΒ.

230, *après la ligne* 13, *ajoutez :* Cette Médaille a été rapportée Tome III, page xxxviij.

232, On a omis les Médailles Grecques de Claude le Gothique, dont il auroit dû être fait mention à la fin de ce Chapitre ; savoir, les deux qui ont pour légende, l'une ΠΡΟϹΤΑΝΝЄΩΝ, & l'autre ΠΡΟϹΤΑΝΝЄΩΝ. ΟΥΙΑΡΟϹ, lesquelles ont été rapportées Tome III, p. 254 ; & une troisieme ayant pour légende ϹΑΓΑΛΑϹϹЄΩΝ. ΚЄϹΤΡΟϹ. Celle-ci a été rapportée Tome III, page xx.

245, *ligne* 18, Gordien Tome III, page 318 ; *lisez :* Gallien Tome III, page 218.

Page 250, *ligne* 7, *Arcanania*, lisez : *Acarnania.*

271, *ligne* 23, premiers, *lisez :* précédents.

272, *ligne* 12, après *Nicomedie*, ajoutez : & *Thessalonique.*

276, *après* célébrer ; *ajoutez :* On sait seulement qu'elles avoient deux jours de chaque année qui étoient consacrés particuliérement à des réjouissances publiques, lesquelles se faisoient avec plus ou moins de solemnité, suivant les dispositions & les facultés des peuples qui les habitoient. Ces deux jours étoient, l'un le premier de leur année civile, auquel on offroit des sacrifices solemnels pour la conservation de l'Empereur régnant : l'autre jour, celui auquel l'Empereur étoit parvenu à l'empire ; & les fêtes qui se célébroient ce jour-là étoient renouvellées à l'anniversaire de son avénement. Il y a tout lieu de croire que c'étoit à ces occasions que la plupart des médailles Impériales en question étoient frappées par les villes, qui avoient d'ailleurs pour l'usage commun de leurs habitants, & pour leur commerce, d'autres especes de monnoies ; savoir, celles que nous appellons Médailles *autonomes.*

288, *à la fin de la pénultieme ligne, mettez* 2, *pour marquer que la Médaille est de moyen bronze.*

293, *ligne* 14, Tome III, Médailles, *lisez :* Tome III du Recueil des Médailles.

304, *à la marge* ΚΛΑΥΔΙΟ. ΕΛΕΥΚΕΩΝ, *lisez :* ΚΛΑΥΔΙΟΣΕΛΕΥΚΕΩΝ.

FIN DES ADDITIONS.

RECUEIL
DE
MEDAILLE
MELLANGE
TOM II

www.ingramcontent.com/pod-product-compliance
Lightning Source LLC
Chambersburg PA
CBHW071904230426
43671CB00010B/1466

9782011331304